Hanna Kiper, Hilbert Meyer, Wilhelm Topsch
Einführung in die Schulpädagogik

HANNA KIPER
HILBERT MEYER
WILHELM TOPSCH

Einführung in die Schulpädagogik

studium kompakt

Mit zwei Beiträgen
von Renate Hinz

Die in diesem Werk angegebenen Internetadressen haben wir überprüft (Redaktionsschluss November 2005). Dennoch können wir nicht ausschließen, dass unter einer solchen Adresse inzwischen ein ganz anderer Inhalt angeboten wird.

 http://www.cornelsen.de

Bibliografische Information
Die Deutsche Bibliothek verzeichnet diese Publikation in der Deutschen Nationalbibliografie; detaillierte bibliografische Daten sind im Internet über http://dnb.ddb.de abrufbar.

Dieses Werk berücksichtigt die Regeln der reformierten Rechtschreibung und Zeichensetzung.

6.	5.	4.	3.	Die letzten Ziffern bezeichnen
09	08	07	06	Zahl und Jahr der Auflage.

© 2002 Cornelsen Verlag Scriptor GmbH & Co. KG, Berlin
Das Werk und seine Teile sind urheberrechtlich geschützt. Jede Verwertung in anderen als den gesetzlich zugelassenen Fällen bedarf deshalb der vorherigen schriftlichen Einwilligung des Verlags.
Hinweis zu § 52 a UrhG: Weder das Werk noch seine Teile dürfen ohne eine solche Einwilligung eingescannt und in ein Netzwerk eingestellt werden. Dies gilt auch für Intranets von Schulen und sonstigen Bildungseinrichtungen.
Redaktion: Daniela Brunner, Düsseldorf
Umschlagentwurf: Bauer + Möhring, Berlin
Layout und Herstellung: FROMM MediaDesign GmbH, Selters/Ts.
Druck- und Bindearbeiten: Clausen & Bosse, Leck
Printed in Germany
ISBN-13: 978-3-589-21657-4
ISBN-10:   3-589-21657-3

 Gedruckt auf säurefreiem Papier,
umweltschonend hergestellt aus chlorfrei gebleichten Faserstoffen.

Inhalt

Vorwort 10

1 Hanna Kiper: Schulpädagogik studieren 15

   1 Lehrerin oder Lehrer werden – ein lebenslanger
       Entwicklungs- und Lernprozess? 15
   2 Tätigkeiten von Lehrerinnen und Lehrern 16
   3 Weitere Kompetenzen im Lehrerberuf 18
   4 Die Schulpädagogik als Teildisziplin
       der Erziehungswissenschaft 21

2 Hanna Kiper: Schultheorien 24

   1 Schule im historischen Prozess 24
   2 Die Schulkritik der Reformpädagogik –
       eine exemplarische Position 26
   3 Funktionen der Schule für die Gesellschaft 29
   4 Pädagogisch-programmatische
       Überlegungen zur Schule 30
   5 Von der Entwicklung der Einzelschule zu Prozessen
       der Entschulung? 32
   6 Ein Mehrebenenmodell von Schule 33

3 Renate Hinz: Das Schulsystem in der
   Bundesrepublik Deutschland 36

   1 Grundschule 39
   2 Orientierungsstufe 41
   3 Hauptschule 43
   4 Realschule 44
   5 Gymnasium 46
   6 Gesamtschule 49
   7 Sonderschule 51

4 Renate Hinz: Was ist Didaktik? 52

   1 Zur wissenschaftlichen Bestimmung der
       Allgemeinen Didaktik 54

2 Theorien und Modelle didaktischen Handelns 56
  2.1 Didaktik auf der Ebene von Wissenschaftstheorie 56
  2.2 Didaktiken unterscheiden sich aufgrund ihrer
      Theoriebezüge 57
  2.3 Didaktische Praxis 61
3 Spezialdidaktiken 62

5 Hilbert Meyer: Die Bildungstheoretische Didaktik 64

1 Ein Gedankenexperiment vorweg 64
2 Wissenschaftstheoretische Einordnung 64
3 Rekonstruktion des Bildungsbegriffs 66
4 „Didaktische Analyse" als Kern der Unterrichtsvorbereitung 67
5 Formale und materiale Bildungstheorien 69
6 Klafkis Versuch einer Synthese: Kategoriale Bildung 71
7 Kritisch-konstruktive Didaktik 72
8 Schlüsselprobleme und Problemunterricht 73

6 Wilhelm Topsch: Die lern-/lehrtheoretische Didaktik 76

1 Die lerntheoretische Didaktik – „Berliner Modell" 76
2 Analyse von Unterricht 76
  2.1 Die Strukturanalyse (Reflexionsstufe 1) 77
  2.2 Die Faktorenanalyse (Reflexionsstufe 2) 81
3 Prinzipien der Unterrichtsplanung 82
4 Die lehrtheoretische Didaktik – „Hamburger Modell" 84
  4.1 Handlungsmomente 84
  4.2 Partizipationsmomente 86

7 Hanna Kiper: Die kritisch-kommunikative Didaktik 87

1 Interaktion und Kommunikation 87
2 Kritische Erziehungswissenschaft und kommunikative
  Didaktik 89
3 Unterricht und Interaktion 90
4 Die kritisch-kommunikative Didaktik 91
5 Vom Umgang mit Unterrichtsstörungen 93
6 Unterrichtsstörungen – Ein Thema in allgemein
  didaktischen Modellen? 94

8 Wilhelm Topsch: Beobachten im Unterricht ... 97

1. Wahrnehmung und Beobachtung ... 97
2. Spontane Beobachtung und reflektierte Beobachtung ... 98
3. Strukturierte Beobachtung ... 100
4. Beobachtung in der Schule ... 102
5. Beobachtung, Deskription und Beurteilung ... 104
   - 5.1 Vergleich von drei Deskriptionsansätzen ... 105
   - 5.2 Integration ... 107
   - 5.3 Fazit ... 108

9 Hilbert Meyer: Unterrichtsmethoden ... 109

1. Arbeitsdefinition „Unterrichtsmethode" ... 109
2. Wechselwirkungen von Zielen, Inhalten und Methoden ... 111
3. Mikro-, Meso- und Makromethodik ... 112
4. Handlungssituationen und Inszenierungstechniken ... 114
5. Sozialformen ... 115
6. Lehr-Lernformen ... 116
7. Unterrichtsschritte und Verlaufsformen ... 117
8. Methodische Großformen/Grundformen des Unterrichts ... 118
9. Die politische Dimension der Unterrichtsmethodik ... 121

10 Wilhelm Topsch: Neue Medien im Unterricht ... 122

1. Vorbemerkungen ... 122
   - 1.1 Medien ... 122
   - 1.2 Wissen ... 123
2. Medien im pädagogischen Bereich ... 123
   - 2.1 Perspektiven des Medienbegriffs ... 123
   - 2.2 Begriffsübersicht ... 124
   - 2.3 Aspekte neuer Medien ... 127
3. Computer und Softwaremedien im Unterricht ... 127
   - 3.1 Schulpädagogische Einordnung ... 127
   - 3.2 Fazit ... 132

11 Wilhelm Topsch: Leistung messen und bewerten ... 134

1 Begriffliche Vorklärung ... 134
   1.1 Schule und Leistung ... 134
   1.2 Messen und Beurteilen ... 135
2 Die Problematik der Zensurengebung ... 136
   2.1 Funktionsüberfrachtung ... 136
   2.2 Gütekriterien ... 137
   2.3 Fehlerquellen ... 139
3 Bezugssysteme der Bewertung ... 140
   3.1 Sozialnorm – das klasseninterne Bezugssystem ... 140
   3.2 Sachnorm ... 141
   3.3 Individualnorm ... 143
4 Berichtszeugnis – Verbalbewertung ... 143
   4.1 Ausgangslage ... 143
   4.2 Zeugnistypen ... 145
   4.3 Fazit ... 146

12 Hilbert Meyer: Unterricht analysieren, planen und auswerten ... 147

1 Didaktische Spirale ... 147
2 Themen- und Aufgabenstellung ... 150
3 Bedingungsanalyse ... 151
4 Didaktische Strukturierung ... 152
5 Auswertung ... 154
6 Der „geplante Stundenverlauf" als Kern der Unterrichtsplanung ... 154
7 Schluss ... 156

13 Hanna Kiper: Umgang mit Heterogenität ... 157

1 Pädagogik der Vielfalt ... 157
2 Schulische Wege der Differenzierung ... 158
3 Lehren und Lernen und der Umgang mit Heterogenität ... 161
   3.1 Didaktik auf der Grundlage einer Psychologie des Lehrens und Lernens ... 167
   3.2 Adaptiver Unterricht ... 168
4 Umgang mit Heterogenität – die bleibende Herausforderung an die Professionalität der Lehrkräfte ... 169

14 Hanna Kiper: Über das Leiten einer Schulklasse 170

  1 Über das Verhältnis von Regierung, Unterricht und Zucht 171
     1.1 Pädagogischer Takt 172
     1.2 Disziplin – Fremddisziplin – Selbstdisziplin 173
  2 Erziehungsmittel 173
  3 Die verfasste Schule und ihre Ordnung 174
  4 Erziehungsmittel und Ordnungsmaßnahmen in
     juristischer Perspektive 175
  5 Der neue Fokus „Schwierige Schüler" 176
  6 Klassen führen – Konflikte bewältigen 178
  7 Techniken der Klassenführung 179

15 Hilbert Meyer: Schulentwicklung 183

  1 Vorweg 183
  2 Begriffsklärungen 184
  3 Merkmale institutionellen Lernens 185
  4 Vier Fragen zur Strukturierung von Schulentwicklungs-
     prozessen 186
  5 Ein Leitbild entwickeln 187
  6 Entwicklungsaufgaben vereinbaren 188
  7 Schlüsselprobleme analysieren 190
  8 Schluss 192

Literatur 193

Register 205

Vorwort

Dieser Band basiert auf einer gemeinsam konzipierten und verantworteten Vorlesung an der Carl von Ossietzky Universität Oldenburg, die sich unter dem Titel „Einführung in die Schulpädagogik/Allgemeine Didaktik" als Teil eines Kerncurriculums für die Lehramtsstudiengänge etablierte. Die jeweils im Wintersemester eines Studienjahres stattfindende Vorlesung wird von einer großen Anzahl von Studierenden besucht. Von unserer Seite wird im Spannungsfeld zwischen ansteigenden Zahlen in den Lehramtsstudiengängen und veränderten Prüfungsanforderungen ein Angebot gemacht, das erstes Überblicks- und Orientierungswissen vermittelt, nicht nur für die Zwischenprüfung im Fach Pädagogik, sondern auch zur Strukturierung und Vertiefung in weiteren Studien.
Die dem Band zugrunde liegende Vorlesung

- thematisiert wichtige Fragestellungen und Probleme der Schulpädagogik,
- kanonisiert Wissensbestände,
- stellt Hinweise zum Selbststudium und zum eigenständigen Weiterlesen zur Verfügung
- und rückt insgesamt die Schulpädagogik als Teildisziplin der Erziehungswissenschaft ins Blickfeld der Studierenden und konturiert sie.

Der Band gliedert sich in mehrere große Bereiche:
Im Kapitel *Schulpädagogik studieren* stellt HANNA KIPER das Lehrerstudium und das Referendariat als Teile eines lebenslangen professionellen Entwicklungsprozesses zur Lehrerin resp. zum Lehrer vor, geht auf Kerntätigkeiten im Lehrerberuf ein (Planung, Organisation, Gestaltung und Reflexion von Lehr-Lern-Prozessen, Erziehen, Unterrichten, Diagnostizieren, Beurteilen, Evaluieren, Qualität sichern und Schule erneuern). Sie führt ein in die Schulpädagogik als Teildisziplin der Erziehungswissenschaft und in ihre Gebiete. Abschließend erörtert sie verschiedene Wissensformen und verweist auf die Notwendigkeit einer Reform der Lehreraus- und -weiterbildung unter Berücksichtigung von Standards.
In einem *ersten Schwerpunkt* geht es um das Schulsystem in der Bundesrepublik Deutschland und um eine Theorie der Schule. HANNA KIPER legt im Kapitel *Schultheorien* den historischen Prozess der Gründung, Etablierung, Stabilisierung und Expansion der Schule dar, den auch schulkritische Überlegungen nur irritieren, nicht stoppen konnten. Sie zeigt – mit HELMUT FEND – unter soziolo-

gischer Perspektive die Funktion der Schule für die Gesellschaft auf. Programmatisch sind die Überlegungen zur Schule aus pädagogischer Perspektive; die Autorin nennt die unterschiedlichen Visionen eines HARTMUT VON HENTIG und eines HERMANN GIESECKE. Abschließend erörtert sie, dass die Schule als Einzelschule oder als ausdifferenziertes Teilsystem der Gesellschaft verstanden werden muss und plädiert mit HELMUT FEND für eine Schultheorie, die als Mehrebenenmodell gefasst ist.

Einen Überblick über *Das Schulsystem in der Bundesrepublik Deutschland* gibt RENATE HINZ. Sie geht auf seine föderalistische Struktur ein, nennt wichtige Vereinbarungen zur Herstellung von Einheitlichkeit und legt ausführlich die Reformvorstellungen des „Strukturplans für das Bildungswesen" dar. Sie zeigt die horizontale Gliederung des Schulsystems (Elementarbereich – Primarbereich – Sekundarbereich I und II und Tertiärer Bereich) auf und geht auf einzelne Schulformen differenziert ein.

Ein weiterer Bereich kreist um Fragen der Didaktik. Der Frage: *Was ist Didaktik?* geht RENATE HINZ nach. Nach einer Darlegung von Begriffsgeschichte und Bedeutung des Begriffs gibt sie einen kurzen Überblick über Facetten der Geschichte didaktischen Denkens. Sie stellt unterschiedliche Definitionen des Gegenstandsbereichs der Didaktik vor (Didaktik als Wissenschaft vom Lehren und Lernen, als Theorie des Unterrichts, als Theorie der Bildungsinhalte, als Theorie der Steuerung von Lehr-Lernprozessen resp. als Anwendung psychologischer Lehr- und Lerntheorien) und diskutiert – auf der Grundlage des Modellbegriffs – die Bedeutung didaktischer Konzeptionen für die Analyse und Gestaltung von Unterricht. Nach einer Unterscheidung wissenschaftstheoretischer Überlegungen ordnet sie verschiedene didaktische Modelle je unterschiedlichen wissenschaftstheoretischen Positionen zu und stellt eine Auswahl didaktischer Modelle in einem Kurzüberblick vor. Abschließend nennt sie verschiedene Spezialdidaktiken (Stufendidaktiken, Schulartendidaktiken, Bereichsdidaktiken und Fachdidaktiken) und erörtert das Verhältnis von Allgemeiner und Fach-Didaktik.

In dem Beitrag *Bildungstheoretische Didaktik* verweist HILBERT MEYER auf die normativen Implikationen des Bildungsbegriffs, führt eine Auseinandersetzung mit seiner Relevanz, entfaltet mit WOLFGANG KLAFKI Dimensionen von Allgemeinbildung und stellt materiale und formale Bildungstheorien sowie die Kategoriale Bildung als Versuch einer Synthese vor. Er erörtert die Überlegungen W. KLAFKIS zur Didaktischen Analyse als Kern der Unterrichtsvorbereitung und referiert die Weiterentwicklung der Bildungstheoretischen zur Kritisch-konstruktiven Didaktik. Unter Verweis auf gesellschaftliche Schlüsselprobleme akzentuiert er W. KLAFKIS Überlegungen als Beitrag zu einem Unterricht, der Probleme in den Mittelpunkt stellt.

Unter der Überschrift *Die lehr-/lerntheoretische Didaktik* setzt WILHELM TOPSCH die Darstellung grundlegender didaktischer Modelle fort. Er führt zunächst in das so genannte „Berliner Modell" der Didaktik ein und unterscheidet mit HEIMANN/OTTO/SCHULZ Strukturanalyse und Faktorenanalyse. Bedingungsfelder (anthropogene, soziale, situative, kulturelle Bedingungen) und Entscheidungsfelder (Intentionen, Inhalte, Methoden, Medien) werden anhand des Strukturschemas des Unterrichts vorgestellt. Die Weiterführung zum „Hamburger Modell" der Didaktik und Differenzen, die sich zwischen den beiden Modellen ergeben, werden erörtert.

Im Kapitel *Die kritisch-kommunikative Didaktik* geht HANNA KIPER auf die Grundbegriffe Interaktion und Kommunikation ein, stellt fünf metakommunikative Axiome nach WATZLAWICK/BEAVIN/JACKSON vor und zeigt, welche Bedeutung ihnen bei einer Reformulierung von Erziehungswissenschaft und Didaktik zukam. Sie stellt einige Modelle kommunikativer Didaktik und die Überlegungen von RAINER WINKEL, der Aspekte vieler Modelle aufnahm und weiterführte, vor. In seinem Modell der kritisch-kommunikativen Didaktik spielt die Auseinandersetzung mit Unterrichtsstörungen eine wichtige Rolle.

Ein weiterer Schwerpunkt des Bandes widmet sich *Detailfragen des Unterrichts*. WILHELM TOPSCH setzt sich mit *Beobachten im Unterricht* auseinander. Auf dem Hintergrund einer Unterscheidung von Wahrnehmung und Beobachtung klärt er die Verschiedenheit von spontaner und reflektierter, von alltäglicher und wissenschaftlicher Beobachtung. Er nennt Kriterien der empirischsozialwissenschaftlichen Beobachtung (wie Zielgerichtetheit, Planmäßigkeit, Deskription, intersubjektive Überprüfbarkeit und methodische Reflexion). Wissenschaftliche Beobachtung ist durch die Begrenzung des Beobachtungsausschnitts charakterisiert. Eine Strukturierung der Beobachtung erfolgt unter verschiedenen Gesichtspunkten (z. B. Auswahl des Objektes, Grad der Lenkung, zeitliche Organisation, Grade der Beteiligung und Art der Deskription). Der Autor geht auf unterschiedliche Grade des Beurteilens in Verfahren der Deskription ein. WILHELM TOPSCH nennt Aufgabenstellungen von Beobachtungen in Schulen (zur Orientierung im sozialen System Schule, zur individuellen Förderung von Schülerinnen und Schülern, im Rahmen von Beratungs- und Beurteilungsprozessen, zur Analyse und Steuerung von Unterrichtsprozessen).

HILBERT MEYER bietet in seinem Kapitel über *Unterrichtsmethoden* einen Weg an, um Methodenerfahrungen aus der eigenen Schulzeit zu ordnen und Unterrichtsmethoden systematisch zu klassifizieren. Er betont die Notwendigkeit, Methoden sinnvoll auf Ziele und Inhalte des Unterrichts abzustimmen und unterscheidet Inszenierungstechniken, Sozialformen, Lehr- und Lernformen/Handlungsmuster. Unterricht kann nach seiner Auffassung als Lehrgang, Freiarbeit oder Projektunterricht gestaltet werden. MEYER plädiert entschieden für eine „Methodenkultur" auf der Grundlage entwickelter Methodenkompetenz von Schülerinnen und Schülern.

Neue Medien im Unterricht heißt das Kapitel, in dem WILHELM TOPSCH sich mit Medien in Gesellschaft und Schule auseinander setzt. Er skizziert Entwicklungen in der Wissensgesellschaft und verweist darauf, wie Medien Ansprüche an Unterricht und Erziehung verändern. Die Schule hat zu einer umfassenden Medienkompetenz (durch Medienkunde, Medienerziehung, Medienkompetenz als Teilbereichen der Medienpädagogik) beizutragen. WILHELM TOPSCH setzt sich mit Computer und Softwaremedien im Unterricht auseinander, misst sie an wichtigen didaktischen Maximen und ordnet sie nach vorläufigen Nutzungsmöglichkeiten (Beschäftigung, Unterricht, Information, Gestaltung).

Die Schulleistung spielt eine wichtige Rolle bei der Zuweisung eines gesellschaftlichen Status, führt WILHELM TOPSCH in dem Kapitel *Leistung messen und bewerten* aus. Er definiert schulische Leistung (unter Berücksichtigung der Komponenten Kenntnisse, Fähigkeiten und Anstrengungsbereitschaft), führt ein in die Unterschiede von Messen und Beurteilen, setzt sich mit der Problematik der Zensurengebung auseinander, wobei er auf die Überfrachtung der Noten mit unterschiedlichen Aufgaben und auf das Problem ihrer Vergleichbarkeit eingeht, und nennt verschiedene Bezugssysteme der Bewertung (Sozialnorm, Individualnorm, Sachnorm). Abschließend setzt er sich differenziert mit Vor- und Nachteilen von Berichtszeugnissen versus Ziffernzeugnissen auseinander.

Unter der Überschrift *Unterricht analysieren, planen, auswerten* gibt HILBERT MEYER Hinweise, wie – im Rahmen von Schulpraktika – erste Unterrichtsstunden beobachtet und analysiert, geplant, durchgeführt und ausgewertet werden können. Er empfiehlt Studierenden, aber auch Berufsanfängern, sich klar mit der Themen- und Aufgabenstellung der Stunde auseinander zu setzen, eine Bedingungsanalyse, auch zur Klärung der Rahmenbedingungen und Schülervoraussetzungen durchzuführen, eine didaktische Struktur zu schaffen, die die Interdependenz von Ziel-, Inhalts- und Methodenentscheidungen berücksichtigt und erlaubt, darauf basierend einen Handlungsplan zu entwerfen. MEYER nennt Strukturmomente des Unterrichts und zeigt Wege einer gezielten Auswertung auf. Für das schriftliche Niederlegen des geplanten Stundenverlaufs bietet er Kategorien (Zeitachse – Handlungsachse) und nennt wichtige Schritte im Handlungsverlauf.

Umgang mit Heterogenität ist eine große Herausforderung für Lehrerinnen und Lehrer. HANNA KIPER stellt drei Traditionen vor, aus denen sich Forderungen nach angemessenem Umgang mit „Vielfalt" speisen. Pädagogik der Vielfalt wendet sich gegen jede Form der Isolation und gesonderten Beschulung von Kindern aufgrund ihres Geschlechtes, ihrer Ethnizität oder einer Behinderung und fordert das gemeinsame Lernen. Damit bricht sie mit einer schulpädagogischen Tradition, die durch äußere Differenzierung (getrennte Bildungsgänge in verschiedenen Schulformen) und Formen der Differenzierung nach Leistung oder Neigung unter verschiedenen Foci auf homogene Lerngruppen zielte. Plädiert wird für Formen innerer Differenzierung, deren Hochform sich in geöffneten und individualisierten Formen des Unterrichts realisieren. Zuletzt wird darauf eingegangen, wie beim Modell der kognitiven Lehre auf die individuellen Lernprozesse der Schülerinnen und Schüler abgehoben werden kann.

HANNA KIPER stellt im Kapitel *Leiten einer Schulklasse* die Notwendigkeit der Herstellung einer Ordnung heraus, zeigt aber auf, dass diese fremdbestimmt-hierarchisch oder demokratisch-partizipatorisch angelegt sein und hergestellt werden kann. Basierend auf einem Rückblick in die Geschichte der Pädagogik, wo Überlegungen zur „Regierung" der Kinder und zur Herstellung von „Zucht", zu „Disziplin (Selbst- und Fremddisziplin)" zu finden sind, wird über Erziehungsmittel in pädagogischer und juristischer Sicht gesprochen. Der neue Focus der „Schwierigen Schüler" macht Schülerinnen sowie Schüler für Unterrichtsstörungen verantwortlich und fordert zu medizinisch-therapeutischen Sichtweisen heraus, ohne Lehrkräften Hilfestellungen bei „Classroom-Management-Aufgaben" zu geben. In einem letzten Teil geht HANNA KIPER auf Wege ein, Klassen zu führen, nennt dafür verschiedene Techniken und Möglichkeiten von Konfliktbewältigung.

Zuletzt diskutiert HILBERT MEYER Prozesse der *Schulentwicklung*. Auf dem Hintergrund einer Klärung des Vokabulars der Schulentwicklung (Schulentwicklung – Schulprofil – Entwicklungsaufgaben – Schulleitbild – Schulprogramm – Evaluation) geht er auf den Topos der „Lernenden Organisation" ein. Er entfaltet verschiedene Dimensionen der Schulentwicklung (auf der Ebene des Personals, der Lehrplanarbeit, des Unterrichts und der Erziehung) und nennt „Schlüsselprobleme" im Schulentwicklungsprozess.

Der Band basiert auf einer gemeinsam verantworteten Grundkonzeption und einem geteilten Verständnis von Schulpädagogik und Allgemeiner Didaktik, was nicht bedeutet, dass wir Autorinnen und Autoren nicht in vielen Detailfragen unterschiedliche Auffassungen vertreten. Trotzdem haben wir nicht versucht, Sichtweisen, Begriffe und Verständnisse künstlich anzunähern oder Positionen zu glätten; Leserinnen und Leser sind aufgefordert, sich mit unterschiedlichen Sichtweisen, Foci, Fragestellungen und Begriffen auseinander zu setzen. Darin liegt für uns auch der Reiz des Bandes!

Für Studierende und Referendarinnen und Referendare, Berufsanfänger und Lehrkräfte kann der Band so genutzt werden, dass einzelne Kapitel zur Einführung gelesen und von ihnen ausgehend eigene Schwerpunkte des Nachdenkens, Recherchierens und Forschens gewählt werden. Er kann jedoch auch insgesamt gelesen werden, um ein erstes Überblickswissen über Fragen der Schulpädagogik und Allgemeinen Didaktik zu erhalten.

Oldenburg, im Juni 2002
Hanna Kiper, Hilbert Meyer, Wilhelm Topsch und Renate Hinz

1 Hanna Kiper:
Schulpädagogik studieren

1 Lehrerin oder Lehrer werden – ein lebenslanger Entwicklungs- und Lernprozess?

Sie haben sich für ein Lehramtsstudium entschieden, entweder für das Studium des Lehramtes an Grund-, Haupt- und Realschulen oder des Lehramtes an Gymnasien. Das heißt, Sie möchten Lehrerin oder Lehrer werden. Damit lassen Sie sich auf eine Ausbildung ein, die derzeit in zwei Phasen organisiert ist, nämlich in ein Studium an einer Universität oder wissenschaftlichen Hochschule (mit dem Abschluss eines Ersten Staatsexamens für ein ausgewähltes Lehramt) und auf eine zweite Phase (Vorbereitungsdienst oder Referendariat), in der Sie sowohl bei Kolleginnen oder Kollegen und zwei Ihnen zugeordneten Mentorinnen oder Mentoren hospitieren, als auch eigenverantwortlich unterrichten und staatlich organisierte Studienseminare besuchen. Die zweite Phase endet mit dem Zweiten Staatsexamen. Lehrerinnen und Lehrer sind zum lebenslangen Lernen aufgefordert: Lehrkräfte sind verpflichtet, sich zur Erhaltung der Unterrichtsbefähigung in der unterrichtsfreien Zeit fortzubilden (vgl. z. B. § 51 (2) des Niedersächsischen Schulgesetzes).

Auch wenn die Lehrerausbildung lange von der Vorstellung getragen war, Lehrerinnen und Lehrer wären nach diesen beiden Phasen (Studium und Vorbereitungsdienst/Referendariat) „fertig" ausgebildet, so zeigen doch vielfältige Studien über den Lehrerberuf, dass erst in der Berufseinstiegsphase und in der späteren Lehrertätigkeit die Entscheidung fällt, ob sie sich in Ihrem Beruf wohlfühlen und ihn gut ausüben. Forschungen über den Lehrerberuf zeigen, dass es sich hier um einen differenzierten Entwicklungs- und Lernprozess handelt.

In der Untersuchung von PATRICIA J. SIKES, LYNDA MEASOR und PETER WOODS wird das Lehrerleben, auch unter Berücksichtigung der Verschiedenheit von männlichen und weiblichen Berufskarrieren, dargestellt:

> „In der Initiationsphase (21–28 Jahre) geht es um das Durchleben des Praxisschocks, das Erlernen der ungeschriebenen Regeln des Umgangs mit KollegInnen und die Auseinandersetzung mit den Erwartungen von Eltern und Schulgemeinde. In dieser sehr anstrengenden Phase tritt das Privatleben bei Männern und Frauen sehr stark zurück. In der zweiten Phase, dem sog. ‚Dreißiger-Übergang' (28-33 Jahre), werden Festlegung

und Sicherheit zu wichtigen Motiven. Zugleich besteht die letzte Chance, sowohl beruflich als auch privat, Grundlegendes zu ändern. Diese Phase wird deshalb häufig als Krise erlebt. In ihr setzt auch das Auseinandergehen von männlicher und weiblicher Berufskarriere ein, da meist die Entscheidung zur Gründung einer Familie in diese Zeit fällt, die noch immer vor allem für die Frauen die Frage nach einer zeitweisen und/oder partiellen Aufgabe des Berufs mit sich bringt. Die dritte Phase (33–40 Jahre) ist für Lehrer eine Zeit, in der sie sich um ihre Karriere bemühen können, Lehrerinnen widmen sich häufiger der Familie. Bei einigen LehrerInnen setzen in dieser Phase bereits erste Enttäuschungen ein. Vor allem bei karriereorientierten Männern entsteht Interesse für Schulorganisation und -verwaltung, das Interesse an der Arbeit mit Kindern geht dafür zurück. In der Plateau-Phase (40–50/55 Jahre) wird die berufliche Erfahrung wichtiger, das Verhältnis zu SchülerInnen wird mütterlich/väterlich, manchmal entsteht eine Art Mentorenverhältnis zu jüngeren LehrerInnen. Die letzte Phase des Berufslebens (50/55 Jahre und älter) ist durch stärkere Gelassenheit oder aber Zynismus und Verbitterung und durch den Rückzug aus dem Beruf bestimmt" (SIKES u. a. 1985, zitiert nach SCHÖNKNECHT 1997, 15; vgl. HINZ 2000, 166 ff.).

Es scheint mir sinnvoll, mich zunächst mit den komplexen Tätigkeiten von Lehrerinnen und Lehrern auseinander zu setzen.

2 Tätigkeiten von Lehrerinnen und Lehrern

Die Arbeit von Lehrerinnen und Lehrern ist mehr als vielfältig. Auch wenn nicht alle Teiltätigkeiten genannt werden können, seien doch die folgenden Aufgabenbereiche aufgeführt, nämlich „Unterricht; unterrichtsbezogene Aufgaben; Vor- und Nachbereitung; Abschlussprüfungen; außerunterrichtliche Aufgaben; Beratung, Betreuung, Zusammenarbeit; Schulwanderungen, Praktika, Projekttage, Veranstaltungen; Konferenzen ...; Entwicklungs- und Koordinierungsaufgaben; Verwaltungs- und Führungsaufgaben; Lehrer-, fort- und -weiterbildung; Eigene Fort- und Weiterbildung" (vgl. RIECKE-BAULECKE 2001, 75). Wurde lange Zeit das Unterrichten als wichtiger Schwerpunkt der Tätigkeit von Lehrerinnen und Lehrern betont, so kommt jetzt die Gestaltung der Schule als pädagogischer Handlungseinheit mit den Momenten Unterrichtsentwicklung, Personalentwicklung (z. B. durch gegenseitige Hospitationen, Austausch über Lehr-Lern-Prozesse, Supervision, Fortbildung) und Schulentwicklung (Entwicklung von Kooperationsstrukturen auf Jahrgangsebene und auf der Ebene der Lern- bzw. Fachbereiche; Entwicklung der Schule über Schulprogramme; Schulmanagement) in den Mittelpunkt der Betrachtung.

Verschiedene Gutachten zur Lehrerausbildung akzentuieren die Aufgabenstellungen der Lehrerin resp. des Lehrers unterschiedlich. Im Abschlussbericht der von der Kultusministerkonferenz eingesetzten Kommission, der unter dem Titel „Perspektiven der Lehrerbildung in Deutschland" erschien, wird ein Leitbild für den Lehrerberuf entworfen, das darauf zielt, die wichtigen Aspekte des professionellen Selbstverständnisses von Lehrerinnen und Lehrern zu beschreiben und ihnen Orientierung zu geben. Als übergeordnete Aufgabe wird formuliert, dass Lehrerinnen und Lehrern in der Wissensgesellschaft die Aufgabe zukommt, durch Lehren das Lernen zu unterstützen und anzuleiten.

> „Dabei kommt es nicht nur darauf an, dass gelernt wird. Ausschlaggebend ist, was und wie gelernt und auf welche Weise über das Gelernte verfügt wird, welche Zeit das Lernen in Anspruch nimmt und inwieweit schließlich das Lernen selbst gelernt wird" (TERHART 2000, 47).

Als Kernbereich der Kompetenz von Lehrerinnen und Lehrern erscheint „Planung, Organisation, Gestaltung und Reflexion von Lehr-Lern-Prozessen" (TERHART 2000, 48). Nicht mehr das Unterrichten steht im Mittelpunkt des Lehrerhandelns, sondern die Befähigung der Schülerinnen und Schüler zum Lernen. Lehrkräfte werden als Organisatorinnen und Organisatoren von Lernprozessen begriffen. Sie sollen nicht mehr vorrangig „Wissensvermittler" sein.
Die Schule soll das „Lernen des Lernens", die Entwicklung von Lernkompetenzen (Verfügbarkeit von Erarbeitungs- und Einprägungsverfahren, Erwerb vielfältiger Lerntechniken; Selbstdefinition von Aufgaben, Strukturierung von Lehr- und Lernsituationen, Zeitmanagement, Selbststeuerung und Selbstplanung, Selbstkontrolle) eröffnen. Lehrerinnen und Lehrer haben die Aufgabe, Lernarrangements zu planen und anzubieten, also Lernsituationen herzustellen. Dazu gehört es, Heranwachsende mit Situationen zu konfrontieren, in denen von den Dingen selbst, nicht durch verbale Belehrung gelernt werden kann. Auch sollen soziale Arrangements geschaffen werden, die Lernwirkungen hervorbringen (vgl. BILDUNGSKOMMISSION NRW 1995, 85).
Als weitere Kompetenzen fasst der Erziehungswissenschaftler EWALD TERHART das „Unterrichten", das „Erziehen", das „Diagnostizieren, Beurteilen und Evaluieren", „Qualitätssicherung" und „Weiterentwicklung von Schule".
Diese Bestimmungen zeigen sich z. B. im Niedersächsischen Schulgesetz, das Lehrer verpflichtet, Unterricht zu erteilen, aber auch Aufgaben außerhalb des Unterrichts wahrzunehmen und sich an der Eigenverwaltung der Schule zu beteiligen (vgl. auch § 50,1; § 51,1 des Niedersächsischen Schulgesetzes).

3 Weitere Kompetenzen im Lehrerberuf

Erziehen ist eine fundamentale Tatsache des menschlichen Lebens. „Ihre Notwendigkeit beruht im Wesentlichen darauf, dass Neugeborene ohne Fürsorge und Hilfe Erwachsener nicht überleben können. Dies gilt im biologischen wie im kulturellen Sinne; denn die jeweilige Kultur, in die ein Mensch hineingeboren wird, stellt hohe Anpassungsforderungen, und um in ihr leben zu können, bedarf das Kind der ständigen Unterstützung und Ermunterung, aber auch der Führung und Kontrolle" (GIESECKE 1996, 29). Erziehen meint die Einwirkung eines älteren Menschen auf einen jüngeren mit dem Ziel der (länger oder kürzer bewirkten) Verhaltensänderung. Erziehung, die sich von Dressur unterscheidet, steht im Dienst des heranwachsenden Kindes oder Jugendlichen. Sie soll dem Mündigwerden des Heranwachsenden dienen. In der Regel werden Selbsterziehung und Fremderziehung entgegengesetzt. Bei der Fremderziehung unterscheidet man die intentionale (absichtliche) und die funktionale (unabsichtliche) Erziehung. Sehr oft wird die funktionale Erziehung auf Prozesse der Sozialisation bezogen. Sozialisation meint den Prozess der Vermittlung von Orientierungen, Einstellungen, Wertvorstellungen und Verhaltensweisen. Jedes neugeborene Kind ist lernbedürftig und bedarf u. a. der Unterweisung. Jede Gesellschaft ist darauf angewiesen, an ihre Mitglieder Wissen, Kenntnisse und Kulturinhalte zu vermitteln. Dies geschieht in arbeitsteilig organisierten, hochentwickelten Industriegesellschaften systematisch und geplant durch Unterricht in eigens dafür eingerichteten Institutionen (z. B. in allgemein bildenden Schulen, Universitäten, Volkshochschulen etc.) und durch speziell dafür ausgebildete Personen (Lehrerinnen und Lehrer) (vgl. KIPER 2001a, 13 ff.).

Unterrichten als Grundform pädagogischen Handelns ist geplantes, systematisches, methodisches und zielgerichtetes Unterweisen von lernbedürftigen Kindern, Heranwachsenden und Erwachsenen. Dabei steht die Vermittlung von Inhalten, die von den Lernern angeeignet werden sollen, im Mittelpunkt. THOMAS RIECKE-BAULECKE analysiert, dass das unterrichtliche Handeln der Lehrkräfte in einer zweifachen Diskrepanz steht, „der Diskrepanz zwischen Unterrichtsinhalt und Alltagserfahrungen der Schülerinnen und Schüler und der Diskrepanz zwischen Unterrichtsinhalt und Wissenschaft" (2001, 87). Wesentliches Kennzeichen der Lehrerarbeit sei, dass sie durch explizite oder implizite didaktische Konzepte diese Diskrepanzen zu überbrücken hätte. Der schulische Unterricht erfolgt in der Regel in Unterrichtsstunden, die eine festgelegte Dauer haben (meist 45 Minuten). Er findet meist an festgelegten Orten (in Klassenzimmern oder Fachräumen) statt. Am Unterricht sind eine bestimmte Anzahl Schülerinnen und Schüler sowie meist eine Lehrkraft beteiligt. Die Lernenden lösen sich aus realen Lebenszusammenhängen und begegnen sich in einer dafür eigens geschaffenen Sozialsituation. Unterricht bietet die Chance, die bornierte Unmittelbarkeit von Lebenssituationen zu überschreiten, in Distanz zu Alltagsproblemen, mit Muße und orientiert an der Zukunft zu lernen. Unterrichten zielt auf die Vermittlung von Wissen und auf das Entwickeln von kognitiven, sozialen und instrumentellen Fertigkeiten. Es erfolgt in der Regel als „symbolische Vermittlung", d. h. Gegenstände und Inhalte des Lernens werden meist nicht in ihren natürlichen oder sozialen Einbettungen aufgesucht. Der Unterricht wird als „Fachunterricht" erteilt, d. h. die Systematik der Unterrichtsfächer ist wesentlicher Ausgangspunkt für Planung und Durchführung. Diese findet sich in den Richtlinien oder Lehrplänen, die für die verschiedenen Schulformen und Schulstufen je unterschiedlich konkretisiert werden.

Diagnostizieren meint die Fähigkeit einer Lehrkraft, Schülerinnen und Schüler treffend zu beurteilen. Pädagogische Diagnosen stellen Aussagen über Merkmale oder Zustände von Kindern oder Jugendlichen dar, die Ergebnis eines reflektiert und methodisch kontrolliert durchlaufenen diagnostischen Prozesses sind. In Lehr-Lern-Prozessen sind leistungsbezogene Einschätzungen für die Unterrichtssteuerung von großer Bedeutung, sofern die Lehrkraft diese dafür nützt, die Effektivität ihres unterrichtlichen Handelns durch Strukturierungs- und Steuerungsmaßnahmen zu erhöhen resp. Fehlvorstellungen der Schülerinnen und Schüler (auf der Grundlage von Fehleranalysen) im Prozess des Unterrichtens erfolgreich zu korrigieren. Die BILDUNGSKOMMISSION NRW entwickelt einen weiten Begriff des Diagnostizierens und fasst darunter die „Fähigkeiten zum Erkennen von Lernpotentialen, spezifischen Lernvoraussetzungen, Lernhindernissen sowie Prozessen und Reaktionen der Lernenden, zur Beobachtung und Beurteilung, zum Erfassen von Möglichkeiten und Beschränkungen beim Erreichen pädagogischer Ziele, zur Analyse der eigenen Professionalität, der Bewältigung der Arbeitssituation und der beruflichen Entwicklungsmöglichkeiten, zur Evaluation" (BILDUNGSKOMMISSION NRW 1995, 305).

Beurteilen der Schülerinnen und Schüler durch Lehrerinnen und Lehrer geschieht in der Schule in Form von Zensuren oder Lernentwicklungsberichten, Diagnosebögen, Schülerbegleitbögen zum Lernprozess, in Überweisungs- und/oder Rückmeldebögen. Beurteilungen sind mit einer Reihe von Problemen verbunden. Viele Urteilsbildungen erfolgen oftmals pauschal und vereinfacht und werden der bzw. dem Einzelnen nicht gerecht.

Evaluieren meint die Bewertung von Sachverhalten auf der Grundlage einer Erhebung, Auswertung und Interpretation von Daten und Fakten. Evaluation wird in Selbst- und Fremdevaluation unterschieden. Der Begriff meint den Prozess der Überprüfung und Kontrolle von Input-Standards (z. B. Ressourcen, Zahl der

Lehrerstunden, Lehrer-Schüler-Relation, Schulbücher), der Prozess-Standards (wie Merkmalen von Unterrichtssituationen oder Interaktionsprozessen) oder Output-Standards (wie wissenschaftliche oder berufsbezogene Leistungsfähigkeit, soziale Fertigkeiten). Evaluation kann sich (als Mikro-Evaluation) auf das Verhalten kleiner Einheiten (einzelne Personen oder Personengruppen oder der Einzelschule) oder (als Makroevaluation) auf größere Einheiten oder das System als Ganzes beziehen (z. B. auf die zentrale Ebene oder das Bildungssystem insgesamt). In Verbindung mit Prozessen der Schulentwicklung ist Evaluation eine neue Form der systematischen Planung und Untersuchung der Arbeit pädagogischer Einrichtungen und der Offenlegung der Ergebnisse in Berichten (Selbstevaluation). Sie kann als staatlich- oder professionell- oder konsumenten-kontrollierte Rechenschaftslegung erfolgen. Sie dient u. a. der Bilanzierung der Arbeit, der Rechtfertigung, Steuerung und Kontrolle. In der Regel verläuft die Evaluation in Phasen. Nach der Phase der Problemanalyse und Definition von Qualitätsstandards folgt eine Erhebungsphase, in der Informationen gesammelt werden. Nach der Analysephase (Auswerten und Interpretieren der Daten) folgt eine Phase des Berichts (unter Aufdecken von Schwachstellen) und die Festlegung von Konsequenzen mit dem Ziel der Verbesserung der Arbeit durch Zielvereinbarungen zur Weiterentwicklung der pädagogischen Organisation (vgl. BILDUNGSKOMMISSION NRW 1995, 191 ff.; POSCH/ALTRICHTER 1997, 15 f.).

Qualitätssicherung und Weiterentwicklung von Schule meint, dass Schulen als Organisationen strukturiert, modernisiert, entwickelt und umgestaltet werden, damit in ihnen und durch sie die zugedachten Aufgaben erfüllt werden. Lehrkräfte haben die Aufgabe, eigenes Handeln so auszurichten, dass die pädagogischen Aufgaben durch die Gestaltung der Schule als Organisation optimal erfüllt werden. Als Teil der arbeitsteilig organisierten Institution Schule übernehmen sie Aufgaben, damit Organisationsziele erreicht werden und sie beteiligen sich an der Weiterentwicklung der formalen Struktur der Organisation (des Organisationsgefüges, der Funktionsgliederung, der steuernden Regeln).

Ergänzend zu TERHARTS Überlegungen weisen andere Autoren darauf hin, dass zur Lehrerarbeit wesentlich auch das „Beraten", „Betreuen" und „Kooperieren mit den Erziehungsberechtigten" gehört. Doch schon aus diesen kurzen Ausführungen wird deutlich, wie komplex und differenziert das Handeln von Lehrerinnen und Lehrern angelegt ist. Es bewegt sich in einem Spannungsfeld, weil Schülerinnen und Schüler zwar das Recht auf Bildung haben, zugleich aber auch dem Zwang zum Schulbesuch (Schulpflicht) unterliegen. „Lehrerinnen und Lehrer haben die Aufgabe, dieses Recht auf Bildung zu gewährleisten und gleichzeitig Elemente des Zwanges über ‚Maßnahmen bei Erziehungskonflikten', ‚Leistungsbeurteilung, Versetzung, Abschlüsse' [...] einzusetzen. Zum Handlungsrepertoire des Lehrers gehört [...] auch die Beurteilung von Schülerverhalten und -leistungen" (RIECKE-BAULECKE 2001, 80).

4 Die Schulpädagogik als Teildisziplin der Erziehungswissenschaft

Die Auseinandersetzung mit dem Lehrerberuf ist nur ein kleiner Teil des erziehungswissenschaftlichen Studiums durch zukünftige Lehrerinnen und Lehrer. Das – je nach gewähltem Lehramt – unterschiedlich umfangreiche Studium der Erziehungswissenschaft gibt darüber hinaus einen Einblick in die Geschichte dieser wissenschaftlichen Disziplin, in ihre Fragestellungen, Methoden und ihre Fachsprache und es bezieht sich – in begrenztem Umfang – auf methodologische und wissenschaftstheoretische Fragen.
Die Erziehungswissenschaft hat sich in den letzten drei Jahrzehnten in umfassender Weise ausdifferenziert. JÜRGEN BAUMERT und PETER MARTIN ROEDER (1994) unterschieden folgende Fachgebietszuordnungen:

- Allgemeine/Historische Pädagogik
- Vergleichende Pädagogik
- Didaktik/Schulpädagogik
- Sonderpädagogik
- Sozialpädagogik
- Berufs- und Wirtschaftspädagogik
- Erwachsenen-/Weiterbildung
- Pädagogische Psychologie
- Bildungssoziologie
- Hochschuldidaktik

Der Erziehungswissenschaftler DIETER LENZEN (1994) nannte folgende Teildisziplinen: Allgemeine Pädagogik, Historische Pädagogik, Vergleichende Pädagogik, Schulpädagogik, Sozialpädagogik, Sonderpädagogik, Berufs- und Wirtschaftspädagogik, Erwachsenenbildung und Vorschulpädagogik.
Unterhalb dieser Ebene führte DIETER LENZEN – aufgrund von Spezialisierungsversuchen – verschiedene *Fachrichtungen* auf, die über einen eigenen Gegenstandsbereich verfügen wie Ausländerpädagogik, Betriebspädagogik, Freizeitpädagogik, Kulturpädagogik, Medienpädagogik, Museumspädagogik, Kleinstkindpädagogik, Andragogik, Umweltpädagogik, Friedenspädagogik.
Auf einer dritten Ebene sprach er von *Praxisfeldern* der Forschung bzw. Einflussnahme wie Friedenserziehung, Gesundheitserziehung, Verkehrserziehung, Management-Education, Sexualerziehung und Umwelterziehung.
Die Erziehungswissenschaft hat unter dem Gesichtspunkt der Ausbildung (vor allem angehender Lehrerinnen und Lehrer) ihren universitären Ausbau erlebt und erschien lange aufgrund dieser Verbindung institutionell gesichert. Sie ist heute auch eine „Produzentin" von „Hauptfachausgebildeten" (mit Abschluss

Diplom, Magister, Unterrichtsfach Pädagogik) (vgl. RAUSCHENBACH/CHRIST 1994, 79). Nicht nur Lehrerinnen und Lehrer, auch Familienpädagogen, Sozialpädagogen, Erwachsenenbildner, Kulturpädagogen und weitere Berufsgruppen beziehen sich auf die Erziehungswissenschaft. Sie ist darüber hinaus zu einer der Wissenschaftsdisziplinen derjenigen geworden, die an der Universität ein Arbeits- und Betätigungsfeld wählen.

Ich verstehe die Schulpädagogik (einschließlich der Allgemeinen Didaktik) als Teildisziplin der Erziehungswissenschaft und als wichtige Bezugsdisziplin für Lehrerinnen und Lehrer. Sie ist an den Universitäten mit eigenen Professuren, einem eigenen Gegenstandsbereich und bevorzugten Forschungsmethoden vertreten. Als Theorie pädagogischen Handelns unter schulischen Voraussetzungen und als Theorie außerschulisch wirksamer Voraussetzungen für die schulische Arbeit kann die Schulpädagogik als empirisch, historisch und systematisch reflektierende Disziplin gefasst werden. Als wichtige Bereiche der Schulpädagogik sind u. a. anzusehen:

- Allgemeine Didaktik und Theorie des Unterrichts
- Theorie der Schule und des Schullebens
- Sozialpädagogik in der Schule
- Lebenswelt der Kinder und Jugendlichen und schulische Sozialisation
- Bildungs- und Schulpolitik
- Das Bildungssystem (Schulstufen, Schultypen und ihre Didaktik) der Bundesrepublik Deutschland; Bildungssysteme im europäischen und internationalen Vergleich
- Schulorganisation und Schulentwicklung
- Das Berufsbild der Lehrerin resp. des Lehrers

Gerade beim Studium der Schulpädagogik ist es sinnvoll, verschiedene pädagogische Wissensformen zu unterscheiden. Sie sind von unterschiedlicher theoretischer und praktischer Reichweite und Verallgemeinerungsfähigkeit, erheben einen unterschiedlichen Anspruch auf Praxis- und Anwendungsbezug und beruhen auf unterschiedlichen problemstrukturellen und wissenschaftstheoretischen Prämissen (vgl. JUNGMANN 1995, 101). Kategorisiert unter Aspekten der theoretisch-kognitiven Struktur und der sozialen Trägergruppe kann das Wissen über Erziehung unterschieden werden in Laienwissen, Professionswissen und wissenschaftliches Wissen.

„Das **Laienwissen** über Erziehung artikuliert sich überwiegend in objektsprachlicher Form und speist sich aus naturwüchsigen und in aller Regel singulären Alltagserfahrungen von ‚natürlichen Erziehern'. Dementsprechend beruht Laienwissen weitüberwiegend auf ‚immanenter Theorie' und ist in hohem Maße von unreflektierten Werturteilen durchsetzt" (JUNGMANN 1995, 112).

Grundlage des **Professionswissens** ist die Verberuflichung der Erziehungstätigkeit. Das Professionswissen artikuliert sich über weite Strecken in theoriesprachlicher Form, bleibt aber auf die unmittelbare Anwendung in realen Erziehungssituationen bezogen und ist damit „Ausdruck einer theorieanwendenden Praxis", die sich „um die Kombination von fachwissenschaftlichen und fachdidaktischen ‚Regionaltheorien'" bemüht und sich „von der Vorstellung eines kumulativen Erfahrungsfortschrittes" leiten lässt. Der Autor geht davon aus, dass „der für Erziehungssituationen konstitutive Bezug auf Normen und Werte" fester Bestandteil des Professionswissens ist. Dagegen artikuliert sich **wissenschaftliches Wissen** über Erziehung „vorwiegend in metasprachlicher Form" und bezieht sich auf eine „theoriegenerierende Praxis [...], ohne selbst den Handlungszwängen konkreter Erziehungssituationen zu unterliegen" (JUNGMANN 1995, 113). Darüber hinaus ist wissenschaftliches Wissen durch eine Einsicht in die durch spezifische Forschungsmethoden hervorgebrachten Wissensbestände gekennzeichnet. Die verschiedenen Wissensformen stehen in einem interdependenten Konstitutions- und Verweisungszusammenhang.

Gerade in der Schulpädagogik besteht in besonderer Weise die Notwendigkeit, wissenschaftliches Wissen von Laienwissen zu unterscheiden. Gerade die Schulpädagogik ist ein Bereich, in dem besonders die Reflexionsbedürfnisse der Professionellen artikuliert werden. Auf dem Hintergrund der wachsenden Verselbstständigung von (erziehungswissenschaftlicher) „Disziplin" und (pädagogischer) „Profession", der Verstetigung der Differenz von schulpädagogischer Forschung und an die Praxis angeschmiegter Reflexion, der Unterscheidung von kritisch distanzierter Beobachtung von Schule und Unterricht durch die Wissenschaftlerinnen und Wissenschaftler resp. der aufgabeninternen Selbstbeschreibung pädagogischer Arbeit durch Lehrerinnen und Lehrer, kurz: der sich abzeichnenden strukturellen Differenz zwischen „Wissensproduzenten" und „Akteuren im pädagogischen Feld" (vgl. TENORTH 1994, 23 f.), entsteht der Effekt, dass in der Schulpädagogik Bedürfnisse nach Sinnstiftung und berufsspezifischer Reflexion artikuliert werden.

Sinnstiftung und berufsbezogene Reflexion sollten jedoch wissenschaftlich fundiert werden. Von daher muss im Studium neben erziehungswissenschaftliches und schulpädagogisches Wissen die Vermittlung professionsbezogenen Wissens treten. In jüngster Zeit wurde der Versuch unternommen, schon in der ersten Phase der Lehrerausbildung auf die Förderung und Entfaltung von Qualifikationen zu setzen.

2 Hanna Kiper: Schultheorien

Als wichtiger Teilbereich der Schulpädagogik kann das Nachdenken über eine Theorie der Schule verstanden werden. Ich möchte verschiedene Überlegungen zur Schule in historischer Perspektive vorstellen, um den Wandel in den Fragestellungen und die Veränderung in Modellen zur Beschreibung der Schule und des Schulsystems zu verdeutlichen.

1 Schule im historischen Prozess

In traditionalen Gesellschaften geschah die Sozialisation der Heranwachsenden in der Familie und im sozialen Umfeld; auf diese Weise wurden Wissen und Wertorientierungen vermittelt. Zwar lassen sich seit dem 8. Jahrhundert Dom-, Stifts- und Klosterschulen als Institutionen zur Pflege der Gelehrsamkeit und zur schulischen Ausbildung feststellen, auf diesen Schulen wurden jedoch vor allem Angehörige des Adels, des Klerus und künftige Reichsbeamte ausgebildet. Im 13. Jahrhundert finden sich, parallel zur Herausbildung städtischer Wirtschaft und Kultur, auch Stadt- oder Ratsschulen, teils als städtische Gründungen, teils als übernommene kirchliche Schulen. Vorbereitet durch den Humanismus der zweiten Hälfte des 15. Jahrhunderts und die Reformation des 16. Jahrhunderts begann eine Periode des landesherrlichen Kirchen- und Schulregiments. Die Bibelübersetzung trug zur Überführung der Muttersprache in die Schriftsprache bei. Zur Realisierung eines eigenständigen Bibelstudiums gehörte notwendigerweise der Leseunterricht für alle. Dieser wurde in reformatorischen Katechismusschulen angeboten. Im 17. und 18. Jahrhundert verstärkte sich das landesherrliche Kirchen- und Schulregiment. Die Schulordnungen sprachen von Schul- und Schulunterhaltungspflicht. In den Städten entstanden – neben den Lateinschulen – Schulen, die den Realunterricht pflegten.
Die Konstituierung des Systems öffentlicher Erziehung und Bildung und der damit verbundene Ausbau der Schule ging mit innerer Staatenbildung einher. Sie wurde zum Instrument „der Auseinandersetzung mit konkurrierenden Herrschaftsträgern wie der Sozialdisziplinierung von Untertanen" (LUNDGREEN 1980, 28). 1787 wurde erstmals eine oberste Landesbehörde, die ausschließlich für das Schul- und Unterrichtswesen zuständig war, in den preußischen Staaten kon-

stituiert. Der Chef dieser Behörde, KARL ABRAHAM VON ZEDLITZ (1731–1783) legte den ersten „Gesamtplan für ein künftig vom Staat zu verantwortendes Unterrichtswesen" vor. Darin wird ausgeführt, „daß der Bauer anders als der künftige, Gewerbe oder mechanische Handwerke treibende Bürger, und dieser wiederum anders als der künftige Gelehrte, oder zu höheren Ämtern des Staats bestimmte Jüngling, unterrichtet werden muß. Folglich ergeben sich drei Abteilungen aller Schulen des Staats, nämlich: 1) Bauer- 2) Bürger- und 3) Gelehrte Schulen" (ZEDLITZ, zitiert nach LUNDGREEN 1980, 31). Hier wird die Vision einer berufsständisch gegliederten Gesellschaft entworfen.

Im 18. und 19. Jahrhundert war die Unterscheidung der schulischen Verhältnisse in Stadt und Land bestimmend. Die Visitationen von 1710 verweisen auf katastrophale Schulverhältnisse; das 1763 verabschiedete Generallandschulreglement regelte Schulbesuch und Schulpflicht (bis 14 Jahre), Schulunterhaltung, Lehrerbesoldung und Schulgeld, Unterrichtsinhalte und Lehrerbildung. Trotzdem wurde erst im 19. Jahrhundert die Schulpflicht für die große Mehrheit realisiert. Das städtische Schulwesen differenzierte sich aus in Stadtschulen und Gymnasien, wirkte aber zunächst wie ein additives Gesamtschulsystem. „Die sozialgeschichtliche Differenzierung lief über die numerische Verteilung der Schüler in Frühabgänger (= Stadtbürger, die ihre Schulpflicht ableisten) und Oberstufenbesucher, insbesondere Abiturienten (‚Eximierte' und Stadtbürger, die ein ‚Amt' anstrebten)" (LUNDGREEN 1980, 49).

Die großen Reformgesetze von 1807 (Agrarreformen, Einführung der Gewerbefreiheit, Städteordnung) leiteten eine Modernisierung von oben ein; sie zielten auf die Ablösung der berufsständischen Gesellschaft durch eine Gesellschaft formal gleicher Startchancen, freier Berufswahl und freier Eigentumsbildung. Sie setzten die Untertanen als Arbeitskräfte und Staatsbürger frei. Der preußische Unterrichtsgesetzentwurf von 1819 plädierte für eine allgemeine Menschenbildung und für Nationalerziehung in einer gestuften Einheitsschule. Tatsächlich jedoch differenzierte sich das frühe Gesamtschulsystem – gerade über die Festlegung von Berechtigungen und ein sich ausdifferenzierendes Berechtigungswesen – aus und wurde zu einem System getrennter Schultypen. Wir finden jedoch (1832, 1859, 1882) regulierende und normierende Eingriffe der staatlichen Bildungsverwaltung.

Die Volksschulpolitik des 19. Jahrhunderts bestimmte 1854 die einklassige Elementarschule als Normalschule („Regulative"). 1872 wurden mehrere Typen von Volksschulen als „normal" angesehen, nämlich einklassige, zweiklassige und dreiklassige Schulen (mit einem resp. zwei Lehrern), Halbtagsschulen und drei- und mehrklassige voll ausgebaute Schulen (vgl. LUNDGREEN 1980, 91). Es herrschte – bezogen auf die Volksschule – ein starkes Stadt-Land-Gefälle. „Der Typ der dreiklassigen Volksschule ist in der Stadt der Regelfall; auf dem Land herrscht die einklassige Dorfschule. [...] Schulgeldsätze sind verhältnismäßig

unbedeutend für die Volksschulen; bei den höheren Schulen sind sie erheblich. […] Im Jahre 1882 ist der Stadt-Land-Gegensatz in der Volksschulstruktur noch extrem: Drei- und mehrklassige Schulen erfassen 94% der städtischen Volksschüler, aber nur 20 % der ländlichen. Auf dem Land herrscht immer noch die einklassige Dorfschule vor" (LUNDGREEN 1980, 97 ff.).
Nach der Novemberrevolution von 1918 wurde von den Parteien der Weimarer Koalition (SPD, Zentrum und Deutsche Demokratische Partei (DDP)) der Weimarer Schulkompromiss ausgehandelt, der vorsah, dass das öffentliche Schulwesen organisch auszugestalten sei. „Auf einer für alle gemeinsamen Grundschule baut sich das mittlere und höhere Schulwesen auf. Für diesen Aufbau ist die Mannigfaltigkeit der Lebensberufe, für die Aufnahme eines Kindes in eine bestimmte Schule sind seine Anlagen und Neigungen, nicht die wirtschaftliche und gesellschaftliche Stellung […] seiner Eltern maßgebend (Art 146 WRV)" (LUNDGREEN 1981, 17 f.). Die Schulpflicht wurde bis zum vollendeten achtzehnten Lebensjahr ausgedehnt, wobei als Pflichtschulen die achtjährige Volksschule und die sich anschließende Fortbildungsschule bestimmt wurden.
Im Blick auf diese Entwicklung erkennen wir, dass die Schule ein Projekt der Moderne ist. Komplexe Gesellschaften entwickeln spezialisierte Institutionen, in denen das Lernen der Kinder und Jugendlichen initiiert, organisiert und kontrolliert wird. Die Schule leistet dabei einen wichtigen Beitrag zur Herausbildung von Kindheit und Jugend als eigener Lebensphase. Diese expandiert und dehnt sich aus.
In diesem Prozess bilden sich die Strukturmerkmale schulisch bestimmten Lernens heraus wie eine „raum-zeitliche Verselbständigung des Lernens", d. h. des Lernens an einem bestimmten Lernort und zu speziellen Lernzeiten, die „symbolische Vermittlung des Lernens", die „fernmotivierte Zeitbindung des Lernens", seine „professionelle Anleitung" durch hauptberuflich tätiges und eigens ausgebildetes Personal, die „formale Organisation des Lernens" durch Bereitstellung von Räumen, Gruppierung von Schülerinnen und Schülern, Anleitung durch Lehrpläne und bürokratische Kontrolle und die „öffentlich-rechtliche Verpflichtung des Lernens" (Schulpflicht) (vgl. HERRLITZ 1994).

2 Die Schulkritik der Reformpädagogik – eine exemplarische Position

Zu Beginn des 20. Jahrhunderts setzte eine Kritik an der Lern- und Buchschule ein. Ich möchte exemplarisch für die Schulkritik die Überlegungen von ELLEN KEY (1849–1926) vorstellen, die als Schriftstellerin, Frauenrechtlerin und Re-

2 Die Schulkritik der Reformpädagogik – eine exemplarische Position

formpädagogin wirkte. In ihrem Band „Das Jahrhundert des Kindes" (1902) kritisiert sie, dass die Schule Kenntnisse von Kindern vernichte. „Der Kenntnisdrang, die Selbsttätigkeit und die Beobachtungsgabe [...] sind nach Schluß der Schulzeit in der Regel verschwunden, ohne sich in Kenntnisse oder Interessen umgesetzt zu haben" (Key 1992, 144). Als Resultate der Schule nennt sie: „Abgenützte Hirnkraft, schwache Nerven, gehemmte Originalität, erschlaffte Initiative, abgestumpfter Blick für die umgebenden Wirklichkeiten, erstickte Idealität unter dem fieberhaften Eifer, es zu einem ‚Posten' zu bringen [...]" (Key 1992, 188).

Ellen Key plädiert dafür, dass die Schule auf die psychologische Entwicklung des Kindes Rücksicht nehmen und sich eine neue Aufgabe geben soll, nämlich „jedem einzelnen dieser Individuen so viel Entwicklung und Glück als möglich zu schaffen" (Key 1992, 146).

> „Die Zeit ruft nach ‚Persönlichkeiten', aber sie wird vergebens rufen, bis wir die Kinder als Persönlichkeiten leben und lernen lassen; ihnen gestatten, einen eigenen Willen zu haben, ihre eigenen Gedanken zu denken, sich eigene Kenntnisse zu erarbeiten, sich eigene Urteile zu bilden; bis wir [...] aufhören, in den Schulen die Rohstoffe der Persönlichkeiten zu ersticken, denen wir dann vergebens im Leben zu begegnen hoffen" (Key 1992, 161).

Sie plädiert für die „freie, volle Selbstentwicklung" der Kinder und will deshalb Kinderkrippen, Kindergärten und die Kleinkinderschule durch häusliche Erziehung und Unterricht in den ersten Jahren ersetzen (vgl. Key 1992, 164, 171). Die erste Erziehung müsse darauf zielen, die Individualität zu stärken (vgl. Key 1992, 172). Erst im Alter von neun oder zehn Jahren sollten die Kinder eine „wirkliche Gesamtschule" besuchen, „wo das eine und das andere Geschlecht die Kinder der einen sowie der anderen Gesellschaftsklasse das gegenseitige Vertrauen, die gegenseitige Achtung, das gegenseitige Verständnis lernten, das dann ihr segensreiches Zusammenarbeiten in der Familie und im Staate" ermögliche (Key 1992, 148). Außerdem hofft die Autorin, dass so „die natürliche Standeszirkulation gefördert" werde (Key 1992, 189). Die Gesamtschule soll die „allgemeine Bildung fortsetzen, aber nach einem jedem Individuum angepaßten Plan" (Key 1992, 179). Sie nennt „vier Ecksteine", die für den Unterricht in der neuen Schule bestimmmt werden sollen: „Frühe Spezialisierung da, wo ausgeprägte individuelle Anlagen vorhanden sind; Konzentration auf gewisse Gegenstände zu gewissen Zeitpunkten; selbständiges Arbeiten während der ganzen Schulzeit; Wirklichkeitsberührung während aller Schulstadien" (Key 1992, 150).

Key stellt – basierend auf ihren „Träumen von einer Zukunftsschule" (1992, 164) – verschiedene Neugestaltungsversuche vor, so die von Cecil Reddie gegründete Schule in Abbotsholme, Rochester, Staffordshire, die von Hermann Lietz in

Ilsenburg (Harz) aufgebaute Landschule und die von HARRY LOWERISON eröffnete gemeinschaftliche „Ruskin Home School".
Die Schulreformprogrammatik akzentuierte die Schattenseiten der Entwicklung des staatlichen Schulsystems und markierte „die Entfremdungsanfälligkeit schulisch organisierten Lernens", die „räumlich-zeitliche Verselbständigung" und „die ‚Veraltungsanfälligkeit' schulischer Lerninhalte" (HERRLITZ 1994). Sie orientierte auf Formen der Erziehungsgemeinschaft von Kindern bzw. Jugendlichen und Lehrkräften, z. B. in der Hauslehrerschule eines BERTHOLD OTTO (1859–1933), in „Landerziehungsheimen" eines HERMANN LIETZ (1868–1919) oder in einer Gesamtschule (Jena-Plan-Schule) eines PETER PETERSEN (1884–1952). Die vielfältigen gesellschaftspolitischen und kulturellen Einzelbewegungen, die pädagogisches Denken beeinflussten, unterscheidet HERMAN NOHL (1879–1969) in seinem Buch „Die pädagogische Bewegung in Deutschland und ihre Theorie" (1933), wie folgt: 1. die pädagogischen Volksbewegungen (Jugendbewegung und Volkshochschulbewegung), 2. die pädagogischen Reformbewegungen (Kunsterziehungs-, Arbeitsschul- und Landerziehungsheimbewegung resp. die Auseinandersetzung um Selbsttätigkeit und eine Schulverfassung), 3. die pädagogische Bewegung in der Schule (Einheitsschulbewegung) sowie 4. die Entwicklung einer Bildungstheorie auf dem Hintergrund der gesellschaftlichen und kulturellen Gesamtbewegung. NOHL bilanziert den Ertrag der reformpädagogischen Bewegung und formuliert als Aufgabe der Schule, das Eigenrecht des Kindes gegen alle unberechtigten Ansprüche der Gesellschaft und ihrer Kultursysteme (Kirche, Politik, Wirtschaft) zu verteidigen. Er nennt fünf Aspekte: „Die Schule hat die große Aufgabe, das Kind aus der Gebundenheit in der Familie hinüberzuführen in die Willensform des öffentlichen Lebens und die Kräfte in ihm zu entwickeln, die alle Organisationen tragen" (NOHL 1957, 197). HERMAN NOHL unterscheidet drei Formen der Willenserziehung, nämlich die Körpererziehung, die Erregung von Bewusstsein und Konzentration (Aufmerksamkeit) und die Arbeit. Die Schule gestalte den Übergang vom Spielen zur Arbeit durch Übungsarbeit. „Sie ist ein Übergang, ist Spielplatz zugleich und Stätte der Arbeit, wo das Kind einen neuen Inhalt und eine neue Form des Lebens in sich aufnimmt, nämlich die Form der planvollen, von der augenblicklichen Neigung unabhängigen, durch einen Zweck gebundenen Tätigkeit" (NOHL 1957, 201). Als dritte Funktion akzentuiert der Pädagoge die Unterwerfung des Kindes unter die Methode. „Die Methode steigert die Kräfte des Menschen über sich selbst hinaus, und die Schule ist die Werkstätte der methodischen Entwicklung des Kindes" [...] (NOHL 1957, 203). Als vierte Funktion beschreibt er die Schule als zweckfreien Ort, „in dem der Mensch das höhere geistige Leben erfährt und ohne Rücksicht auf die Bedürfnisse des Alltags die freie Kraft des Geistes entfaltet. [...] die Schule steht nicht bloß im Dienst der Praxis, sondern ist selbst eine Stätte des höheren Lebens" (NOHL 1957, 205).

3 Funktionen der Schule für die Gesellschaft

In der Mitte des 20. Jahrhunderts wird eine Bestandsaufnahme des Schulsystems vorgenommen und die Leistungen der Schule für die Gesellschaft herausgestellt. Dabei wird verdeutlicht, dass die Schule die Heranwachsenden sozialisiert und erzieht, sie – über verschiedene Formen schulischer Differenzierung, über das Leistungsprinzip und die von der Schule verteilten Berechtigungen – dazu bringt, eigene Sozialchancen zu realisieren und sich gesellschaftlich zu platzieren, sich angemessen zu qualifizieren und sich als loyale Staatsbürger zu bewähren. Die Schule erscheint

> „als Zuteilungsapparat für Sozialchancen (SCHELSKY), als Reservemechanismus für den Ausgleich der Schwankungen des Arbeitsmarktes, als Legitimationsinstanz für ein System sozialer Ungleichheit, das als Ergebnis ungleicher individueller Leistungen meritokratisch gerechtfertigt erscheint (YOUNG), als Stätte der Ausübung symbolischer Gewalt (BOURDIEU) und der Domestikation des Jugendalters im ökonomischen Interesse der Erwachsenengeneration (MUSGROVE); Schulbildung wird zur Investition in Humankapital (SCHULTZ), zur Ansammlung kulturellen Kapitals, das von den Erfolgreichen gegen soziale Positionen einzulösen ist (BOURDIEU), zum langsamen Erlernen des Verzichts auf derartige Positionen für die Erfolglosen, zur Formung des Fachmenschen, dessen die durchgreifend bürokratisierte Organisation moderner Industriegesellschaften bedarf, zur Einübung in die „Tugenden" der Unterordnung, die die Organisation des kapitalistischen Industriebetriebes vom abhängig Beschäftigten verlangt (BOWLES/GINTIS)" (ROEDER 1984, 276).

HELMUT FEND nennt in seiner sozialwissenschaftlich angelegten „Theorie der Schule" (1980) drei Bestimmungsstücke: „(1) Schulsysteme sind Institutionen, (2) sie sind absichtliche und kontrollierte Veranstaltungen und (3) in ihnen geschieht Sozialisation" (FEND 1980, 2). Als Funktionen des Schulsystems für die Gesellschaft nennt er die „Reproduktion kultureller Systeme" einschließlich der „Qualifizierung" (Vermittlung von Fertigkeiten und Kenntnissen) und die Reproduktion der Sozialstruktur der Gesellschaft, also der bestehenden sozialen Positionsverteilungen und ihrer personellen Besetzung (Selektionsfunktion). FEND beschreibt das Schulsystem als Instrument der Arbeitsmarktregulierung, das zeitweilig überflüssige Arbeitskräfte bindet (1980, 26). In Schulen fände ebenfalls eine „Neuverteilung von Lebenschancen" (Allokationsfunktion) statt (1980, 29). Darüber hinaus seien Schulsysteme „Instrumente der gesellschaftlichen Integration. In ihnen ist die Reproduktion von solchen Normen, Werten und Interpretationsmustern institutionalisiert, die zur Sicherung der Herrschaftsverhältnisse dienen" (Legitimationsfunktion) (FEND 1980, 16). Legitimiert werden müsste die „ungleiche Verteilung knapper Güter" (FEND 1980, 45) und politischer Macht.

> „Im Verlaufe seiner Schulzeit lernt der Schüler diese Ungleichheit zu akzeptieren, indem er das Regelsystem der Zuordnung zu unterschiedlichen Leistungspositionen und deren Verfahren (Prüfungen) zu akzeptieren lernt. Ihm wird tagtäglich vorgeführt, daß Unterschiede in der formellen Belohnung auf Unterschiede in der Leistung zurückzuführen sind" (FEND 1980, 46).

Die innere Gestalt von Bildungsinstitutionen als rationalen Zweck-Mittel-Systemen sei auf „das Ziel der Organisation von Lernprozessen für große Massen von Schülern ausgerichtet" (FEND 1980, 55). Schulen als Orte der geplanten Veranstaltung von Lernprozessen mit dem Ziel der Änderung sozialer Subjekte erhebt Lernvoraussetzungen, formuliert Lernziele, systematisiert Lernbedingungen und kontrolliert Lernerfolge. FEND unterscheidet geschichtete (dreigliedrige) und differenzierte Schulorganisationsmodelle (integrierte und differenzierte Gesamtschule) (1980, 77 ff.).

Er beschreibt das Schulsystem als Instanz der „sozialen Beeinflussung" (1980, 96 ff.), aber auch als „Erfahrungsfeld" und zwar als kulturelles, interaktives, beziehungsorientiertes und „ökologisches" Erfahrungsfeld (1980, 127 ff.). In Anlehnung an Dreeben zeigt er, dass Schulen ein Wertsystem, bestimmt von Unabhängigkeit, Leistung, Universalismus und Spezifizität sichern, das für moderne Industriegesellschaften charakteristisch ist (1980, 159). Auf dem Hintergrund sozialstruktureller Wandlungsprozesse nennt er drei kulturelle Traditionen, eine „moralisierend-religiös-ordnungsstabilisierende" (mit Orientierung auf Charakterbildung, Pflichtbewusstsein, Gehorsam, Fleiß), eine „liberal-ästhetisch kultivierende" (mit Orientierung auf seelische Differenzierung und Erlebnisfähigkeit) und eine „demokratisch-rational-leistungsorientierte" (mit Ausrichtung auf Mündigkeit, Selbstständigkeit und Leistungsbereitschaft) (vgl. FEND 1980, 164 f.). Der Wissenschaftler betont – in schulkritischer Perspektive –, dass die Schule als bürokratische Organisation wünschenswerten Bedingungen von Erziehungsprozessen widerspreche (1980, 235). Als Handlungs- und Erlebnismöglichkeiten für Schülerinnen und Schüler in der Schule nennt er Orientierungs-, Bewährungs- und Selbsterfahrungschancen und Möglichkeiten der Bedürfnisbefriedigung (1980, 256 ff.).

4 Pädagogisch-programmatische Überlegungen zur Schule

Pädagogische Überlegungen zu einer Theorie der Schule sind von unterschiedlichen Leitbildern bestimmt. Ich möchte exemplarisch die Überlegungen von HARTMUT VON HENTIG denen von HERMANN GIESECKE gegenüberstellen.

In seinen Vorträgen, die unter dem Titel „Die Menschen stärken, die Sachen klären. Plädoyer für die Wiederherstellung der Aufklärung" (1985) erschienen, formuliert VON HENTIG (geb. 1925) dreizehn erforderliche Lernbedingungen (1985, 106 ff.) wie „Zuversicht ermöglichen", „Zeit haben", „Arbeiten mit Sinn", „Die angemessene Größenordnung finden", „A place to grow up in", „In gemeinsame Regeln des Handelns einführen", „In gemeinsame Formen des Erkennens einführen", „Mit der Ungleichheit leben", „Mit dem Körper leben", „Die Medien dienstbar halten", „Für die Kinder erwachsen sein", „Dem ‚Therapismus' widerstehen" und „Kinder in Ruhe lassen – eher weniger tun als mehr". In seinem Band „Die Schule neu denken" (1993) entwickelt er das Leitbild einer Schule als „Lebens- und Erfahrungsraum". VON HENTIG geht davon aus, dass für viele Kinder die Schule für den größten Teil ihrer Zeit der einzige *Aufenthalts*ort geworden sei, der nun auch zum *Lebens*ort, an dem wichtige Lebenserfahrungen gemacht werden könnten (1993, 176), werden müsse. Darüber hinaus fordert er eine Erziehung zur Politik. „Die Politik der Bürger, die bewegliche Regelung gemeinsamer Angelegenheiten, ist in unserer Welt so schwierig, daß sie einer besonderen, einer kunstvollen Anlage bedarf. Ich nenne es die Schul*polis*" (VON HENTIG 1993, 181).

HERMANN GIESECKE (geb. 1932) akzentuiert den emanzipatorischen Gehalt des Konzeptes Bildung. Mit dem Persönlichkeitsideal des Gebildeten werde jede Orientierung an der Sozialisation für die gegebenen Verhältnisse und an Nützlichkeitsaspekten überwunden. Die Forderung nach allgemeiner Bildung enthalte eine Potenz des Humanen. Für GIESECKE ist das allgemeine Bildungskonzept „die modernste pädagogische Idee der Neuzeit" und damit ein „zukunftsweisendes pädagogisches Leitmotiv" (GIESECKE 1998, 24), habe doch die Bildungsidee die Pädagogik von der erzieherischen Bevormundung befreit. Als Voraussetzung für Bildung sei Distanz zu unmittelbaren Interessen und Bedürfnissen erforderlich. Er versteht unter der bildenden Erschließung der Welt eine besondere Aktivität, die der Anleitung durch einen entsprechenden Unterricht bedürfe. Bildung habe Beschränkung und Konzentration zur Voraussetzung; sie sei undenkbar ohne einen ausgewählten Kanon von Fächern, Stoffen und zu entfaltenden Fähigkeiten.

Für eine Ermöglichung des „Stabwechsels" der Generationen sei es notwendig, die Inhalte des Unterrichts (Bildungskanon) festzulegen. Dabei ermögliche der *Bildungskanon* einem Kind, sich von den Zufälligkeiten seiner Geburt und seines Lebensmilieus zu emanzipieren. Der Bildungskanon ziele auf die Schaffung der geistigen Grundlage einer „Bildungselite", die bei allen beruflichen, religiösen und politischen Verschiedenheiten grundlegende kulturelle Gemeinsamkeiten teile. Nur durch Schulleistungen könne sich ein Kind selbst emanzipieren; Wissen und Manieren seien das einzige Kapital, die es selbst vermehren könne. GIESECKE fordert Allgemeinbildung für alle Kinder, um eine gleichberechtigte Partizipation aller Bürgerinnen und Bürger an den gesellschaftlichen Möglichkeiten zu eröffnen. Für GIESECKE ist allgemeine Bildung eine Voraussetzung und Chance für gesellschaftliche Teilhabe, für ein Offenhalten aller Optionen für die Zukunft, aber „kein Konzept für Gutmenschentum" (1998, 28, 260).

GIESECKE betont das Spannungsverhältnis zwischen einem an der Lebenswelt resp. an Erfahrungen und einem an Bildung orientierten Unterricht. Ein bildender Unterricht knüpfe zwar an Erfahrungen an, zeige aber neue Zusammenhänge auf und bringe Erfahrungen in eine systematische Ordnung (vgl. GIESECKE 1998, 50 f.).

Für GIESECKE ist *Unterricht* ein künstliches Arrangement, „das nicht aus dem Alltagsleben von selbst erwächst; er geschieht immer in Distanz zum sonstigen Leben, für dessen Bewältigung er andererseits gebraucht wird. [...] So gesehen ist Unterricht eine geniale kulturelle Erfindung, weil er uns ermöglicht, die Unmittelbarkeit unserer Existenz zu überschreiten und für noch unbekannte spätere Verwendungssituationen auf Vorrat zu lernen" (GIESECKE 1998, 40). Der Wissenschaftler möchte die historische Errungenschaft institutionalisierten Lernens in der Schule wiederherstellen. Diese sieht er darin, dass die Schule Schutz und Freiraum sei, Kontemplation ermögliche, das Denken initiiere und ermögliche, sich intellektuell auszuprobieren. Sie schaffe Distanz zu sich selbst und zum eigenen Alltag, eröffne die Chance auf eine intellektuelle Biographie und führe hin zu Bildung und Kultur.

5 Von der Entwicklung der Einzelschule zu Prozessen der Entschulung?

War in den 1970er Jahren der Fokus der Aufmerksamkeit auf das Bildungssystem als Gesamtsystem gerichtet und wurde – unter soziologischer Perspektive – der Beitrag der Schule zur Reproduktion der Gesellschaft und – unter ökonomischer Perspektive – der Zusammenhang von Bildung und wirtschaftlicher Entwicklung analysiert, so rückt in den 1980er Jahren die Einzelschule und ihre Entwicklung von unten und von innen in den Mittelpunkt der Betrachtung. Bei Diskussionen unter dem Stichwort „innere Schulentwicklung" kommt die Schule als Organisation mit ihren Zielen, Organisationsstrukturen und Entwicklungsprozessen in den Blick. In diesen Ansätzen kommt ihren Strukturen, der Schulleitung und ihrem Handeln, dem institutionellen Gefüge (Kooperation der Kolleginnen und Kollegen), dem Schulklima und der Personal- und Unterrichtsentwicklung (Qualitätssicherung) große Aufmerksamkeit zu. Die Fokus-

sierung auf die Einzelschule ist mit Diskussionen um die Förderung von Autonomie verbunden.
In einer Vielzahl von Vorschlägen, die auf Entstaatlichung des Schulwesens setzen, wird ein Bildungs- und Schulsystem visioniert, bei dem im Vorschulbereich neben die staatlichen und halbstaatlichen Angebote solche von privatwirtschaftlich organisierten Firmen treten. Schon im Sekundarbereich I, spätestens aber im Sekundarbereich II wird die Pflichtschule ergänzt oder ersetzt durch Angebote, die ein privater Bildungsmarkt bereitstellt. Computer-Lernstudios, besondere Kurse, Bildungsfernsehen, virtuelle Schulen, Erlebnisreisen, Sprach-Intensiv-Kurse im Ausland, Kinder-Universitäten, Naturwissenschaftliche Workshops etc. konkurrieren mit klassischen schulischen Einrichtungen. Eltern erhalten vom Staat Bildungsgutscheine und können mit diesen und zusätzlichen privaten Geldern (Bildungsinvestitionen) solche Lernangebote von Firmen kaufen, die sie für richtig halten. Bei einem solchen Modell würden Zertifikate über jeweils absolvierte Module vergeben und über Prüfungen das vorhandene Wissen der Jugendlichen getestet. Nur bei einer erfolgreichen Absolvierung dieser Prüfungen wäre dann ein Zugang zu den besten Universitäten des Landes oder zu Berufsakademien und Ausbildungszentren der Wirtschaft möglich. Bildungsangebote auf einem Bildungsmarkt wären evtl. damit verbunden, dass jeweils gewählte Einrichtungen die Eingangsvoraussetzungen von Jugendlichen überprüften und maßgeschneiderte Kurse auf unterschiedlichem Niveau anböten. Viele von ihnen würden privat oder halbstaatlich betrieben (vgl. TILLMANN 1997, KIPER 2001b).

6 Ein Mehrebenenmodell von Schule

Angesichts dieser Entwicklungen scheint es mir notwendig zu sein, die staatliche Schule als Einrichtung entschieden zu verteidigen, denn nur so kann gesellschaftlichen Desintegrationsprozessen, Prozessen ethnischer und sozialer Segmentierung und Formen verschärfter regionaler Disparität entgegengesteuert werden.
Die Schule ist der zentrale Lernort, an dem Kinder und Jugendliche gemeinsame Erfahrungen machen, an dem sie Verständigung und Toleranz lernen können. Bildung für alle ist dabei von entscheidender Bedeutung dafür, von Lebensmöglichkeiten und Zukunftschancen nicht abgeschnitten zu werden. Bildung ist nicht nur Voraussetzung für gesellschaftliche Teilhabe, sondern die Grundlage für die Ausbildung von Denkfähigkeit, lebensbegleitenden Lernens und für Selbstbestimmung.

Die staatliche Schule kann aber nur dann weiterentwickelt werden, wenn deutlicher das Zusammenspiel der Gesellschaft mit ihren Teilsystemen und diese Teilsysteme in ihrer Dimensionalität verstanden werden.
In jüngster Zeit hat HELMUT FEND für eine mehrebenenanalytische Betrachtung des Schulsystems plädiert. Ausgehend von seiner Überlegung, dass die Qualität eines Bildungswesens sich daraus ergibt, „ob es gelingt, die Schule für möglichst alle Schüler zu produktiven Räumen des Lernens und ihrer langfristigen Entwicklung werden zu lassen" (FEND 2000, 56), stellte der Wissenschaftler – auf dem Hintergrund der Auseinandersetzung mit Bildungssystemen im internationalen Vergleich (Deutschland, Schweiz, Russland, USA, Japan) – ein „Mehrebenenmodell" vor und betonte die Wichtigkeit des Zusammenspiels von *Unterrichtsebene, Schulebene* und *Systemebene*.

Auf der Systemebene (Makrostruktur) interessiert das Zusammenwirken des Bildungssystems mit dem „kulturellen Kontext" einer Gesellschaft, „durch den es unterstützt oder behindert wird" (FEND 1998, 226). Darunter sind u. a. die zentralen Normen und Werte und die Praxis der Lebensführung, die das Lehren und Lernen entscheidend mitbestimmt, zu verstehen.

Die *Qualität des Gesamtsystems (Makrosystem)* kann an verschiedenen Faktoren festgemacht werden, wie soziale Fairness und Effektivität. Sie zeigt sich an den Eintrittsquoten in verschiedene Schullaufbahnen, an der Durchlässigkeit/den Übergängen, den verteilten Abschlüssen und den Abbrecherquoten. Ein System, das – bezogen auf die Schullaufbahn – in keine Sackgassen führt, unnötige Verlustzeiten vermeidet, angemessene Einschätzungen von Aufwand und Ertrag ermöglicht und zu sinnvollen Passungen zwischen dem Bildungsangebot und den unterschiedlichen Begabungsprofilen führt, ist angemessen. Darüber hinaus ist die Frage der erzieherischen Wirkungen und der Akzeptanz der Schule von Wichtigkeit. Ein weiteres Kriterium ist das der *Balance zwischen zentraler Steuerung und Kontrolle und der einzelschulisch verantworteten Organisationsentwicklung*. FEND plädiert für „starke Rahmenbedingungen", eine „gemeinschaftliche Verantwortung" und für die „Stärkung von Eigeninitiative und Kundenorientierung" (FEND 1998, 267).

Die regionale Ebene (Exosystem) ist in den Ländern der Bundesrepublik Deutschland eher unentwickelt. In neuen Bildungsgutachten wird davon ausgegangen, dass der Einzelschulentwicklung im Rahmen von *Bildungsregionen* eine wichtige Aufgabe zukommt. So wird im Gutachten „Zukunft der Bildung – Schule der Zukunft" u. a. vorgeschlagen, dass die teilautonome Schule als pädagogische Handlungseinheit über mehr Entscheidungskompetenzen und eine starke Schulleitung verfügen und mit dem gesellschaftlichen Umfeld vielfach verknüpft sein soll. Dabei wird davon ausgegangen, dass die kommunalen Entscheidungsrechte zu erweitern sind. Die Einzelschule wird als Teil einer regionalen Bildungslandschaft verstanden. Ihre Entwicklung soll im Kontext der Gesamtheit der Angebote in den Gemeinden und Kreisen geschehen. Jedoch lässt sich feststellen, dass Instrumente zur Stärkung der regionalen Ebene bisher noch nicht hinreichend ausgebildet wurden. Auf regionaler Ebene wird danach gefragt, ob Bildungs- und Schullandschaften vollständig und stabil angelegt sind und wie ein Verbund von vorschulischen Einrichtungen (Kinderkrippe, Kindergärten), allgemein bildenden und berufsbildenden Schulen, Institutionen der Fort- und Weiterbildung und Einrichtungen der Jugendhilfe geschaffen und vernetzt werden kann. Die Institutionen sind so anzulegen und zu vernetzen, dass sie den Entwicklungs- und Lernprozess eines Menschen optimal unterstützen.

Die Bedeutung der Einzelschule (Mesosystem) ist umso größer, je geringer die institutionelle Normierung ist. In der Bundesrepublik waren die Unterschiede zwischen den Gesamtschulen, die in einem Stadium des Experimentierens große Freiräume hatten, größer als die zwischen Schulen des herkömmlichen Schulsystems, die aufgrund starker Normierungen über institutionelle Regelungen sich weniger voneinander unterschieden. Schulen können bezogen auf ihre Schulkulturen voneinander unterschieden werden.

Entwicklungen auf der Ebene der Schulklasse und des Unterrichts (Mikrosystem) beeinflussen ebenfalls den Lernerfolg.

In den nächsten Jahren wird es darauf ankommen, in den bildungspolitischen Debatten, die um Fragen der „Qualität von Schule", um die Leistungsfähigkeit von Schulsystemen im europäischen und internationalen Vergleich und über sinnvolle ordnungspolitische Konzepte und Steuerungsinstrumente resp. Modelle der Finanzierung kreisen werden, eine Mehrebenentheorie der Schule ins Gespräch zu bringen, um einseitigen und naiven Eingriffen mit hohen Effekterwartungen entgegenwirken zu können.

3 Renate Hinz:
Das Schulsystem in der Bundesrepublik Deutschland

Nach dem Zweiten Weltkrieg entwickelte sich das Schulwesen in den beiden deutschen Staaten unterschiedlich. Während sich in der DDR mit der zehnklassigen allgemein bildenden *Polytechnischen Oberschule* (POS) und einer darauf aufbauenden Berufsausbildung sowie der zur Hochschulreife führenden *Erweiterten Oberschule* (EOS) der *Einheitsschulgedanke* durchsetzte, knüpften die Neugestaltungen in der BRD an die *Dreigliedrigkeit* des Weimarer Schulsystems an. Mit dieser wurde eine vertikale Differenzierung der Bildungsorganisationen geschaffen, die trotz der Diskussion und Umsetzung von Gesamtschulkonzepten in den vergangenen Jahrzehnten in der aktuellen Situation die Grundstruktur des Schulwesens in allen Bundesländern bestimmt und implizit durch eine Theorie berufsorientierter Ausbildungsgänge sowie festgeschriebener Begabungstypologien begründet wird. Dass die Schullandschaften heute dennoch z. T. erheblich voneinander abweichen, ist auf die von den Alliierten zugesicherte und mit Artikel 30 des Grundgesetzes verankerte *Kulturhoheit der Länder* zurückzuführen. Sie bedingt aufgrund divergierender Leitvorstellungen sowie spezifischer föderalistischer bildungs- und gesellschaftspolitischer Tendenzen unterschiedliche organisatorische und curriculare Ausgestaltungen, die Absprachen notwendig werden lassen, wenn das Schulwesen in seinen Grundsätzen vereinheitlicht werden soll. Zu den bedeutendsten von der *Ständigen Konferenz der Kultusminister* (KMK) empfohlenen Vereinbarungen der Ministerpräsidenten aller Bundesländer gehören rückblickend das *Düsseldorfer Abkommen* (1955), das u. a. eine einheitliche Festlegung der Schul- und Klassenbezeichnungen anstrebte, sowie das 1971 novellierte *Hamburger Abkommen* (1964), in dem z. B. die Schulpflicht, Schuljahres- und Feriendauer geregelt und die schulischen Organisationsformen mit ihren Bezeichnungen festgelegt wurden (vgl. ARBEITSGRUPPE BILDUNGSBERICHT 1997, 64–86; SCHULTZE/FÜHR 1966, 139–146).

Veränderte gesellschaftliche Tendenzen, die sich z. B. in einer stark zunehmenden Heterogenität der Bevölkerung oder komplexeren beruflichen Anforderungsstrukturen offenbaren, sowie die Entwicklung dynamischer Begabungsvorstellungen, die vor allem die Lernmotivation und -fähigkeit in den Blick rücken, führen zu Diskussionen um umweltstimulierte Fördermaßnahmen. Sie knüpfen an die von der KMK bereits 1964 in der *Berliner Erklärung* formulier-

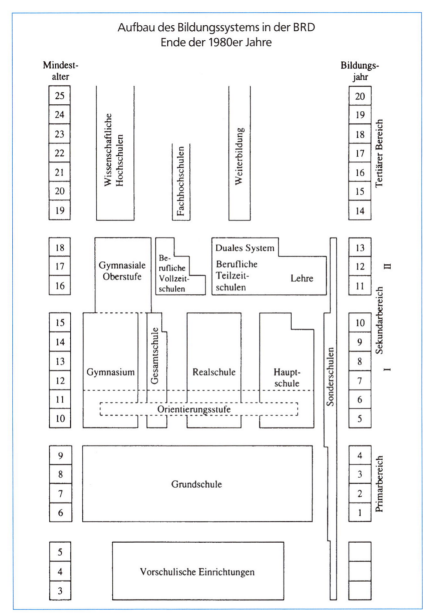

Abb. 1: Struktur des Bildungswesens (Aus: ARBEITSGRUPPE BILDUNGSBERICHT 1997, 19)

te Notwendigkeit einer Anhebung des schulischen Ausbildungsstandards an und haben im Übergang zu den 1970er Jahren zu Forderungen nach Chancengleichheit, optimaleren Entfaltungsmöglichkeiten der einzelnen Persönlichkeit und Durchlässigkeit im Bildungssystem, einer Wissenschaftsorientierung des Lernens sowie einer Betonung des Leistungsprinzips geführt. Ihren Niederschlag fanden diese Vorstellungen im *Strukturplan für das Bildungswesen*, den die Bildungskommission des Deutschen Bildungsrates 1970 herausgab, und in dem 1973 von der Bund-Länder-Kommission veröffentlichten *Bildungsgesamtplan*. Beide Reformkonzepte betonten die Notwendigkeit der organisatorischen und strukturellen – die selektive Dreigliedrigkeit überwindenden – Erneuerung des Schulwesens, die mit einer inhaltlichen Revision der Curricula einherzugehen habe. Unter Zugrundelegung des Einheitsschulgedankens sollte das Gesamtsystem nach vier Bereichen gestuft sein (siehe Abb. 1, S. 37).

- ❶ Der *Elementarbereich* stellt mit der Institution des Kindergartens ein familienergänzendes, kompensatorische Bildungs- und Erziehungsansprüche verfolgendes, freiwillig nutzbares Angebot dar.
- ❷ Der *Primarbereich* umfasst die Eingangsstufe (Kl. 1 u. 2) und die Grundstufe (Kl. 3 u. 4), die jeweils eine inhaltliche Einheit bilden. Ihre wesentlichen Ziele sind die Schaffung von Lernvoraussetzungen, die Vermittlung der elementaren Kulturtechniken sowie die individuelle Förderung.
- ❸ Der *Sekundarbereich* dient in der Sekundarstufe I der Vermittlung einer grundlegenden wissenschaftsorientierten Allgemeinbildung für alle. Er umfasst die Klassen 7 bis 10, die als Gesamtschule zu gestalten sind, und schließt mit dem – das Profil der Grundbildung dokumentierenden – Abitur I ab. Als Sekundarstufe II führen die Klassen 11 bis 13 mit spezialisierten Inhalten zum Abitur II, durch das die Hochschulzugangsberechtigung erworben wird. Nicht eindeutig ist die Zuweisung der Orientierungsstufe (Kl. 5 u. 6), die sowohl dem Primar- als auch dem Sekundarbereich zugeordnet werden kann.
- ❹ Der *Tertiäre Bereich* schließt die Weiterbildung und den Hochschulbereich ein (vgl. BUND-LÄNDER-KOMMISSION 1973; DEUTSCHER BILDUNGSRAT 1972).

Einige der Reformgedanken sind mittlerweile in die Praxis umgesetzt. Wenn es auch nicht zu der im Strukturplan vorgeschlagenen Herabsetzung des Einschulungsalters auf das vollendete 5. Lebensjahr gekommen ist, so hat doch die Einsicht in lernsteigernde Wirkungen frühzeitiger Fördermaßnahmen ein weiteres pädagogisches Handlungsfeld eröffnet, das sich strukturell in der Schaffung zahlreicher (Schul-)Kindergärten und vorschulischer Einrichtungen dokumentiert. Grundsätzlich aber hat der Versuch einer schulsystemischen Vereinheitlichung eher zu einem weiteren Perspektivenreichtum geführt: Dreigliedrigkeit und Gesamtschulkonzepte existieren nebeneinander, für Klasse 5./6. stehen sowohl die schulformunabhängige Orientierungsstufe als auch schulformspezifische Beobachtungsstufen zur Wahl.

1 Grundschule

Die Grundschule ist die einzige – in *allen* Bundesländern obligatorische – Schulstufe, deren Besuch für *alle* schulpflichtigen und schulfähigen Kinder der Klassen 1 bis 4 (in Berlin und Brandenburg Kl. 1 bis 6) verpflichtend ist. Die Rechtsgrundlage zur Schaffung einer durchgängig integrierten Grundstufe des öffentlichen Schulsystems leitet sich – vor dem Hintergrund der mit Artikel 146 der *Weimarer Verfassung* (1919) begründeten Ablösung der Bildungspflicht durch eine verbindliche Schulbesuchspflicht – aus der im *Grundschulgesetz* (1920) festgeschriebenen Definition der Volksschule als eine „in den vier untersten Jahrgängen [...] für alle gemeinsame Grundschule" („Grundschulgesetz" in SCHEIBE ^{2}1974, 58) ab. Sie erhielt mit dem *Reichsschulpflichtgesetz* (1938) eine reichseinheitliche Regelung und wurde im Zuge der bundesrepublikanischen Neuordnung des Schulwesens schließlich für die aktualisierten Schulgesetze übernommen (vgl. SCHWARTZ 1982, 8 ff.).

Der Eintritt in die Grundschule ist juristisch an die *Schulpflicht* gebunden, die in bundeseinheitlicher Regelung nach dem *Hamburger Abkommen* von 1964 „für alle Kinder, die bis zum Beginn des 30. Juni eines Jahres das sechste Lebensjahr vollendet haben, am 1. August desselben Jahres" („Hamburger Abkommen" in SCHULTZE/FÜHR 1966, 139) beginnt. Unter Berücksichtigung pädagogischer Argumente kann sie für jene Kinder vorgezogen werden, die das 6. Lebensjahr zwischen dem 1. Juli und dem 31. Dezember vollenden und die notwendige geistige, körperliche und soziale Schulfähigkeit besitzen. Sie kann um ein Jahr hinausgeschoben werden, wenn die Kinder nicht den erforderlichen Entwicklungsstand erreicht haben und vorschulische Einrichtungen geeignetere kompensatorische Fördermaßnahmen anbieten können. Der Nachweis der *Schulfähigkeit* ist ein komplexes Geschehen, das nach dem von HORST NICKEL entworfenen „ökopsychologischen Modell" die kognitiven, somatischen, sozialen und emotional-motivationalen Kompetenzen des Kindes, aber auch die institutionellen Bedingungen der einzelnen Schule sowie das familiale Umfeld zu berücksichtigen hat. Eine solche Sicht, die sich gegen Konzepte endogen gesteuerter Reifungsprozesse wendet, plädiert für eine Schuleingangsdiagnostik, die die individuellen Entwicklungsmöglichkeiten in den Blick nimmt. Im Gegensatz zu selektiven, an Testergebnissen orientierten Ausgrenzungen „schulunreifer" Kinder legt dieser Ansatz sein Schwergewicht auf die Konzeptionierung schulischer Förderangebote sowie auf die Berücksichtigung wechselseitiger Interaktionsbezüge von Familie, Kindergarten und Grundschule (vgl. NICKEL 1992, 91–97).

Eine derartige Einschulungspraxis hat direkte Auswirkungen auf die Arbeitsweisen der Grundschule, deren primäre *Aufgabe* in der *Vermittlung einer grundlegenden Bildung* besteht, die als Beginn einer Allgemeinbildung die Voraussetzungen für die weiterführenden Lehrgänge der mittleren und höheren Schulstufen legt und im Wesentlichen folgende Bereiche beinhaltet:

- Aneignung der elementaren Kulturtechniken (Lesen, Schreiben, Rechnen) sowie Auseinandersetzung mit ausgewählten Themen aus Natur, Gesellschaft, Kunst und Musik,
- Entfaltung von Lern- und Arbeitstechniken (z. B. Beobachten, Abstrahieren, Ordnen, Protokollieren),
- Anbahnung verständigungsorientierter Handlungskompetenzen (z. B. Umgang mit Verantwortung, Toleranz, Hilfsbereitschaft, Konflikten).

Damit sind *Basisqualifikationen* benannt, die sich im heutigen Fächerkanon der Grundschule (Deutsch, Mathematik, Sachunterricht, Kunst, Musik, Sport, Religion) sowie in den – durch den 1969 in Frankfurt a. M. stattfindenden *Grundschulkongress* initiierten – Reformbestrebungen widerspiegeln, die den bis dahin grundschultypischen heimatkundlichen Gesamtunterricht im Kontext volkstümlicher Bildungsvorstellungen ablösten (vgl. FAUST-SIEHL u. a. 1996, 24 f.; KLAFKI ²1991, 52–54; KNÖRZER/GRASS 1998, 130 f.; NEUHAUS ⁶1994, 301–328; SCHORCH 1998, 141–143).

„Grundlegende Bildung als Leitfigur steht für das Anliegen schulischer Erziehungsarbeit, einen Beitrag zu leisten zur Existenz-Erhellung, Existenz-Bewältigung bzw. Selbstgestaltung des Menschen. Zusammen mit der Vermittlung von Sachkompetenz strebt sie nach der Herausbildung einer ethischen Haltung, nach Formung des Charakters; dieser zeigt sich in der Art des Umgangs mit dem vermittelten Sachwissen und Fähigkeitsrepertoire im verantwortungsvollen Handeln" (LOMPSCHER u. a. 1997, 102).

Unter diesem Anspruch muss die Grundschule in der Berücksichtigung veränderter kindlicher Erfahrungswelten Lern- *und* Lebensstätte sein. Zentrale Ideen der in den 1980er Jahren einsetzenden *Grundschulreform* sind daher u. a. in der Öffnung des Unterrichts, integrationspädagogischen Ansätzen, Profilbildungen in neuen Schulkonzeptionen und der Ergreifung von Betreuungsmaßnahmen zu sehen, die sich in äußeren Veränderungsprozessen in den Konzeptionen der *Vollen Halbtags(grund)schule*, der in Niedersachsen derzeit eingeführten *Verlässlichen Grundschule* sowie in der Gestaltung einer *integrativen Schuleingangsphase* niederschlagen (vgl. KNÖRZER/GRASS 1998, 158 f.).

2 Orientierungsstufe

Der bundesländer-spezifisch geregelte Übergang von der Grundschule in den Sekundarbereich erweist sich in Abhängigkeit von den jeweiligen schulformgebundenen oder -unabhängigen organisatorischen Angeboten nach Klasse 4 in unterschiedlicher Weise problembehaftet (vgl. PORTMANN 1989, 42 ff.). In der Absicht, durch verlässlichere Leistungsprognosen kompetentere Zuweisungsentscheidungen zum weiterführenden Schulwesen fällen zu können, entstand in den 1960er/1970er Jahren eine Diskussion um die *schulformübergreifende Orientierungsstufe*, durch die eine verfrühte Auslese verhindert werden sollte. Die Jahre zuvor beschworene „Bildungskatastrophe" und die Forderung nach einer „Mobilisierung aller Begabungsreserven" begründeten mit der Proklamation eines allgemeinen Rechtes auf gleiche Bildungschancen und der Kritik am starren Säulenmodell des vertikal gegliederten Schulsystems die Notwendigkeit, punktuelle schulische Selektionsverfahren zugunsten langfristig angelegter, individuell geförderter Lernprozesse abzubauen. In diesem Kontext sollte die Orientierungsstufe bei der Neugestaltung des nach dem Strukturplan am Gesamtschulprinzip zu orientierenden Schulwesens zu einer „Gelenkstelle" werden. Ihre grundlegende Zielsetzung liegt in einer, individuelle Lernvoraussetzungen, Begabungen und Interessen berücksichtigenden Förderung sowie in der Optimierung adäquater, d. h. am Prinzip der Chancengleichheit orientierter Entscheidungsfindungen bei der Wahl zukünftiger Bildungsgänge (vgl. DEUTSCHER BILDUNGSRAT [4]1972, 141). Dabei werden der Orientierungsstufe im reformerischen Gesamtkontext wichtige Aufgaben übertragen, nämlich z. B. Weckung von Lernfreude und Neugier, Individualisierung durch innere Differenzierung und Herstellung einer vom äußeren Druck befreiten Lernatmosphäre, die sich den ihr zugeschriebenen funktionalen Zielbereichen zuordnen lassen.

- Die *Orientierungsfunktion* bezieht sich auf die Interaktionspartner. Für die *Schülerinnen und Schüler* ist die Orientierung eine Suchbewegung, in der sie ihre eigenen Lernfähigkeiten, Kompetenzen und Interessen ausloten. Die *Lehrkraft* erhält durch Diagnoseverfahren einen Überblick über die individuellen Leistungsstände, der es ermöglicht, persönlichkeitsfördernde Hilfestellungen anzubieten. *Eltern* erwarten eine auf Grundlage der Lernentwicklung ihres Kindes basierende Empfehlung für weitere Schullaufbahnentscheidungen. Ein kritischer Einwand kann nicht übersehen werden: Solange nicht der gesamte Sekundarbereich I als integrative Schulform konzipiert ist, werden sich Orientierungen in den Klassen 5 und 6 immer an den Anforderungsstrukturen der weiterführenden Schularten messen.

- Die *Förderfunktion* zielt darauf, entsprechend den Orientierungen differenzierte Lernangebote bereitzustellen und Begabungen wachzurufen, *bevor* eine Selektion stattfindet. Je nach Bundesland werden zu diesem Zweck *äußere Differenzierungsmaßnahmen* (Streaming, Setting, ABC-Kurse) oder *innere Differenzierungen* (z. B. über Arbeitsmaterial und Medien) durchgeführt, aber auch deren Kombination in *flexiblen Modellen* praktiziert (vgl. Schönemeier 1978, 166–172). Hinsichtlich der Organisationsstruktur liegt die Problematik in der Frage, wann das Spannungsverhältnis von optimaler Passung und maximaler Durchlässigkeit aufgrund unüberwindbarer Niveaudifferenzen aufbricht und wie darauf reagiert werden kann.
- Mit der *Lenkungsfunktion* ist die Aufgabe verbunden, jeden Schüler darin zu unterstützen, den für ihn optimalen Bildungsweg zu finden. Sie schlägt sich einerseits im permanenten Beobachtungs- und Beratungsprozess, andererseits mit der Platzierung am Ende von Klasse 6 als Entscheidungsprodukt nieder (vgl. Ziegenspeck 2000, 141–214).

Gegensätze in den bildungspolitischen Vorstellungen haben dazu geführt, dass die Organisationsstruktur der Klassen 5 und 6 unterschiedlich gestaltet ist. Im Wesentlichen finden sich in der BRD folgende Formen:

schulformabhängige Förderstufe an Haupt-, Real-, Gesamtschule und Gymnasium	Niedersachsen
schulformabhängige Orientierungsstufe in Zuordnung zu Haupt-, Realschule und Gymnasium	Baden-Württemberg, Mecklenburg-Vorpommern, Nordrhein-Westfalen, Rheinland-Pfalz, Schleswig-Holstein, Sachsen-Anhalt
schulformunabhängige Orientierungs- oder Förderstufe sowie schulformabhängige Beobachtungsstufen an Haupt-, Realschule und Gymnasium	Hamburg, Hessen
keine Orientierungsstufe; direkter Übergang in die weiterführenden Schulformen	Bayern, Bremen (auf Antrag auch sechsjährige Grundschule), Saarland, Sachsen, Thüringen
Kl. 5/6 sind in die Grundschule integriert	Berlin, Brandenburg

Tab. 1: Überblick über Formen der Orientierungsstufe im Ländervergleich

Die Rasterung kann nur einen groben Überblick vermitteln, ohne die landesspezifischen Nuancierungen deutlich zu machen, die gegenwärtig zu einer resignativen Bewertung der Strukturreform führt. Sie erwächst aus dem Scheitern der bildungspolitischen Zielvorstellung, mit der Einführung der Orientierungsstufe eine Umwandlung des gesamten Sekundarbereichs I in eine integrative

Gesamtschulform zu erreichen, und der aus der beibehaltenen Dreigliedrigkeit resultierenden Tendenz, die Orientierungsstufe zur Vorbereitung auf die lediglich zeitlich verschobenen Selektionen zu nutzen (vgl. ARBEITSGRUPPE BILDUNGSBERICHT 1997, 409; ZIEGENSPECK 2000, 83–129; NEUMANN/ZIEGENSPECK 1979, 155–169).

3 Hauptschule

In struktureller Hinsicht ist die Hauptschule aus der Oberstufe der Volksschule hervorgegangen, die dem Anspruch der volkstümlichen Bildung folgend so lange nach den Prinzipien des anschaulichen Denkens, konkreten Handelns und Gemeinschaftsbezuges (vgl. SPRANGER ^{6}1966, 80) arbeitete, bis die in den 1970er Jahren einsetzende bildungspolitische Diskussion eine wissenschaftsorientierte Vermittlung allgemeiner und berufsbezogener Inhalte für alle forderte. Die konkrete Umwandlung und die offizielle Festlegung des Begriffs *Hauptschule* erfolgte bereits im *Hamburger Abkommen* (1964), ihr zeitlicher Umfang hat sich jedoch unterschiedlich entwickelt: generell umfasst der Kernbereich die Klassenstufen 7 bis 9; Differenzen ergeben sich daraus, dass in einigen Bundesländern die um ein Jahr verlängerte Vollzeitschulpflicht die Einführung eines 10. Hauptschuljahres, in anderen die schulformabhängige Organisation der Klassen 5 und 6 im Sekundarbereich eine nochmalige Erweiterung des Hauptschulbereiches um zwei Jahre bewirkte. Dies hat strukturelle, inhaltliche und pädagogische Konsequenzen (vgl. REKUS u. a. 1998, 213–220). Das neue Konzept steht in dem Bemühen, die Hauptschule zu einer neben der Realschule und dem Gymnasium gleichberechtigten weiterführenden Schule zu entwickeln und mit einer Anhebung des unteren Ausbildungsniveaus und einer Verfachlichung des Unterrichts die früh einsetzenden Fluktuationen in andere Schulbereiche zu begrenzen. Die *Zielvorstellungen* lassen sich auf der Grundlage der vom Deutschen Ausschuss für das Erziehungs- und Bildungswesen formulierten *Empfehlungen zum Aufbau der Hauptschule* aus dem Jahre 1964 (vgl. IPFLING/LORENZ 1991, 13 f.) wie folgt darstellen:

- Die Hauptschule stellt das grundlegende allgemeine und berufsorientierte Bildungsangebot im Rahmen der gesetzlich verankerten Vollzeitschulpflicht bereit; sie ist Pflichtschule (daher wird der Eintritt in die 5. oder 7. Jahrgangsklasse an keine Leistungsnachweise gebunden) und ihr erfolgreicher Abschluss wird allgemein für den Beginn einer beruflichen Ausbildung oder den Besuch der Berufsfachschule vorausgesetzt.
- Ihr obliegen sozial-integrative und leistungsdifferenzierende Aufgaben.

- Ihre Inhalte erwachsen in der Konkretisierung wissenschaftsbezogener Ansprüche aus (fremd-)sprachlichen, naturwissenschaftlichen, künstlerischen, religiösen und berufsorientierten Zusammenhängen.
- Der Unterricht ist fachspezifisch gegliedert und hat unterschiedliche Lernniveaus und praktische Handlungsvollzüge zu berücksichtigen.

Das Programm wurde in wesentlichen Punkten realisiert. Vielerorts, insbesondere in Schulzentren, haben sich nach einer curricularen Neuerung der Lehrpläne für Hauptschulen Kooperationen unter Haupt- und Realschulklassen etabliert. Durch die schulgesetzlich verankerte Möglichkeit des Erwerbs erweiterter Hauptschulabschlüsse ist eine größere Durchlässigkeit in den mittleren Bildungsbereich erzielt und mit der Einführung des Fachlehrerprinzips und der Einrichtung von Wahl(pflicht)-Bereichen sowie des Faches Arbeitslehre ein qualitativer fachlicher Zuschnitt gesichert. Und dennoch konnte eine Stabilisierung der Hauptschule bis in die Gegenwart hinein nicht erreicht werden. Während die Anzahl der Hauptschüler im Zeitraum von 1960 bis 1998 um etwa die Hälfte zurückgegangen ist, haben sich die Anteile der Real- und Gymnasialschüler im gleichen Zeitraum jeweils annähernd verdreifacht. Die mit dem Absinken der Schülerzahlen an Hauptschulen einhergehende Homogenisierung der weitgehend schichtspezifisch rekrutierten Schülerschaft bewirkt, dass negative Schulerfahrungen und selektiv bedingte Stigmatisierungserscheinungen das Image der „Restschule" verstärken (vgl. BUNDESMINISTERIUM 2000, 50 f.; GUDJONS [4]1995, 303–305). Hinsichtlich weiterer Entwicklungsmöglichkeiten steht die Schulreform heute vor der Entscheidung, dem Konzept einer Annäherung der Hauptschule an die weiterführenden Zielsetzungen des Sekundarbereichs I zu folgen oder mit einer an der eigenen Schülerschaft orientierten Profilbildung auf die besonderen Lern-, Erziehungs- und Sozialisationssituationen ihrer Klientel zu reagieren.

4 Realschule

Gegenüber dem konzeptionellen Anspruch der Volksschule, eine grundlegende Bildungseinrichtung für alle zu sein, kristallisierte sich die Realschule im 18. Jahrhundert im Zuge der Industrialisierung als eine Ausbildungsstätte für Kaufleute und gewerbetreibende Bürger heraus. Ihre Schwerpunktsetzung lag auf den *Realien*, also den mathematisch-naturwissenschaftlichen Inhalten, die auf einem mittleren Bildungsniveau angesiedelt waren und der Realschule damit eine zwischen der Elementarschule und dem humanistischen Gymnasium positionierte systemische Verankerung verliehen, die in Preußen zur Bezeichnung *Mittelschule* führte. Erst die im *Hamburger Abkommen* konsolidierten Neuregelungen bewirkten eine Reaktualisierung des Begriffes *Realschule*, die nach den weiteren Strukturreformen gegenwärtig die Klassen 5 bis 10 bzw. 7 bis 10 des Sekundarbereichs I umfasst und als weiterführende Schulart an die Grundschule oder an die Orientierungsstufe anschließt. Ihre *Zielsetzung* ist die Vermittlung einer erweiterten Bildung, die bei erfolgreichem Abschluss zur Aufnahme berufsqualifizierender Bildungsgänge, zum Eintritt in die mittlere Beamtenlaufbahn oder zum Besuch der höheren Berufsfachschule, der Fachoberschule sowie des Abendgymnasiums oder bei besonderen fachgebundenen Leistungen zum Übertritt in die gymnasiale Oberstufe berechtigen (vgl. WOLLENWEBER 1997, 9–13 und 26–29). Die bundeslandspezifischen Regelungen haben mit strikten Trennungen von Haupt- und Realschule einerseits und Kooperationsmodellen andererseits gegenwärtig sehr unterschiedliche Formen und Begriffsbildungen hervorgebracht. Als organisatorisch integrierte Schularten bieten „Mittelschulen" (Sachsen), „Regelschulen" (Thüringen), „Sekundarschulen" (Saarland, Sachsen-Anhalt), „integrierte Haupt- und Realschulen" (Hamburg), „verbundene Haupt- und Realschulen" (Hessen, Mecklenburg-Vorpommern) und „regionale Schulen" (Rheinland-Pfalz) zwei Bildungsgänge an, die mit spezifischen Differenzierungsangeboten nach Klasse 9 bzw. 10 zu Haupt- und Realschulabschlüssen führen (vgl. ZIEGENSPECK 2000, 84 f.).

Die curriculare Gestaltung muss dabei auf die *besondere Aufgabe* der Realschule ausgerichtet sein, „ihren Schülern eine Bildung zu vermitteln, die die Grundlage für nachfolgende *allgemeinbildende* wie auch *berufliche* Bildungsgänge darstellt" (WOLLENWEBER 1997, 22), wobei die unterrichtliche Arbeit der Verknüpfung des wissenschaftsorientierten Denkens mit dem anschaulichen Handeln verpflichtet ist. Aus diesem Dualismus erklärt sich die Unterscheidung von *Pflichtfächern* und fünf *Wahlpflichtbereichen* (Fremdsprachen, Mathematik/Naturwissenschaften, Sozial-/Wirtschaftskunde, Sozialwissenschaft und Musik/Kunst) im fachlichen Angebot und die Notwendigkeit einer breiten, die unterschiedlichen Begabungen berücksichtigenden Differenzierung (vgl. ARBEITSGRUPPE BILDUNGSBERICHT 1997, 477 f.; WOLLENWEBER 1997, 20–25). Damit entwickelt die heutige Realschule notwendige Voraussetzungen, die ihr – im Gegensatz zur ursprünglichen Mittelschichtorientierung – zugeschriebene *soziale Funktion* in einer expliziten Offenheit gegenüber allen Sozialschichten erfüllen, d. h. Jugendliche aller Bevölkerungsgruppen integrieren und auf diese Weise gesellschaftliche Ausgleichstendenzen initiieren zu können.

Trotz eines hohen Zulaufs zu den Realschulen (etwa ein Viertel aller Schülerinnen und Schüler einer Jahrgangsgruppe besucht gegenwärtig die Realschule) sind deren Legitimation und Konzepte jedoch kaum Gegenstand aktueller bildungspolitischer Interessen. Dabei lässt sich ihr quantitativer Erfolg mit einer gesellschaftlich immer höher bewerteten Aufstiegsorientierung und die mangelnde Reformfreudigkeit mit einer offensichtlich positiven Korrelation der Qualifikationsvermittlung mit zukünftigen Aufgaben begründen (vgl. ARBEITS-GRUPPE BILDUNGSBERICHT 1997, 458). Das Zusammenspiel zwischen der sozialen Funktion und der besonderen inhaltlichen und organisatorischen Strukturierung des Fachunterrichts scheint also das Rezept für den bildungspolitischen Erfolg der Realschule zu sein, der sich u. a. in einer sehr geringen Arbeitslosigkeit von Realschulabsolventen selbst in Zeiten wirtschaftlicher Rezessionsphasen dokumentiert. Dennoch formulieren sich Klagen über ein Absinken des Bildungsniveaus an Realschulen und ihren hiermit einhergehenden Wertigkeitsverlust. Als Ursachen werden einerseits die Öffnung der sozialen Schere und eine damit zunehmende Heterogenität in der Schülerschaft, andererseits die Veränderung der Klientel durch den Übertritt der leistungsstärksten Schülerinnen und Schüler in das Gymnasium benannt. Berücksichtigt man zudem die Tatsache, dass aufgrund einer KMK-Empfehlung aus dem Jahre 1992 der erfolgreiche Abschluss der Berufsschule oder qualitative Erweiterungen des Hauptschulabschlusses als Äquivalent für Realschulzertifikate gelten und dadurch quantitativ mehr Real- als Hauptschulabschlüsse vergeben werden, so „kann man sagen, daß sich der Realschulabschluß praktisch an Stelle des Volksschulabschlusses als der sozial anerkannte *Maßstab* allgemeiner grundlegender Schulbildung etabliert hat" (ARBEITSGRUPPE BILDUNGSBERICHT 1997, 473).

5 Gymnasium

Die stetig ansteigenden Schülerzahlen am Gymnasium indizieren dessen heutige Attraktivität als Bildungsstätte des Sekundarbereiches (vgl. BUNDESMINISTERIUM 2000, 51; ARBEITSGRUPPE BILDUNGSBERICHT 1997, 508).
Zunächst eine Elitebildungsanstalt für nur wenige Auserwählte, entwickelte das allgemein bildende Gymnasium im 18./19. Jahrhundert über die Einführung und die rechtskräftige Verankerung des Abiturexamens (1788/1834) eine Berechtigungsfunktion, die den Zugang zur Universität regulierte und die höhere Bildung durch den Ersatz des Standes- durch das Leistungsprinzip prinzipiell allen Sozialschichten ermöglichte. Gesellschaftliche Modernisierungsprozesse und die mit ihnen verbundene Forderung einer Integration berufsvorbereitender Inhalte in die gymnasiale Bildung führten im Übergang zum 20. Jahrhundert dann dazu, dass das *humanistische Gymnasium* seine exponierte Stelle zugunsten einer Typendiversifikation verlor. Sie entwickelte sich zunächst über die Einrichtung von *Realgymnasien* und – auf naturwissenschaftliche Fächer spezialisierte – *Oberrealschulen* sowie über die zur Zeit des Nationalsozialismus

eingeführte *Oberschule* weiter und setzte sich nach dem Zweiten Weltkrieg in der Unterscheidung von *neu- und altsprachlichen, mathematisch-naturwissenschaftlichen* sowie *wirtschaftsorientierten Gymnasien* fort (vgl. HERRLITZ 1997, 176–180). Der Versuch, den Gymnasien eine einheitliche Grundstruktur zu geben, erfolgte schließlich in dem bereits erwähnten *Hamburger Abkommen*. Es bezeichnet alle jene Schulen als *Gymnasium*, „die am Ende der 13. Klasse zur allgemeinen Hochschulreife oder zu einer fachgebundenen Hochschulreife führen" (zitiert nach SCHULTZE/FÜHR 1966, 141), wobei ihre Organisation als *Normal-* und *Aufbauform* gestaltet werden kann. Als weiterführende Schulart umfasst das Gymnasium nach der aus dem *Strukturplan* (1970) übernommenen Untergliederung des Sekundarbereiches in die Sekundarstufe I und II im Anschluss an die Orientierungsstufe die Klassen 7 bis 10 bzw. in direkter Folge nach der Grundschule die Klassen 5 bis 10 und die gymnasiale Oberstufe (Jahrgangsstufe 11 bis 13), die nach einem dreijährigen Besuch mit dem Abitur die allgemeine Hochschulreife vergibt bzw. nach einer zweijährigen erfolgreichen Verweildauer mit der Fachhochschulreife abschließt.

Die in den 1960er Jahren einsetzende Gesamtschulbewegung sowie die von Vertretern der höheren Schulen und Hochschulen in den *Tübinger Beschlüssen* (1951) erstmals erhobene Forderung nach einer Beschränkung der den Unterricht am Gymnasium erdrückenden Stofffülle durch eine Konzentration auf exemplarische Inhalte und grundlegende, zu selbstständigem schöpferischen Denken und Transferleistungen anregende Funktionsziele führten zu einer längerfristigen *Reform der gymnasialen Oberstufe* (vgl. SCHMIDT ^{2}1994, 82 ff. und 480 ff.). Eine wesentliche Bedeutung hatten dabei die *Tutzinger Gespräche* (1958), in denen zwischen den Kultusministern und der Westdeutschen Rektorenkonferenz die Verständigung über einen inhaltlichen, die grundlegende Geistesbildung vermittelnden Minimalkatalog (im sprachlich-literarischen, mathematischen, naturwissenschaftlichen, gesellschaftlich-politischen und philosophisch-theologischen Bereich) erfolgte (vgl. SCHMIDT ^{2}1994, 483f.). Vor diesem Hintergrund stand ihre *erste Phase* der Reform im Zeichen der von der KMK mit der *Saarbrücker Rahmenvereinbarung* (1960) und den *Stuttgarter Empfehlungen* (1961) angeregten Neustrukturierung, die im Wesentlichen eine Reduzierung der traditionellen 14 auf dann 9 Unterrichtsfächer und eine inhaltliche Schwerpunktbildung durch die Trennung von *Pflicht- und Wahlpflichtangeboten* vorsah. In Anlehnung an das im *Strukturplan* (1970) postulierte Ziel, im Sekundarbereich II differenzierte Bildungsgänge anzubieten (vgl. DEUTSCHER BILDUNGSRAT ^{4}1972, 161), wurde die *zweite Reformphase* vom *Prinzip der Individualisierung* getragen, das in Abgrenzung zu didaktisch-methodischen oder schulformübergreifend-strukturellen Gestaltungen von Lernsituationen auf *curriculare Innovationen* ausgerichtet war. Die für die Einführung der *neugestalteten gymnasialen Oberstufe* (NGO) in allen Bundesländern letztendlich maßgebenden *Bonner Vereinbarungen* (1972) der KMK und ihre ergänzenden *Empfehlungen zur Arbeit in der gymnasialen Oberstufe* (1977) sahen unter inhaltlichem Aspekt daher vor, die traditionellen Unterrichtsfächer nach ihrer Affinität zu ordnen, und zwar in

- „das sprachlich-literarisch-künstlerische Aufgabenfeld",
- „das gesellschaftswissenschaftliche Aufgabenfeld",
- „das mathematisch-naturwissenschaftliche Aufgabenfeld".

Sie sollten bei der – persönliche Interessen der Schülerinnen und Schüler berücksichtigenden – Wahl von Fächern Orientierungen liefern, zugleich aber über definierte Kombinationsmöglichkeiten bei einer verpflichteten Abdeckung aller Aufgabenfelder eine allgemeine Grundbildung gewährleisten (vgl. SCHMIDT ^{2}1994, 422). Unter strukturellem Aspekt wurde die Auflösung der Jahrgangsklassen und die Differenzierung des Lernangebotes in *Grund- und Leistungskurse* als Prämisse der individuellen Entscheidung für fachbezogene Leistungsniveaus gesehen, wobei der Unterschied zwischen den Kursarten kein grundsätzlicher, sondern – den Differenzierungsgrad, das Abstraktionsniveau und die Inhaltskomplexität betreffend – ein gradueller ist.

Trotz der grundlegenden Vereinbarungen entwickelte sich die Umsetzung der Oberstufenreform in den einzelnen Bundesländern so unterschiedlich, dass aufgrund der von den Hochschulrektoren beklagten zunehmenden Studierunfähigkeit der Abiturienten eine erneute Überarbeitung der Reformkonzepte notwendig wurde. Sie liegt in einer nochmals *revidierten Neufassung* der Gestaltungsabsichten von 1988 (vgl. SCHMIDT ^{2}1994, 430ff.) vor. Diese

- unterscheidet die gemeinsame *Einführungsphase* (11. Jahrgangsstufe) und die *Qualifikationsphase* (12. und 13. Jahrgangsstufe im Kurssystem),
- legt die Aufgabe der Grundkurse in der Vermittlung einer *Grundbildung*, die der Leistungskurse in einer *wissenschaftspropädeutischen Erarbeitung* des Faches und die *Unterrichtszeit* insgesamt auf ca. 30 Wochenstunden fest,
- regelt die *Mindestbelegung* und *Kombinationsmöglichkeit* von Fächern in den drei Aufgabenfeldern, wobei aus dem Kanon Deutsch, Fremdsprache und Mathematik bis 13/II mindestens zwei der Fächer durchgängig belegt werden müssen,
- gibt eine Umrechnungsgrundlage für erbrachte Leistungen in *Punkte,*
- bestimmt den Abschluss der Oberstufe durch die *Abiturprüfung*, die unter Berücksichtigung aller Aufgabenfelder in vier Fächern durchgeführt wird.

Auch wenn sich in der Folgezeit weitere länderspezifische Nuancierungen (vgl. LOHE 1980, 197–209) nicht vermeiden ließen, ist aufgrund der in den Vereinbarungen verankerten Prinzipien der *Fachlichkeit, funktionalen Differenzierung* und *Individualisierung* von Bildungsgängen eine schrittweise Realisierung der

Neukonzeptionierung gelungen, die gegenwärtig zu einer Enttypisierung des Gymnasiums geführt hat.
Die damit verbundenen Problematiken um mögliche Begrenzungen der Qualifikationswege lassen aber die Diskussionen nicht abbrechen. Sie verweisen insbesondere auf die Disparität der mit dem Abitur verbundenen Bildungserwartungen, die sich aufgrund der *bildungsökonomischen Funktion* des Gymnasiums, für die Universitäten akademisch gebildete Nachwuchskräfte und für den Arbeitsmarkt Berufseinsteiger mit hohem Ausbildungsniveau bereitzustellen, in wissenschaftspropädeutischen Bildungsansprüchen einerseits *und* berufsorientierten Ausbildungsqualifikationen andererseits konkretisieren (vgl. HEID 1997, 317 ff.; HUBER 1997, 333 ff.). Die gegenwärtig heterogenere Zusammensetzung der Schülerschaft am Gymnasium verweist darüber hinaus auf notwendige Veränderungen des Unterrichtes. „Diskutiert werden Differenzierungsmaßnahmen, spezielle Förderkurse für partielle Leistungsschwächen, eine Ausweitung des Wahlpflichtbereiches (bereits in der Mittelstufe), schülerorientierte Unterrichtsformen, stärkerer Bezug zur Lebenspraxis […], möglicherweise auch Auffangklassen für Rückläufer" (GUDJONS [4]1995, 311). Unter dem Aspekt der Chancengleichheit wird darüber hinaus die zwischen den alten und neuen Bundesländern noch fehlende Angleichung einer 12- oder 13-jährigen Schulzeitdauer bis zum Abitur sowie eine stärkere Berücksichtigung schülerspezifischer Kompetenzen im Unterricht gefordert.

6 Gesamtschule

Parallel zur Ausdifferenzierung der strukturellen Dreigliedrigkeit entwickelten sich aus der in den 1960er Jahren am bestehenden Schulsystem erhobenen Kritik Entwürfe zur Einrichtung von *Gesamtschulen*. Sie waren ein konzeptioneller Versuch, auf die hohe Selektivität, die verfrühten Übergangsauslesen, unzureichende Prognosegültigkeiten der Schullaufbahnempfehlungen, hohe Repetentenzahlen, vorzeitige Abbrüche von Bildungsgängen sowie „generelle Modernitätsrückstände" im bundesdeutschen Bildungswesen zu reagieren. Realisierung einer Bildungs-Chancengleichheit für alle Schülerinnen und Schüler aller Bevölkerungsschichten, Weckung von Begabungen, Ausschöpfung individueller Intelligenzpotenziale und die Ermöglichung selbstbestimmter Profilbildungen bei einer möglichst langfristigen Offenheit der Bildungswege waren dagegen die *Zielsetzungen*, mit denen sich die Gesamtschule als strukturelle Alternative definierte. Sie mündeten in das 1969 vom DEUTSCHEN BILDUNGSRAT veröffentlichte Gutachten zur *Einrichtung von Schulversuchen mit Gesamt-*

schulen, das in Verbindung mit dem in der KMK vereinbarten *Experimentalprogramm* zur Grundlage einer zunächst im Modellversuch zu erprobenden, später als Regelschule definierbaren Einführung der Gesamtschule wurde (vgl. ARBEITSGRUPPE BILDUNGSBERICHT 1997, 517 ff.; TILLMANN 1996, 63 ff.).

- Sie stellt als *kooperative Gesamtschule* (KGS) eine Schulart dar, in der die Schülerinnen und Schüler nach der Orientierungsstufe in Haupt-, Realschule und Gymnasium getrennt unterrichtet werden, zwischen denen aber aufgrund ihrer räumlichen und organisatorischen Zusammenfassung in einem Schulzentrum größere personelle und curriculare Kooperationsmöglichkeiten bestehen, so dass eine Durchlässigkeit leichter realisierbar ist.
- In der *integrativen Gesamtschule* (IGS) sind die traditionellen Schularten dagegen gänzlich zugunsten der Herausbildung einer – sich bis zum Ende des 10. Schuljahres erstreckenden – pädagogischen und organisatorischen Einheit aufgehoben. Sie gewinnt ihre Struktur durch ein System von Kern-, Leistungs- und Wahlpflichtkursen, in der die Schülerinnen und Schüler gemeinsam unterrichtet, zugleich aber individuelle Profilbildungen durch selbstbestimmte Kombinationsmöglichkeiten im Wahlbereich und die Berücksichtigung unterschiedlicher Leistungsniveaus im Unterricht gewährleistet werden (vgl. AURIN 1991, 399).

Differenzierung wird damit zum grundlegenden Prinzip in der Gesamtschule, durch das in der Abstimmung der Differenzierungsniveaus auf die jeweiligen Lernentwicklungen ein Sitzenbleiben verhindert, wohl aber durch die Benotung im Zeugnis der erreichte Bildungsabschluss legitimiert wird (vgl. DEUTSCHER BILDUNGSRAT 1971, 95–120).

Auch wenn die Gesamtschule in sämtlichen alten Ländern der Bundesrepublik als Modellversuch erprobt wurde und sie das dreigliedrige Schulsystem gegenwärtig – mit Ausnahme von Sachsen – in allen Bundesländern ergänzt, konnte sie dieses nicht in geplanter Weise ersetzen (vgl. ARBEITSGRUPPE BILDUNGSBERICHT 1997, 521 f.; BUNDESMINISTERIUM 2000, 48). Vielmehr ist die Gesamtschule als weitere Schulform in das bestehende Schulwesen integriert, wobei ihre zwar konstant steigende, insgesamt aber geringe Nachfrage eher ein Indiz dafür ist, dass sie ihren Reformansatz offensichtlich nur in Teilen realisieren konnte. Rückblickend muss ihr besonderes Verdienst in der Schubkraft des mit dem neuen Konzept ausgelösten Umdenkens und der Weiterentwicklung der Schullandschaft gesehen werden.

7 Sonderschule

Als besondere Einrichtungen des allgemein und berufsbildenden Schulsystems sind die Sonderschulen nach dem *Hamburger Abkommen* (1964) zur Erfüllung der Schulpflicht „für Kinder und Jugendliche mit körperlicher, seelischer oder geistiger Behinderung" (zitiert nach SCHULTZE/FÜHR 1966, 140) eingerichtet und auf der Grundlage der von der KMK 1972 empfohlenen Strukturierung in Schulen für Blinde, Gehörlose, Geistigbehinderte, Körperbehinderte, Kranke, Lernbehinderte, Schwerhörige, Sehbehinderte, Sprachbehinderte und Verhaltensgestörte unterteilt. Strukturell ordnen sie sich den Schulstufen bzw. -arten zu, so dass sie die horizontale und vertikale Gliederung des Schulsystems widerspiegeln und – mit Ausnahme der Schulen für Lern- und Geistigbehinderte – grundsätzlich alle Schulabschlüsse ermöglichen. Die Verpflichtung zum Besuch einer Sonderschule wird durch die Schulgesetze der Länder geregelt, wenn durch pädagogische, medizinische und psychologische Gutachten die Sonderschulbedürftigkeit festgestellt wurde (vgl. TOPSCH 1975, 41 ff.). Sofern diese im Laufe des Schulbesuchs durch den Erfolg von Förder- und Therapiemaßnahmen aufgehoben ist, erfolgt eine Rückführung der Schülerinnen und Schüler in die allgemeinen Schulen; insbesondere die Schulen für Sprachbehinderte und Verhaltensgestörte sind als so genannte „Durchgangsschulen" konzipiert und daher meistens nur im Primarbereich existent (vgl. BLEIDICK 1995, 273–279). Im Allgemeinen ist die Reintegration der – fast konstant etwa 4 % eines Altersjahrganges ausmachenden – Sonderschüler jedoch eher gering (vgl. ARBEITSGRUPPE BILDUNGSBERICHT 1997, 352). Diese Tatsache hat im Verlauf der in den 1960er Jahren einsetzenden Demokratisierungstendenzen über Grundsatzdiskussionen um Separierungs- oder Integrationsbestrebungen Reformtendenzen eingeleitet, die mit der vom DEUTSCHEN BILDUNGSRAT 1973 formulierten Empfehlung *Zur pädagogischen Förderung behinderter und von Behinderung bedrohter Kinder und Jugendlicher* zur Entwicklung alternativer Konzeptionen geführt haben, die weder mit kooperativen noch mit integrativen Modellen das differenzierte Sonderschulwesen ersetzen konnten (vgl. MUTH 1986, 39–51). Das im BILDUNGSRAT neu definierte Verständnis von Behinderung, das eine ganzheitliche Sicht vom Kind berücksichtigt und Förderbedarf nicht als persönliche Eigenschaft bestimmt, hat an verschiedenen Standorten zur Einführung von Integrationsklassen beigetragen, die vorwiegend im Grundschulbereich für Kinder mit und ohne sonderpädagogischem Förderbedarf einen gemeinsamen Unterricht realisieren. Ziel dabei „*ist die allseitige Förderung aller Kinder durch gemeinsame Lernsituationen*" (WOCKEN 1987, 72). In Schulversuchen wurden in der Regel für alle Beteiligten positive Lern- und Sozialeffekte festgestellt. Allerdings wird – insbesondere für Kinder mit Schwerst- und Mehrfachbehinderungen – von einer (vollständigen) Integration abgesehen.

4 Renate Hinz: Was ist Didaktik?

Das Wort *Didaktik* hat seine Wurzeln im Griechischen, wo es sich auf die Tätigkeit des Lehrens, zugleich aber auch auf das Belehrt-Werden und Lernen, auf die Lehrer und Lehrinhalte sowie die Schule als dem Lernort bezieht. Damit wird ein differenzierter Sinnzusammenhang umrissen, der sich auch in der lateinischen Sprache niedergeschlagen hat, in der die *didactica* als griechisches Fremdwort aufzufinden ist. Mit der etymologischen Betrachtung ist eine Vielfalt von „didaktischen" Phänomenen deutlich geworden, allerdings sind damit nicht alle Elemente erfasst. So werden z. B. über die Aufgaben, die Ziele und Funktionen von Didaktik keine Aussagen gemacht (vgl. KRON ²1994, 39–41).

Abb. 1: *Johann Amos Comenius*
(Aus: DIETERICH 1991, 6)

In der Neuzeit wurde das Wort „Didaktik" durch JOHANN AMOS COMENIUS (1592–1670) in dessen unter dem Titel „Didactica magna" (1628–31/1657) erschienenen „Großen Unterrichtslehre" als *„eine allgemein gültige Kunst, alle alles zu lehren"* (COMENIUS ³1891, 5) bestimmt. Verbunden war damit die Zielsetzung, die Schüler *„zuverlässig"*, *„rasch"* und *„gründlich"* durch die Bereiche der „Weisheit" (Bildung), „Klugheit" (Sittlichkeit) und „Frömmigkeit" (Glauben) zu führen. Sein auf religiös-philosophischen Erziehungsvorstellungen begründetes *Allgemeinbildungskonzept* bezog sich dabei auf „alle Schüler", d. h. auf die Kinder der Armen und Reichen sowie auf Jungen und Mädchen. Es umfasste „alle Inhalte", die sich mit den im „Orbis sensualium pictus" (1658) formulierten Worten des Lehrers: „Ich will dich führen durch alle Dinge, ich will dir zeigen alles, ich will dir benennen alles" (COMENIUS 1658, 3), auf alle Welt- und Glaubensgegenstände richteten, und bemühte sich um eine Darstellung „auf allseitige Weise" mit einem dem inneren „Entwicklungsgang" angepassten Lehren und Lernen. Zu diesen didaktischen Forderungen gehörten z. B. ein stufenweises langsames Voranschreiten, die Bereitstellung sinnlicher Anschauungen und die richtige Anordnung der Unterrichtsinhalte.

Beeinflusst durch das Denken JEAN-JACQUES ROUSSEAUS entwickelte sich mit dem Philanthropinismus im 18. Jahrhundert die Forderung nach einer *„vernünftig-*

natürlichen" Erziehung. Intellektuelle Bildung, körperliche Ertüchtigung, ein Aufwachsen in Naturnähe und einfachen Lebensverhältnissen sollten dazu dienen, den Erwerbssinn und die Berufstüchtigkeit im Sinne einer nationalpatriotischen Brauchbarkeit zu steigern. Die Unterrichtsinhalte nahmen ihren Ausgang bei den Realien: Naturgeschichte, Mathematik, Physik, Geschichte, Fremdsprachen und kaufmännische Fächer stellten die wesentlichen Themen des Lehrplans dar. Der Unterricht selbst sollte anschaulich sein; er wurde deshalb mit Exkursionen und Werkstattbesuchen verbunden.

Abb. 2: *„Komm her, Knab! lerne Weisheit."* (Aus: COMENIUS 1658, 2)

Innerhalb der Pädagogisierungstendenz der Preußischen Reformen war es dagegen das Ziel, unter Freilegung aller individuellen Kräfte den selbstverantwortlich handelnden Menschen zu erziehen. Damit verband sich ein Allgemeinbildungskonzept, das ein breit angelegtes Lehrangebot forderte und sich vom Nützlichkeitsprinzip abtrennte. In diesem Kontext formulierte JOHANN FRIEDRICH HERBART (1776–1841) seine *Lehre vom erziehenden Unterricht* (vgl. HERBART 1806, 129). Ausgehend von den Erfahrungen und Vorstellungen der Schüler intendierte er eine planvolle Erweiterung der „Gedankenkreise" und die Weckung eines „vielseitigen Interesses". Dazu müssen die Unterrichtsinhalte so ausgewählt werden, dass sich Vorstellungen im Wechsel von *Vertiefung* und *Besinnung* spiralförmig zu Gedanken emporheben und die Unterrichtskonzeption das Interesse der Schüler „künstlich" und methodisch „geordnet" weckt.

Der hohe Stellenwert der Didaktik liegt u. a. in der Erkenntnis, dass der Unterricht als Prozess pädagogischer Planung, Durchführung und Auswertung den Prozess der geistigen Tätigkeit der Lernenden simulieren muss, um als künstliches Unterfangen die Schülerinnen und Schüler zum Lernen anzuregen.

Abb. 3: *Johann Friedrich Herbart* (Aus: SCHEUERL 1979, 240 b)

Das 20. Jahrhundert bringt neue Perspektiven hervor, die deutlich machen, dass es nicht *die* „Didaktik" gibt, sondern didaktische Ansätze sich vielmehr nach ihrem jeweiligen *Gegenstandsbereich* und dem ihnen zugrunde liegenden *Theoriebegriff* z. T. erheblich voneinander unterscheiden.

1 Zur wissenschaftlichen Bestimmung der Allgemeinen Didaktik

Die Gegenstandsbereiche der Didaktik ergeben sich aus den ihr spezifisch zugeschriebenen Aufgaben- und Funktionsfeldern.

❶ In ihrem umfassendsten Verständnis ist Didaktik – so hat es erstmals JOSEF DOLCH (1899–1971) formuliert – *„die Wissenschaft (und Lehre) vom Lehren und Lernen überhaupt"* (DOLCH [6]1965, 45), d. h. in allen nur denkbaren Situationen und Zusammenhängen. Sie hat es also nicht nur mit Unterricht, sondern vorrangig mit der Gesamtheit aller im kulturellen Dasein des Menschen stattfindenden Enkulturations- und Sozialisationsprozesse zu tun.

❷ Mit einer ersten Eingrenzung wird Didaktik in ihrer Ausrichtung auf die intendierten, organisierten und professionell durchgeführten Lehr-/Lernprozesse nach PAUL HEIMANN (1901–1967) als *„Theorie des Unterrichts"* (HEIMANN [6]1972, 9) bezeichnet und ihre grundlegende Zielsetzung in der Herausarbeitung aller den Unterricht konstituierenden Faktoren gesehen.

❸ Didaktik als *„Theorie der Bildungsinhalte"* sieht die Aufgabe der Didaktik darin, die Inhalte nach allgemein bildenden Kategorien auszuwählen. Für WOLFGANG KLAFKI (geb. 1927) ist der Bildungsinhalt dadurch charakterisiert, „daß er als einzelner Inhalt immer stellvertretend für viele Kulturinhalte steht" (KLAFKI 1975, 134).

❹ FELIX VON CUBE (geb. 1927) wählt einen eher technizistischen Zugriff, indem er Lehr-/Lernprozesse zu kybernetisch gesteuerten Techniksystemen in Analogie setzt und die Didaktik dann auf die *„Theorie der Steuerung von Lernprozessen"* fokussiert: „Didaktik als Wissenschaft untersucht, wie die Lernprozesse eines Lernsystems initiiert und gesteuert werden können, und wie vorgegebene Verhaltensziele in optimaler Weise zu erreichen sind" (CUBE [3]1976, 140), und zwar ohne Einfluss auf die Festlegung der Ziel- und Inhaltsentscheidungen nehmen zu können und zu wollen.

❺ Didaktik als *„Anwendung psychologischer Lehr- und Lerntheorien"* knüpft an einen psychologischen Lernbegriff und den Versuch an, durch die – z. B. bei HEINRICH ROTH (1906–1983) (vgl. ROTH [15]1976, 179 ff.) entfalteten – jeweils spezifischen Lernarten und -formen Lernprozesse zu initiieren. Aufgabe der Didaktik ist es, Unterrichtssequenzen lernpsychologisch zu begründen, Lernhilfen und Motivationsanreize bei der Planung zu berücksichtigen und den Unterricht am Schüler und seinen Lernvoraussetzungen zu orientieren (vgl. KRON ²1994, 42–49; PETERßEN 1983, 17–20).

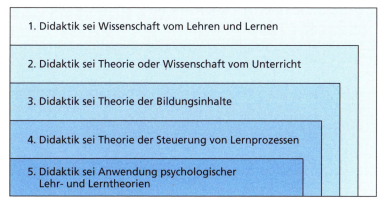

Abb. 4: *Bestimmung der Didaktik nach Gegenstandsfeldern (Nach: KRON ²1994, 43)*

Die Skizzierung der didaktischen Gegenstandsbereiche macht deutlich:

- *Didaktik* ist eine Sache der Definition, die aufgrund der unterschiedlichen Aufgaben- und Funktionsfelder immer variabel bleiben wird.
- Die Gegenstandsbereiche der Didaktik weisen dem jeweiligen Verständnis nach unterschiedliche Bandbreiten auf, zu deren Kennzeichnung sich als begriffliche Umschreibungen die *Didaktik im weiteren Sinne* (D. i. w. S.) und die *Didaktik im engeren Sinne* (D. i. e. S.) durchgesetzt haben, die zugleich den Bezug der Allgemeinen Didaktik zu den Nachbardisziplinen festlegen.

Eine Didaktik, die sich als Theorie *und* Praxis des Lehrens und Lernens versteht, verweist auf das Bemühen, eine Theorie hervorzubringen, die die Vielschichtigkeit didaktischer Prozesse reflektierend transparent macht, zugleich aber die Einbindung des Theoriewissens in das pädagogische Handlungsfeld unterstützt.

2 Theorien und Modelle didaktischen Handelns

Mit folgenden Worten hat WOLFGANG SCHULZ die zwei Seiten der Didaktik hervorgehoben:

> „Wer [...] didaktisch handelt, hat immer wieder die Situation, in der er sich und seine Klientel vorfindet, mit Schülern und Kollegen so zu *analysieren*, daß er mit ihnen eine Antwort auf sie *planen* kann; geplant wird, um ebenso wünschenswerten wie auch effektiven Unterricht *realisieren* zu können, der dann wieder der didaktischen Analyse unterworfen werden muß" (SCHULZ 1980, 49).

Didaktik befasst sich also mit der *Analyse* und der *Gestaltung* von Unterricht. Die Erforschung und der planerische Entwurf von Unterrichtswirklichkeit bedürfen zu ihrer Realisierung einer theoretischen Grundlage.

2.1 Didaktik auf der Ebene von Wissenschaftstheorie

Die Wissenschaftstheorie stellt die wissenschaftlichen Methoden der Erkenntnisgewinnung bereit, formuliert Bedingungen und Zielsetzungen der Forschung und leitet zur Reflexion über die Gewinnung von Aussagen (Induktion/Deduktion) und ihren Geltungsanspruch an (z. B. stellt sie die Frage, ob gewonnene Erkenntnisse nur für den schulischen Unterricht oder das Lehren und Lernen grundsätzlich relevant sind). Generell lassen sich folgende *Positionen* unterscheiden:

- Der *phänomenologisch-hermeneutischen Wissenschaftstheorie* geht es um eine Erfassung einzelner Lebenserscheinungen und ihre Einbeziehung in Ganzheiten. Mit Blick auf die Pädagogik meint dies die Auslegung und Interpretation der Erziehungswirklichkeit zum Zwecke der Strukturgewinnung.
- Die *empirisch-analytische Wissenschaftstheorie* begründet die Erkenntnisgewinnung auf Erfahrungen und ihre sprachliche Vermittlung. Gegenstand der Forschung sind die empirisch vorfindbaren Tatsachen (z. B. die beschreibbaren Merkmale des Unterrichts); ihr Vorgehen wird durch empirische Methoden (z. B. Fragebogenerhebungen, Beobachtung) bestimmt.
- Die *kritisch-dialektisch orientierte Wissenschaftstheorie* sieht das Forschungsinteresse an die Gesellschaftstheorie gebunden. Die Vertreter dieses Ansatzes gehen davon aus, dass jeder Forschung ein Erkenntnisinteresse zugrunde liegt, das gesellschaftlich vorgeprägt ist. Gefordert wird daher eine stringente Ideologiekritik im wissenschaftlichen Feld.

Mit Blick auf die Intentionen des menschlichen und gesellschaftlichen Denkens und Handelns und ihrer gegenseitigen Verknüpfungen unterscheidet JÜRGEN HABERMAS in seinem Buch „Erkenntnis und Interesse" folgende *Interessensdifferenzen der Wissenschaften*:

- Das *praktische Interesse* richtet sich auf die Interpretation von Handlungen, ihren Motiven, Zielen und Sinnbedeutungen menschlicher Lebensbeziehungen: „Die hermeneutischen Wissenschaften erschließen die Wirklichkeit [...] – *sie erfassen Interpretationen der Wirklichkeit im Hinblick auf eine für eine gegebene hermeneutische Ausgangslage mögliche Intersubjektivität handlungsorientierender Verständigung*" (HABERMAS [11]1994, 241).
- Das *technische Interesse* ist bestrebt, die soziale, kulturelle und natürliche Lebenswirklichkeit des Menschen zu erforschen, sie damit handhabbar zu machen und effektiver gestalten zu können: „Die empirisch-analytischen Wissenschaften erschließen die Wirklichkeit, soweit sie im Funktionskreis instrumentalen Handelns zur Erscheinung gelangt; [...] *sie erfassen die Wirklichkeit im Hinblick auf eine unter spezifizierten Bedingungen immer und überall mögliche technische Verfügung*" (HABERMAS [11]1994, 241).
- Das *emanzipatorische Interesse* leitet sich aus der Fähigkeit des Individuums zur vernunftgeleiteten Selbstreflexion ab und richtet sich auf eine Überwindung gesellschaftlicher Machtansprüche: „Ein Akt der Selbstreflexion, der ‚ein Leben ändert', ist eine Bewegung der Emanzipation" (HABERMAS [11]1994, 261).

Alle drei Formen des *Wissenschaftsinteresses* schlagen sich in den didaktischen Theorien nieder. Sie weisen in einer integrativen Gesamtschau darauf hin, dass Unterricht so angelegt sein muss, dass die am Unterrichtsprozess Beteiligten neben der Verfügung über Wissen und Handlungskompetenzen in der Lage sind, die Formen und Bedingungen ihres Verhaltens reflektieren und Lernprozesse mit den eigenen (gesellschaftlichen) Lebenszusammenhängen in Verbindung setzen zu können (vgl. KRON [2]1994, 102–121; TSCHAMLER [2]1983).

2.2 Didaktiken unterscheiden sich aufgrund ihrer Theoriebezüge

Theoriebezüge ergeben sich aus Vorentscheidungen darüber, welcher Wirklichkeitsausschnitt mit welcher Intention und welchen Methoden erforscht wird. Auf der Grundlage der von HABERMAS mit der Klassifizierung des erkenntnisleitenden Forschungsinteresses entwickelten Kategorien lassen sich wichtige Positionierungen gegenwärtiger didaktischer Ansätze in Anlehnung an PETERßEN wie folgt darstellen (vgl. 1983, 20 f.) (siehe Tab. 1, S. 58).

wissenschaftstheoretische Position	Erkenntnis-interesse	didaktische Theoriebildung	Methode
phänomenologisch-hermeneutische Wissenschaft	praktisch	bildungstheoretische Didaktik (KLAFKI)	Hermeneutik
empirisch-analytische Wissenschaft	technisch	lerntheoretische Didaktik (HEIMANN/OTTO/SCHULZ)	Empirie
kritische Wissenschaft	emanzipatorisch	kommunikative Didaktik (SCHÄFER/SCHALLER)	Ideologiekritik

Tab.1: Theoriegeleitete Positionierungen grundlegender didaktischer Ansätze

Allerdings entstehen mit neuen Theorieentwicklungen auch so genannte „Mischformen". Um sie übersichtlicher katalogisieren zu können, werden didaktische Theorien oft in *Modelle* transformiert. Sie dienen der Strukturierung komplexer Situationen. WALTER POPP hat für Modelle folgende *Merkmale* benannt:

❶ „*Reduktion*. Im Modell wird ein kompliziertes, undurchschaubares Gefüge reduziert auf einige wenige bedeutsame Merkmale und Grundstrukturen, die gerade durch die Reduktion erst sichtbar hervortreten und wissenschaftlicher Untersuchung zugänglich werden."
❷ „*Akzentuierung*. Das Modell akzentuiert bestimmte Bezüge, Faktoren, Funktionen, Gesetzlichkeiten."
❸ „*Transparenz*. Durch Reduktion und Akzentuierung entsteht eine hohe Transparenz des komplexen und dadurch weitgehend undurchsichtigen didaktischen Feldes."
❹ „*Perspektivität*. Die einseitige Hervorhebung und Steigerung bestimmter Strukturmerkmale erzeugt eine spezifische Sichtweise und verdeutlicht bei kritischer Handhabung die Möglichkeit und Notwendigkeit anderer Sichtweisen desselben Beziehungsgefüges, das schließlich nur über verschiedene miteinander korrespondierende Sichtweisen zu erfassen ist."
❺ „*Produktivität*. In der Herausforderung zur Ausbildung anderer konkurrierender Sichtweisen und Modelle, anderer und immer neuer Perspektiven der Erkenntnis liegt die eigentliche Produktivität des Modells [...]. Der Prozeß der Theoriebildung vollzieht sich in einem Zirkel gedachter Wirklichkeiten, der uns immer wieder neu provoziert, das gedachte ‚Gegebene' in immer neuen Modellen neu zu problematisieren, zu verdeutlichen, zu erklären" (POPP 1970, 53–56).

Vor diesem Hintergrund sind didaktische Modelle *Denkmodelle*, die vielschichtige Wirklichkeitszusammenhänge unter einem gezielten erkenntnisleitenden Interesse analysieren. Sie können dazu beitragen, neue Fragestellungen in spezifischen Problemhorizonten zu thematisieren. Didaktische Modelle sind somit Abbilder, Rekonstruktionen und Entwürfe von Unterricht. Neben ihrer *Planungs- und Entscheidungsfunktion* übernehmen sie unter der Berücksichtigung der Analyse von Unterricht eine *heuristische und theoretische Funktion*. Zusammenfassend formuliert HILBERT MEYER:

> ❶ „Ein didaktisches Modell ist ein erziehungswissenschaftliches Theoriegebäude zur Analyse und Modellierung didaktischen Handelns in schulischen und nicht schulischen Handlungszusammenhängen."
> ❷ „Ein didaktisches Modell stellt den Anspruch, theoretisch umfassend und praktisch folgenreich die Voraussetzungen, Möglichkeiten und Grenzen des Lernens und Lehrens aufzuklären."
> ❸ „Ein didaktisches Modell wird in seinem Theoriekern in der Regel einer wissenschaftstheoretischen Position (manchmal auch mehreren) zugeordnet" (MEYER 2001, 29).

Begrenzt durch die Polaritäten einer D. i. e. S. und einer D. i. w. S. haben sich zahlreiche didaktische Modelle entwickelt, von denen im Folgenden die relevantesten übersichtsartig mit ihren Schwerpunktbildungen skizziert werden.

1. Bildungstheoretische Didaktik (KLAFKI 1958):
Das in der Tradition der geisteswissenschaftlichen Pädagogik entwickelte bildungstheoretische Didaktikmodell versteht sich primär als eine Theorie zur Auswahl und Begründung von Inhalten (vgl. Kapitel 5). Diese werden nach der von WOLFGANG KLAFKI konzipierten „Didaktischen Analyse" erst dann zu *Bildungsinhalten* – und damit zu relevanten Unterrichtsinhalten – , wenn am einzelnen Gegenstand etwas Allgemeines aufgezeigt werden kann. Im Mittelpunkt steht also der Bildungsbegriff, der als so genannte „kategoriale Bildung" ein sich gegenseitiges Erschließen von Schülerinnen/Schülern und Welt anstrebt (vgl. BLANKERTZ [9]1975, 28-50; KLAFKI [11]1974, 5-34; KLAFKI 1975).

2. Curriculare Didaktik (MÖLLER 1980):
Auch bekannt als „lernzielorientierter Ansatz" verlangt dieser Zugang bei der Unterrichtsplanung eine präzise Festlegung von *Lernzielen*, die als Richt-, Grob- und Feinziele auf unterschiedlichen Abstraktionsniveaus angeordnet sind. Ein lernzielorientierter Unterricht, der die Inhalts- und Methodenfrage zweitrangig behandelt, versucht über die Festlegung der Zielsetzungen des Unterrichts eine zweckbezogene Rationalisierung anzustreben. Die Überprüfung der Lernzielerreichung legt eine weitgehende Operationalisierung der Ziele nahe (vgl. MÖLLER [4]1973; MÖLLER [4]1987, 63–77).

3. Kritisch-kommunikative Didaktik (SCHÄFER/SCHALLER 1971 und WINKEL 1976):
Sie baut auf der kritischen Theorie der „Frankfurter Schule" auf, will also zur

Demokratisierung aller Lebensbereiche durch eine ideologiekritische Hinterfragung von Herrschaftsstrukturen beitragen, indem sie Unterricht als eine symmetrische Kommunikation auffasst und sein oberstes Ziel mit *Emanzipation* umschreibt (vgl. Kapitel 7). Die Didaktik versteht sich als eine „Theorie des schulischen Lehrens und Lernens". Aus dem Anspruch, die Komplexität des realen Unterrichtsgeschehens zu erfassen, resultiert der Gedanke, dieses permanent zu verbessern. Der Orientierungspunkt ist bei RAINER WINKEL das Bemühen, Unterrichtsstörungen durch eine Eliminierung widersprüchlicher Unterrichtsabläufe zu minimieren und die Stärkung sozialer Beziehungen voranzutreiben (vgl. SCHÄFER/SCHALLER ³1971; WINKEL ⁶1996).

4. Kritisch-konstruktive Didaktik (KLAFKI 1980/1986):
Sie ist eine von WOLFGANG KLAFKI vorgenommene Weiterentwicklung der „Didaktischen Analyse" und in ihrer Verwiesenheit auf bildungstheoretische Begründungen dem Konzept der Allgemeinbildung verpflichtet (vgl. Kapitel 5). Mit dem Attribut „kritisch" verweist KLAFKI auf das Ziel, die Heranwachsenden zu *Selbstbestimmung*, *Mitbestimmung* und *Solidaritätsfähigkeit* zu führen; als „konstruktiv" bezeichnet er seinen Ansatz, da dieser mit seinem permanenten Praxisbezug das *Handlungs-, Gestaltungs- und Veränderungsinteresse* in den Blick nimmt, also nicht bei einer Beschreibung von Tatsachen stehen bleibt (vgl. KLAFKI 1985; KLAFKI ⁴1987, 11–26).

5. Kybernetische Didaktik (V. CUBE 1965):
Sie geht von der Vorstellung aus, den Unterrichtsprozess durch ständige Rückmeldungen und Korrekturen nach dem Modell der *Regelungstechnik* optimal auf ein festgesetztes (operationalisiertes) Ziel hin steuern zu können. Unterricht wird demnach als Regelkreis erfasst: Nach Festlegung eines „Soll-Wertes" (Lehrziel) hat der Lehrer als „Regler" die Aufgabe, unter Ausschaltung möglichst aller „Störfaktoren" und unter der Berücksichtigung des „Ist-Wertes" (Vorkenntnisse über den Schüler), die Lehrstrategien und den Medieneinsatz mit der Perspektive zu wählen, die „Regelgröße" (der Schüler) optimal in Richtung auf den „Soll-Wert" beeinflussen und diesen unter Zuhilfenahme von „Messfühlern" (Lernkontrollen) kontinuierlich überprüfen zu können (vgl. CUBE ²1968; CUBE 1970, 143–170).

6. Lerntheoretische Didaktik (HEIMANN/OTTO/SCHULZ 1965/1980):
Das Modell versteht sich als eine kritische Reaktion auf den normativ verwendeten Bildungsbegriff des bildungstheoretischen Ansatzes. Es stellt daher den Begriff des *Lernens* in den Mittelpunkt, obwohl es keine lernpsychologische Grundlegung verfolgt (vgl. Kapitel 6). Seine Intention besteht in der Analyse und objektiven Beschreibung von Unterricht und seiner konstitutiven Faktoren. Diese werden im so genannten „Berliner Modell" (1965) zwei Bedingungs- und vier Entscheidungsfeldern zugeordnet. Das 1980 von WOLFGANG SCHULZ unter einem

emanzipatorischen Anspruch im Sinne von Schülermit- und Selbstverantwortung entwickelte „Hamburger Modell" hält weiterhin an diesen *Strukturmomenten* fest, verfolgt aber mit gestuften Planungsprozessen eine partizipatorische Unterrichtsgestaltung (vgl. BLANKERTZ [9]1975, 89–117; HEIMANN/OTTO/ SCHULZ [6]1972; SCHULZ [3]1981).

7. Bildungsgangdidaktik (MEYER 1998):
Der Bildungsgang wird in seinem „objektiven" Sinne durch die Inhalte sowie die institutionellen und didaktischen Vorgaben konstituiert; „subjektiv" bezeichnet er Entwicklungsaufgaben, die vom einzelnen Lernenden zu lösen sind, durch die der Lernende seinen biografischen Weg selbst bestimmt. Bildungsgangdidaktik stellt kein neues Unterrichtskonzept zur Verfügung; sie richtet sich durch die Orientierung auf *Lernbiografien* vielmehr auf die Aufgaben, dem Heranwachsenden im Zusammenspiel seines objektiven und subjektiven Bildungsganges – z. B. durch Beratung und Förderung – Bildungsprozesse, d. h. eine subjektive Aneignung objektiver Lernangebote zu ermöglichen (vgl. MEYER/ REINARTZ 1998).

Die exemplarisch angeführten didaktischen Theorien sind keine Praxisanleitungen; dagegen verweist die heuristische Funktion der Modelle auf die Absicht, Lehrerinnen und Lehrer durch reflektierende Theorieverarbeitungen auf eine Praxis vorzubereiten, in der Analyse und Planung stets parallel laufen.

2.3 Didaktische Praxis

Auf dieser Ebene stellt sich die Frage, wie Theoriewissen *für* die Praxis erworben und verwendet wird. Die Aneignung und Nutzung des Theoriewissens erweist sich m. E. deswegen als schwer nachvollziehbar, als sich die direkte und indirekte *Theorieanwendung* miteinander zu verschränken scheinen.

- Die *implizite* Bezugnahme auf didaktische Theorien meint, dass durch praktische Erfahrungen angereichertes Theoriewissen in seinen ständig vollzogenen Neustrukturierungen bei der Analyse und Planung von Unterricht genutzt wird, ohne dass Lehrkräfte sich dessen bewusst sind.
- Auf der Ebene der *expliziten* Theorieanwendung ist professionelles didaktisches Handeln rational begründetes Handeln. Hier steht es im Dienste der *Planung* und *Analyse* von Unterricht, seiner *Reflexion* im Rahmen intersubjektiver Verständigungsprozesse und der Entwicklung von *Forschungsfragen*.

Auf beiden Ebenen stehen Theoriewissen und didaktisch-methodische Handlungskompetenz offensichtlich in einer notwendigen Wechselbeziehung.

3 Spezialdidaktiken

Die Allgemeine Didaktik lässt sich nach verschiedenen Funktionszuschreibungen in Teildisziplinen konkretisieren. HORST RUPRECHT schlägt eine Unterteilung nach Schularten und -stufen, Bereichen und Fächern vor.

- Die *Stufendidaktik* findet ihre Grundlage in dem vom DEUTSCHEN BILDUNGSRAT durch den „Strukturplan" (1970) entwickelten Konzept eines am Gesamtschulmodell orientierten Schulwesens (vgl. Kapitel 3), wobei eine Didaktik des *Elementarbereichs* Maßnahmen zur kognitiven, sozialen und emotionalen Förderung sowie die Anbahnung des Erlernens der elementaren Kulturtechniken in den Blick zu nehmen hätte, die schließlich im *Primarbereich* zu festigen sind. Als didaktische Prinzipien dieser Stufe werden im Strukturplan das wissenschaftsorientierte Lehren, das entdeckende und problemlösende Lernen, selbstständiges Arbeiten, die Herausforderung eigener Denkprozesse sowie kompensatorische und differenzierende Angebote genannt (vgl. DEUTSCHER BILDUNGSRAT [4]1973, 132–136). Didaktische Ansätze für die *Sekundarstufe I* sind aufgrund nichtspezifizierter Bildungsabschlüsse im Strukturplan weitestgehend offen gehalten. Da die *Sekundarstufe II* sowohl berufs- als auch allgemein bildende Funktionen übernimmt, müsste ihre Didaktik zielspezifisch differenziert werden.

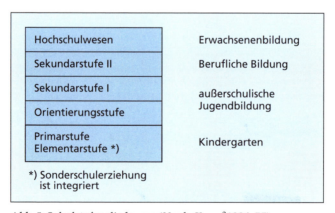

Abb. 5: *Schulstufengliederung (Nach:* KRON [2]1994, 35)

- Die *Schulartendidaktik* zielt auf die Lehr- und Lernprozesse und ihren Bedingungsrahmen in den Schularten – z. B. der *Grundschule*, der *Haupt-* oder *Realschule*, dem *Gymnasium* – und geht davon aus, dass es notwendig sei, spezifische Konzeptionen mit jeweils eigenen theoretischen Verknüpfungen von Inhalten, Zielen, Methoden und Medien bereitzustellen.

3 Spezialdidaktiken

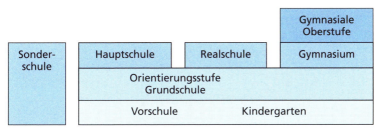

Abb. 6: Schulartengliederung (Nach: Kron ²1994, 34)

- Die *Bereichsdidaktik* orientiert sich an gesellschaftlichen *Lebens- und Arbeitsbereichen* und bündelt schulische und außerschulische Lernfelder (vgl. JANK/MEYER ³1994, 60).

- Die *Fachdidaktik* bemüht sich um die spezifische Vermittlung fachbezogener Inhalte. Im Kontext der Schule versteht sie sich als *Wissenschaft des Lehrens und Lernens in einem Unterrichtsfach*, wobei sie „gleichermaßen fachwissenschaftliche, allgemeindidaktische, stufendidaktische und schulart-didaktische Fragestellungen" (RUPRECHT ³1976, 19) miteinander verknüpft. Sie hat eine eigene wissenschaftliche Zielsetzung, unter der sie „die spezifischen Probleme des Unterrichts in einem Unterrichtsfach" (MEYER 2001, 28) erforscht. Konkret hat sie die Aufgabe
  - die *Grundbegriffe* des Faches nach Schwierigkeitsgraden und Verständnisstufen zu strukturieren und in einer lehrbaren Reihenfolge anzuordnen,
  - die *wissenschaftlichen Methoden* des Faches transparent zu machen,
  - die Bildungsrelevanz der fachlichen *Inhalte* zu überprüfen,
  - die im Unterricht zu behandelnden Inhalte auszuwählen und deren *didaktische Umsetzungsmöglichkeiten* zu reflektieren,
  - fachliche *Curricula* zu entwerfen,
  - die *Lern- und Lehrziele* zu benennen,
  - über *Methoden* und *Medieneinsatz* zu entscheiden (vgl. RUPRECHT ³1976, 14–23; KRON ²1994, 33–38).

5 Hilbert Meyer:
Die Bildungstheoretische Didaktik

1 Ein Gedankenexperiment vorweg

Was würden Sie denken und tun, wenn Sie einen Erwachsenen dabei beobachteten, wie er Jugendliche zu professionellen Dealern ausbildet? – Selbst wenn Sie nicht so mutig sein sollten einzuschreiten, würden Sie sich doch innerlich distanzieren und diesem „Lehrer" vorwerfen, dass er das Vertrauen, das er offensichtlich bei den Jugendlichen gefunden hat, missbraucht. Warum eigentlich? Es kann sich doch um einen begnadet guten „Lehrer" handeln, der eine positive pädagogische Beziehung zu seinen Zöglingen hergestellt hat, der ihnen das Gefühl vermittelt, sie zu Meistern ihres Faches auszubilden und der sein Ziel „Vermittlung von Dealer-Kompetenz" mit Methodenvielfalt und raffinierten Erfolgskontrollen verfolgt?

Wenn Sie diesen „Lehrer" kritisieren, so arbeiten Sie – ob Ihnen dies bewusst ist oder nicht, spielt dabei keine Rolle – mit einem impliziten Bildungsbegriff. Sie entwickeln eine Vorstellung von Menschenwürde, Gerechtigkeit und gesellschaftlicher Verantwortung, die es einfach nicht zulässt, die Erziehung *nur* unter Effektivitätsgesichtspunkten zu betrachten.

These 1: Didaktisches Handeln ist normativ. Deshalb benötigt die Didaktik als Wissenschaft einen Bildungsbegriff.

2 Wissenschaftstheoretische Einordnung

Der Begriff „Bildungstheoretische Didaktik" ist eine Sammelbezeichnung für ein gutes Dutzend allgemein didaktischer Modelle, die durch zwei gemeinsame Grundannahmen miteinander verbunden sind:

- Sie stehen alle in der Tradition der Philosophie der Aufklärung vom Ende des 18. Jahrhunderts. Deshalb sind „Bildung", „Aufklärung" und „Mündigkeit" die übergeordneten Bezugsnormen dieser Didaktiken.

- Und sie zählen sich zu den so genannten Geisteswissenschaftlichen Pädagogiken.[1] Sie betrachten den Unterricht wie einen „Text", der mit hermeneutischen Methoden des Sinnverstehens gedeutet werden kann.

Zu den bildungstheoretischen Didaktiken zählen z. B.:

- die in Kapitel 7 dargestellte „Kritisch-kommunikative Didaktik" von RAINER WINKEL (1988),
- die „konstruktive (nicht: konstruktivistische!) Didaktik" von GOTTHILF GERHARD HILLER (1973),
- die im Anschluss an den bildungstheoretischen Didaktiker MARTIN WAGENSCHEIN entwickelte „Lehrkunstdidaktik" von HANS-CHRISTOPH BERG und THEODOR SCHULZE (1997),
- die „Bildungsgangdidaktik" von MEINERT MEYER u. a. (MEYER/REINARTZ 1998, HERICKS u. a. 2001).

Hinzu kommt eine kaum mehr zu zählende Vielfalt bildungstheoretisch orientierter Fachdidaktiken.

Das mit Abstand bekannteste und in der Lehrerbildung der Bundesrepublik (alt) in den vergangenen Jahrzehnten nahezu flächendeckend eingesetzte allgemein didaktische Modell ist die zu Beginn der 1960er Jahre von dem Marburger Erziehungswissenschaftler WOLFGANG KLAFKI entwickelte Position, die – gleich lautend zur Sammelbezeichnung – als „Bildungstheoretische Didaktik" oder – spezifizierend – als „Kategoriale Didaktik" bezeichnet wird.

Wolfgang Klafki

KLAFKI gilt als „Nestor" der deutschen Pädagogik. Er ist 1927 in Angerburg/Ostpreußen geboren. Er war im Zweiten Weltkrieg Luftwaffenhelfer und Soldat und studierte von 1946 bis 1948 an der Pädagogischen Hochschule Hannover. Dann begann er ein zweites Studium in Göttingen bei seinem akademischen Lehrer ERICH WENIGER (1893–1961). KLAFKI hat umfangreiche Studien zur Geschichte und Systematik der Bildungstheorie, zur Didaktik und zu den Methodologie-Problemen der Erziehungswissenschaft vorgelegt.

Schon zu Beginn der 1960er Jahre kritisierte der Berliner Didaktiker PAUL HEIMANN (1901–1967; s. u., S. 76) die bildungstheoretischen Didaktiken mit dem

---

[1] Der Begriff Geisteswissenschaften wurde von WILHELM DILTHEY (1833–1911) geprägt. Er grenzt damit alle auf „Verstehen" und Rekonstruktion von Sinn und Bedeutung orientierten „Wissenschaften des Lebens" von den auf kausale Erklärungen und Gesetzeswissen spezialisierten Naturwissenschaften ab.

Argument, die Orientierung am Bildungsbegriff führe zu „*bildungsphilosophischem Stratosphärendenken*" (HEIMANN 1976, 146). Das sei schön für das Gemüt, aber leider ohne praktische Konsequenzen, und zwar deshalb, weil die Bildungskategorie so abstrakt und blass sei, dass man alles oder nichts aus ihr ableiten könne. Stattdessen müsse eine an der empirischen Forschung – und insbesondere an modernen Lerntheorien – ausgerichtete Didaktik erarbeitet werden, die jeder Lehrerin bzw. jedem Lehrer erlaubt, die Lernprozesse der Schülerinnen und Schüler genau zu analysieren. PAUL HEIMANN hatte mit dem Hinweis auf das Ableitungsproblem Recht. Aber der völlige Verzicht auf einen Bildungsbegriff ist eine Scheinlösung des Problems. Das kann man schon daran ablesen, dass sich HEIMANN selbst nicht an seine Empfehlung gehalten hat (vgl. JANK/MEYER 2002, 276–281):

> **These 2:** Auch Normen (z. B. die der Bildung und der Mündigkeit) können und müssen wissenschaftlich begründet und legitimiert werden.

Solche Normbegründungen sind natürlich keine empirischen Beweise, sondern historische, systematische, philosophische und anthropologische Rekonstruktionen der Vernünftigkeit und Tragfähigkeit solcher Handlungsmaximen.

3 Rekonstruktion des Bildungsbegriffs[2]

KLAFKI rekonstruiert den Bildungsbegriff durch eine historisch-systematische Analyse der Geschichte bildungstheoretischen Denkens. Die klassischen Bildungstheorien weisen, so KLAFKI, folgende gemeinsame Merkmale auf, die auch heute – zweihundert Jahre später – noch die Richtschnur für ein aktualisiertes Allgemeinbildungsverständnis abgeben können:

❶ Bildung zielt auf die Befähigung zu vernünftiger Selbstbestimmung.
❷ Sie wird im Rahmen der historisch-gesellschaftlich-kulturellen Gegebenheiten erworben.
❸ Bildung kann jede/jeder nur für sich selbst erwerben.
❹ Der Bildungsprozess erfolgt aber in der Gemeinschaft von Lehrenden und Lernenden.

---

[2] Die folgenden Ausführungen fußen auf dem gemeinsam mit Werner Jank verfassten Kapitel „Bildungstheoretische und Kritisch-konstruktive Didaktik" in: JANK/MEYER (2002, S. 203–240).

Diese vier Merkmale gelten für *alle* denkbaren Formen von Bildung, also sowohl für Unterricht und Erziehung in den so genannten allgemein bildenden Fächern wie auch für alle Varianten einer spezialisierten Berufsbildung, für Integrationsunterricht, für die Erwachsenenbildung und vieles andere mehr.
Was ist dann das *Allgemeine* an der Allgemeinbildung? In den klassischen Bildungstheorien waren dies drei Prinzipien, die auch heute noch gelten (vgl. KLAFKI 1991, 15–41):

- Allgemeinbildung ist Bildung *für alle*. Die Zufälle der Geburt, die Zugehörigkeit zu einer sozialen Klasse oder das Vermögen der Familie dürfen kein Hindernis sein.
- Allgemeinbildung ist *allseitige* oder zumindest vielseitige Bildung. Es geht nicht nur um den Verstand, sondern auch um die „proportionierliche" (d. h. ausgewogene) Bildung der Gemütskräfte, des Körpers, der sozialen und kulturellen Interessen usw.
- Allgemeinbildung ist Bildung *„im Medium* des Allgemeinen". Damit ist gemeint, dass es keine privilegierten Unterrichtsfächer oder -inhalte gibt, die per se allgemein bildend sind. „Allgemeine" Einsichten und Kompetenzen können immer nur „im Speziellen", d. h. in ganz konkreten Fächern und Bewährungssituationen erworben werden.

Zusammengefasst:

> **Definition 1:** Allgemeinbildung bezeichnet die Fähigkeit eines Menschen, in der Auseinandersetzung mit der Welt selbstbestimmt, kritisch, sachkompetent und solidarisch zu denken, zu handeln und sich weiterzuentwickeln.

4 „Didaktische Analyse" als Kern der Unterrichtsvorbereitung

Die von KLAFKI geleistete Rekonstruktion des Bildungsbegriffs hilft, die normativen Grundlagen von Bildungsprozessen zu klären. Aber die so gewonnenen Aussagen sind immer noch viel zu abstrakt und zu blass. Deshalb hat KLAFKI eine Konkretisierung der Bildungstheorie in zwei Schritten vorgenommen:

- Er hat die in der Geschichte vorgefundenen, zum Teil sehr unterschiedlichen Bildungsvorstellungen zu einer eigenen, integrativen Position zusammengefasst.

❷ Und er hat einen einfach gehaltenen Raster zur didaktischen Analyse von Unterricht entwickelt, den Lehramtsstudierende und Referendare bei der Unterrichtsplanung benutzen können.³

Ich beginne mit Unterpunkt 2. Alle Lehrer sollen – so KLAFKIS Vorstellung – vor jeder Unterrichtsstunde, die sie geben, die schlichte Frage beantworten, ob das, was sie ihren Schülerinnen und Schülern an Lerninhalten und Aufgaben zumuten, der Mühe wert ist oder nicht. Es ist einfach, diese Frage zu stellen, aber kompliziert, sie befriedigend zu beantworten. Eine logische Ableitung aus dem Bildungsbegriff ist nicht möglich. Die von manchen Fachdidaktikern bis heute vertretene Idee, sich die Inhaltsentscheidungen von den Fachwissenschaftlern durch eine „Sachanalyse" vorgeben zu lassen, ist ebenfalls ungenügend. Den Fachwissenschaftlern fehlt jede Kompetenz, Bildungsprozesse zu beurteilen.

These 2: Didaktische Entscheidungen können weder aus Bildungsnormen noch aus fachwissenschaftlichen Vorgaben „abgeleitet" werden. Sie müssen in einem eigenständigen Begründungszusammenhang erarbeitet werden.

Wie kann dieser eigenständige Begründungszusammenhang erarbeitet werden? KLAFKI hat dazu fünf leitende Fragestellungen formuliert, die jede Lehrerin bzw. jeder Lehrer bei der Unterrichtsvorbereitung beantworten soll (vgl. KLAFKI 1963, 135–143):

I.	Welche Bedeutung hat der betreffende Inhalt bereits im geistigen Leben der Kinder meiner Klasse, welche Bedeutung sollte er – vom pädagogischen Gesichtspunkt aus gesehen – darin haben?	Gegenwartsbedeutung
II.	Worin liegt die Bedeutung des Themas für die Zukunft der Kinder?	Zukunftsbedeutung
III.	Welches ist die Struktur des (durch die Fragen 1 und 2 in die spezifisch pädagogische Sicht gerückten) Inhaltes?	Struktur des Inhalts
IV.	Welchen allgemeinen Sachverhalt, welches allgemeine Problem erschließt der betreffende Inhalt?	Exemplarische Bedeutung
V.	Welches sind die besonderen Fälle, Phänomene, Situationen, Versuche, in oder an denen die Struktur des jeweiligen Inhaltes den Kindern dieser Bildungsstufe, dieser Klasse interessant, fragwürdig, zugänglich, begreiflich, „anschaulich" werden kann?	Zugänglichkeit

Abb. 1: Die Grundfragen der Didaktischen Analyse

---

³ Ein dritter, eigentlich unverzichtbarer Schritt wurde leider nicht getan: die Umsetzung der bildungstheoretischen Vorgaben in einen Raster zur methodischen Analyse des Unterrichts.

Insbesondere die vierte Frage hat KLAFKI und seine Kollegen viel beschäftigt. Sie haben daraus eine ganze *Theorie des Exemplarischen* gemacht (vgl. GERNER 1963). Ich halte die fünf Fragen auch heute, gut vierzig Jahre nach ihrer ersten Veröffentlichung, immer noch für eine sinnvolle Strukturierungshilfe für Praktikanten und Lehramtsanwärter, die die ersten Gehversuche beim selbstständigen Unterrichten machen.

5 Formale und materiale Bildungstheorien

Der zweite Schritt der Entfaltung der Bildungstheoretischen Didaktik besteht darin, den Bildungsbegriff zu präzisieren. KLAFKI tut dies wiederum dadurch, dass er umfangreiche, ja umständliche historisch-systematische Analysen der bildungstheoretischen „Klassiker" vornimmt (siehe KLAFKI 1957). Das wichtigste Ergebnis seiner Studien ist die Herausarbeitung von zwei grundsätzlich unterschiedlichen Typen von Bildungstheorien:

- *Materiale Bildungstheorien* fragen nach der „objektiven Seite" des Bildungsprozesses. Sie legen fest, welche *Bildungsinhalte* so wertvoll und wichtig sind, dass alle Schülerinnen und Schüler sie lernen bzw. erfahren sollten.
- *Formale Bildungstheorien* gehen von den zu erziehenden Schülern und ihren (vermuteten) Bedürfnissen aus. Sie beschreiben einen Satz von *Haltungen*, *Methoden* und *Kompetenzen*, die die Menschen brauchen, um in der Welt, in der wir leben, handlungsfähig zu werden.

Die beiden Grundformen werden von KLAFKI nochmals in je zwei Varianten ausdifferenziert. So entstehen vier verschiedene Theorietypen (siehe Abb. 2, S. 70). Schon im 19. Jahrhundert ist versucht worden, die vier Theorietypen zu integrieren. Aber das erwies sich als eine schwierige Aufgabe. Die seit Beginn des 19. Jahrhunderts vorgelegten Didaktiken zeigten bei genauerer Betrachtung immer wieder, dass sie eine deutliche Schlagseite in die eine oder in die andere Richtung hatten. Und das ging und geht bis heute so weiter:

- Anhänger einer materialen Bildungstheorie sind z. B. die 16 Kultusminister Deutschlands, die sich 1969 darauf verständigt haben, dass nur die- oder derjenige das Abitur erhält, die bzw. der die Mindestleistungen in Deutsch, Mathe, zwei Fremdsprachen und Naturwissenschaften erbringt.
- Ein laienhafter, aber hartgesottener Vertreter des bildungstheoretischen Objektivismus ist auch DIETRICH SCHWANITZ. Er publizierte 1999 unter dem Titel „Bildung. Alles, was man wissen muss" eine Aufstellung dessen, was er für einen unverzichtbaren Bestandteil von Allgemeinbildung hält.

- Wer heute vom „Lernen des Lernens" spricht, verficht eine Theorie der methodischen Bildung. Wer „Schlüsselqualifikationen" an seine Schülerinnen und Schüler vermitteln will, ist Anhänger der funktionalen Bildung.
- Eine extreme Schlagseite hin zu formalen Bildungstheorien haben die konstruktivistischen Didaktikmodelle, z. B. die „Subjektive Didaktik" EDMUND KÖSELS (1993).

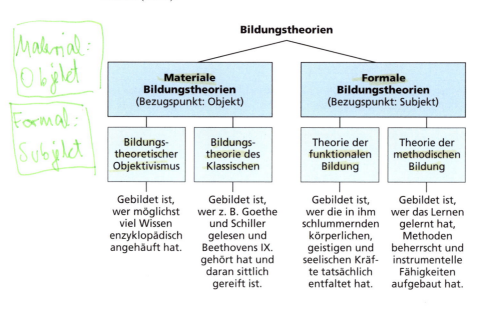

Abb. 2: Materiale und formale Bildungstheorien

KLAFKI kritisiert jede der in Abbildung 2 genannten vier Ausprägungen von Bildungstheorie als einseitig, gesteht aber jeder Position zugleich zu, dass in ihr ein Körnchen Wahrheit stecke. Er versucht deshalb, eine neue, integrative Bildungstheorie zu entwickeln, in der die objektive und die subjektive Seite von Bildungsprozessen miteinander versöhnt werden.

6 Klafki's Versuch einer Synthese: Kategoriale Bildung

Diese Bildungstheorie nennt er „Kategoriale Bildung"[4]. Kategoriale Bildung bezeichnet einen Prozess, der sowohl die lernenden Schüler als auch die von den Schülern „angeeignete" Welt verwandelt:

- Die Schüler werden durch Kategoriale Bildung *für die Welt, in der sie leben*, *„aufgeschlossen"*; d. h. sie eignen sich einen Teil des verfügbaren Wissens an und sie übernehmen die Normen, Wertsysteme und Sichtweisen der Gesellschaft, in der sie leben. Dadurch werden sie für diese Gesellschaft „fit" gemacht.
- Aber indem sie dieses tun, verändern sie zugleich das, was sie sich aneignen. Sie erschaffen sich die sie umgebende Welt in einem kreativen Aneignungsprozess neu und *machen sie sich dabei und dadurch „zu Diensten"*.

Kategorial bildend können bestimmte, ganz gezielt ausgewählte Inhalte aber nur dann sein, wenn sie stellvertretend für ein größeres Ganzes stehen:

> „Solche Erschließung, solches Offenmachen für Inhalte und Werte können die sogen. Bildungsinhalte nur leisten, weil ihnen ein besonderes Wesensmerkmal eigen ist: Es charakterisiert einen Bildungsinhalt, daß er als einzelner Inhalt immer stellvertretend für viele Kulturinhalte steht; immer soll ein Bildungsinhalt Grundprobleme, Grundverhältnisse, Grundmöglichkeiten, allgemeine Prinzipien, Gesetze, Werte, Methoden sichtbar machen. Jene Momente nun, die solche Erschließung des Allgemeinen im Besonderen oder am Besonderen bewirken, meint der Begriff des Bildungs*gehaltes*. Jeder besondere Bildungs*inhalt* birgt in sich also einen allgemeinen Bildungs*gehalt*" (KLAFKI 1963, 134f.).

Durch Kategoriale Bildung wird der lernende Mensch – wenn's gut geht – selbstständig. Er wird befähigt, seine Persönlichkeit auszubilden. Er lernt, aus eigener Kraft vernünftig zu handeln:

> **Definition 2:** „Bildung ist *Kategoriale Bildung* in dem Doppelsinn, daß sich dem Menschen eine Wirklichkeit ‚kategorial' erschlossen hat und daß eben damit er selbst – dank der selbst vollzogenen ‚kategorialen' Einsichten, Erfahrungen, Erlebnisse – für diese Wirklichkeit erschlossen worden ist" (KLAFKI 1963, 44).

---

[4] Das Wort „kategorial" stammt vom griechischen Wort „Kategorie" ab und heißt so viel wie „grundlegend". – Eine eher wenig sagende, blasse Bezeichnung. Ich vermute, dass KLAFKI genau deshalb dieses Wort ausgesucht hat. Der Begriff war noch nicht von anderen Positionen besetzt und produziert keine falschen Assoziationen.

Der Begriff der doppelseitigen Erschließung ist inzwischen zu einem viel zitierten Schlagwort geworden. Er hilft Einseitigkeiten zu vermeiden. Aus heutiger Sicht merken wir allerdings an: Die Kategoriale Bildung stand insofern auf tönernen Füßen, als trotz der kritischen Grundhaltung keine *konkreten* Kategorien und Verfahren entwickelt wurden, um Bildung und Mündigkeit des Einzelnen voranzutreiben. Diese Kritik bezieht sich insbesondere auf den Tatbestand, dass die staatlichen Lehrplan-Vorgaben im Modell der Kategorialen Bildung nicht grundsätzlich in Frage gestellt wurden.

7 Kritisch-konstruktive Didaktik

In der Lehrplanfrage zeigt sich ein konservativer Zug der Bildungstheoretischen Didaktik, der nach 1968 zum Teil heftig kritisiert wurde (vgl. ROBINSOHN 1967; HUISKEN 1972, 22–68). Im Jahr 1985 hat WOLFGANG KLAFKI als Reaktion darauf ein neues Konzept vorgelegt, das er als Kritisch-konstruktive Didaktik bezeichnet, das aber die bildungstheoretische Grundorientierung der 1960er Jahre beibehält (vgl. KLAFKI 1985, 31–86; 1995; 1991, 83–138):

- *Kritisch* ist die Position, weil KLAFKI nun dem Unterricht grundlegende Zielstellungen gibt, die seinem aufklärerischen, humanistischen Menschenbild entsprechen, aber in der Gesellschaft insgesamt keineswegs erreicht sind. Er fordert insbesondere, die Selbstbestimmungs-, Mitbestimmungs- und Solidaritätsfähigkeit der Schüler durch eine entsprechende Unterrichtsgestaltung zu entwickeln. Dies geht nur, wenn sie von Anfang an der Vorbereitung, Durchführung und Auswertung des Unterrichts beteiligt werden.
- *Konstruktiv* (nicht: konstruktivistisch) ist die neue Position, weil KLAFKI sich nicht mehr damit zufrieden gibt, innerhalb der vorgegebenen institutionellen und curricularen Rahmenbedingungen zu arbeiten, sondern alle Lehrerinnen und Lehrer auffordert, sich aktiv für Veränderungen der bestehenden Verhältnisse einzusetzen. Dafür liefert die Kritisch-konstruktive Didaktik einen Orientierungsrahmen: „Vorgriffe der Theorie, Modellentwürfe für mögliche Praxis, begründete Konzepte für veränderte Praxis, für eine humanere und demokratischere Schule" (KLAFKI 1985, 38; vgl. auch KLAFKI 1995).

8 Schlüsselprobleme und Problemunterricht

KLAFKIS Neuansatz hat viel Aufmerksamkeit gefunden. Die Rezeption wurde aber oft auf zwei Teilaspekte reduziert: auf das Konzept der „Schlüsselprobleme" (s. u.) und das „Perspektivenschema zur Unterrichtsplanung". Mit der folgenden schematischen Darstellung (siehe Abb. 3, S. 74) wollen wir diese Verkürzung vermeiden und die didaktischen Zusammenhänge zusammenfassend darstellen, in die KLAFKI das Konzept der Schlüsselprobleme im Unterricht einbettet.

- KLAFKI (1995, 12) hat an Beispielen erläutert, was er unter Schlüsselproblemen versteht:

    - Die *Friedensfrage* angesichts der Vernichtungspotentiale der ABC-Waffen (makrosoziologische, mikrosoziologische; massen- und gruppenpsychologische Ursachen; moralische Probleme).
    - Das *Umweltproblem*, d. h. die Frage nach Zerstörung oder Erhaltung der natürlichen Grundlagen menschlicher Existenz und damit nach der Verantwortbarkeit und Kontrollierbarkeit der wissenschaftlich-technologischen Entwicklung.
    - Das nach wie vor unbewältigte *Problem der gesellschaftlich produzierten Ungleichheit* innerhalb unserer (und anderer) Gesellschaften als Ungleichheit zwischen sozialen Klassen und Schichten, zwischen Männern und Frauen, zwischen behinderten und nicht-behinderten Menschen, zwischen ausländischen Mitbürgerinnen und Mitbürgern und der einheimischen Bevölkerung."

- Einen auf Schlüsselprobleme ausgerichteten Unterricht nennt KLAFKI *Problemunterricht* (KLAFKI 1995, 13). Der Problemunterricht zielt auf die drei übergreifenden Zielstellungen der Kritisch-konstruktiven Didaktik: Selbstbestimmungs-, Mitbestimmungs- und Solidaritätsfähigkeit. Damit knüpft er gezielt an das aufklärerische Erbe der klassischen Bildungstheoretiker an.
- Die Arbeit an Schlüsselproblemen soll zu grundlegenden *Einstellungen und Haltungen* führen, die über den Bereich des jeweiligen Schlüsselproblems hinausreichen: die Bereitschaft und Fähigkeit zu Kritik, zum Argumentieren, zur Empathie, zu vernetzendem Denken (KLAFKI 1991, 63).
- Der Arbeit an Schlüsselproblemen stellt KLAFKI als „polare Ergänzung" die *vielseitige Interessen- und Fähigkeitsentwicklung* gegenüber. Damit will er „Blickverengungen" verhindern und die Entfaltung der „Mehrdimensionalität menschlicher Aktivität und Rezeptivität" sichern (KLAFKI 1995, 13; 1991, 69).

KLAFKI hat seinen Problemunterricht um ein „Perspektivenschema zur Unterrichtsplanung" ergänzt (1985, 215; 1991, 272). Darin werden die fünf Fragen der

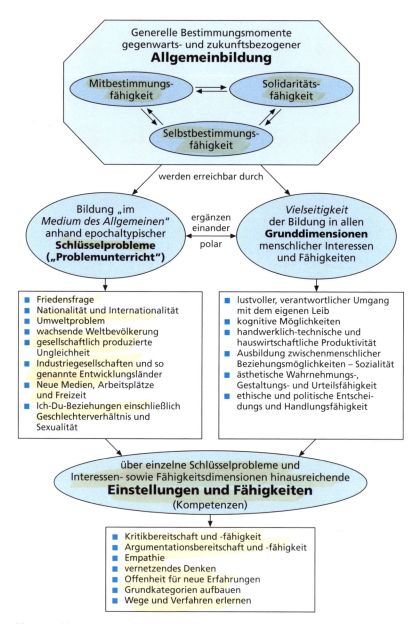

Abb. 3: Problemunterricht (Nach: JANK/MEYER 2002, 235)

Didaktischen Analyse (s. o.) beibehalten, zugleich aber andere, für die Unterrichtsvorbereitung wichtige Fragen hinzugefügt. Dazu zählen die Neugewichtung der Bedingungsanalyse, die Betonung der Unterrichtsmethoden und die Feststellung des Lernerfolgs („Erweisbarkeit und Überprüfbarkeit").

Ich komme zu einer abschließenden Bewertung:

- Das Konzept der Schlüsselprobleme stellt die traditionellen Grenzen der Schulfächer in Frage: Keines der genannten Schlüsselprobleme lässt sich in ein Schulfach pressen und im 45-Minuten-Takt behandeln. Deshalb ist es nicht verwunderlich, dass KLAFKI epochal organisierten und projektförmigen Unterricht vorzieht (KLAFKI 1995, 13 f.).
- Schlüsselprobleme lassen sich nicht ein für alle Mal in einen Unterrichtsentwurf gießen, sondern müssen immer wieder neu auf ihren möglichen Beitrag zur Allgemeinbildung hin durchdacht werden.
- Problemunterricht erzwingt ein hohes Maß an unterrichtsmethodischer Fantasie.
- Problemunterricht stellt hohe, ja höchste Ansprüche an Lehrer *und* Schüler. Sie müssen selbstbewusst und selbstständig immer wieder neue Problemlösungen erarbeiten. Sie müssen sich auf die Widersprüche dieser Welt einlassen.

Eine Flucht in postmoderne Beliebigkeiten oder gar in die „Spaßgesellschaft" lässt dieser Ansatz nicht zu.

6 Wilhelm Topsch:
Die lern-/lehrtheoretische Didaktik

Unter den didaktischen Theorien und Modellen nimmt die „lerntheoretische Didaktik" eine hervorgehobene Stellung ein. Sie hat die Didaktikdiskussion in den letzten Jahrzehnten des 20. Jahrhunderts stark beeinflusst. Obwohl sich Unterricht inzwischen in vielen Teilbereichen gewandelt hat, gehört eine Auseinandersetzung mit den Komponenten dieser didaktischen Position weiterhin zum Handwerkszeug von Lehrerinnen und Lehrern.

1 Die lerntheoretische Didaktik – „Berliner Modell"

Die Herausbildung der „lerntheoretischen Didaktik" ist eng mit den Namen PAUL HEIMANN, GUNTER OTTO und WOLFGANG SCHULZ verbunden. PAUL HEIMANN (1901–1967), der eigentliche Initiator dieses Modells, definierte Didaktik als „Theorie des Unterrichts". Im bewussten Gegensatz zur „bildungstheoretischen Didaktik" (vgl. Kapitel 5) führte er die Bezeichnung „lerntheoretische Didaktik" ein, weil er die Lehr- und Lernvorgänge des Unterrichts als Ganzes in den Blick nehmen wollte (HEIMANN 1962/1976, 116).
Später ersetzte WOLFGANG SCHULZ (1929–1993) die Bezeichnung „lerntheoretisch" durch „lehrtheoretisch", ohne dass sich das Modell änderte. In der Folgezeit wurde diese Position auch als „lehr-/lerntheoretische Didaktik" bezeichnet. Nicht zuletzt aufgrund dieser begrifflichen Unschärfe haben sich parallel auch die Bezeichnungen „Berliner Didaktik" und „Berliner Modell" durchgesetzt.

2 Analyse von Unterricht

Die „lerntheoretische Didaktik" unterscheidet zwei Analyseschritte:

- die Strukturanalyse (Reflexionsstufe 1) und
- die Faktorenanalyse (Reflexionsstufe 2).

Aufgabe der ersten Reflexionsstufe ist es, allgemeine Strukturen zu identifizieren, die jeden Unterricht betreffen. Die zweite Reflexionsstufe untersucht dagegen, welche Faktoren, z. B. gesellschaftlicher, politischer, ökonomischer Art, die didaktischen Entscheidungen von Lehrerinnen und Lehrern beeinflussen. Auf dieser Ebene überschreitet „die Didaktik [...] die Grenzen einer beschreibenden Disziplin" und beginnt, sich selbst zu hinterfragen (SCHULZ 1965, 37).

2.1 Die Strukturanalyse (Reflexionsstufe 1)

Die Strukturanalyse geht davon aus, dass es unabhängig von der jeweiligen Ausgestaltung des Unterrichts allgemeine Strukturmomente gibt, die sich in jedem Unterricht nachweisen lassen. HEIMANN fasst diese Überzeugung zunächst in einer laiensprachlich-phänomenologischen Formulierung zusammen:

> „Im Unterricht geht stets Folgendes vor:
> a) Da ist jemand, der hat eine ganz bestimmte Absicht.
> b) In dieser Absicht bringt er irgendeinen Gegenstand in den
> c) Horizont einer bestimmten Menschengruppe.
> d) Er tut das in einer ganz bestimmten Weise,
> e) unter Verwendung ganz bestimmter Hilfsmittel, wir nennen sie Medien,
> f) und er tut es auch in einer ganz bestimmten Situation" (HEIMANN 1961, 105).

HEIMANN nennt in diesem Beschreibungsversuch sechs Elemente, die er in zwei Gruppen ordnet. Dabei handelt es sich um *Bedingungen*, die *berücksichtigt* und um *Entscheidungen*, die *getroffen* werden müssen.

Felder	Strukturmomente
Bedingungsfeld	anthropogene Bedingungen
	soziale, situative, kulturelle Bedingungen
Entscheidungsfeld	Intentionen
	Inhalte
	Methoden
	Medien

Tab. 1: Bedingungsfelder und Entscheidungsfelder

1970 stellte WOLFGANG SCHULZ das Modell grafisch als Strukturschema des Unterrichts vor (vgl. SCHULZ 1970, 414.) Dieses Schema ist seither in vielen Werken diskutiert und grafisch variiert worden.

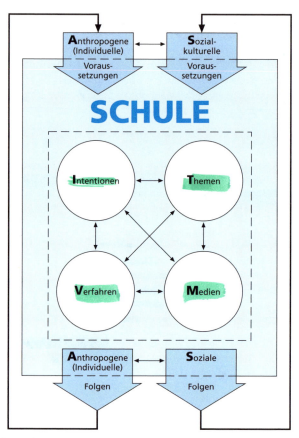

*Abb. 1: Strukturschema der „lern-/lehrtheoretischen Didaktik"
(Nach: SCHULZ 1970, 414)*

Im Kern geht es dabei aber immer um die sechs von HEIMANN benannten Elemente:

❶ **Anthropogene Voraussetzungen:**
Bedingungen des Unterrichts (Lernfähigkeiten, Lernkapazitäten usw. bei den Schülerinnen und Schülern bzw. Lehrkapazität, Spontaneität usw. bei den Lehrerinnen und Lehrern müssen als Bedingungen bei der Analyse (bzw. bei der Planung oder Bewertung) von Unterricht berücksichtigt werden.

❷ **Sozial-kulturelle Voraussetzungen:**
Klassenzusammensetzung, Schulprofil, Schultyp sowie das gesamte soziokulturelle Umfeld der Schule stellen weitere Rahmenbedingungen dar.

❸ **Intentionen:**
Unterrichten ist immer mit Intentionen verknüpft. HEIMANN nannte drei unterschiedliche Dimensionen der Intentionalität und ordnete sie in drei Entfaltungsstufen an. Obwohl diese drei Dimensionen untrennbar miteinander verknüpft sind, sollten sich Unterrichtende Klarheit darüber verschaffen, welche Dimension/Entfaltungsstufe sie vorrangig anstreben. Daneben geht es bei HEIMANN/SCHULZ aber auch um die Erkenntnis, dass die Intentionen stets mit den anderen Strukturmomenten eng verknüpft sind. Diese Verflechtung wird mit dem Begriff *Interdependenz* bezeichnet.

Qualitätsstufe	kognitive Dimension	pragmatische Dimension	emotionale Dimension
Anbahnung	Kenntnis	Fähigkeit	Anmutung
Entfaltung	Erkenntnis	Fertigkeit	Erlebnis
Gestaltung	Überzeugung	Gewohnheit	Gesinnung

Tab. 2: Dimensionen und Entfaltungsstufen des Feldes „Intentionen" (Nach: SCHULZ 1965, 27)

❹ **Thematik:**
Ein Thema erhält seine pädagogische Ladung immer erst durch die intendierten kognitiven, emotionalen oder pragmatischen Ziele. Diese Vorstellung hat SCHULZ am Beispiel „Assuan-Staudamm" erläutert: „Der Staudamm von Assuan' wird anders unterrichtet, je nachdem seine technischen Probleme, seine Bedeutung für Ägyptens Wirtschaft oder als Gegenstand östlicher und westlicher Entwicklungshilfe zur Debatte steht: Der Assuanstaudamm ‚an sich' ist wohl schwerlich als Unterrichtsinhalt denkbar" (SCHULZ 1965, 28).

❺ **Verfahrensweisen oder Methodik:**
In keinem Bereich des Unterrichts gibt es so viel Entscheidungsfreiheit wie bei den Methoden. Daher ist es nicht verwunderlich, dass es im Berliner Modell hierzu die größte Zahl von Unterpunkten gibt: „Wir befinden uns bei der Behandlung dieser Frage auf dem Gebiete der didaktischen ‚Erfindung', des konstruktiven Denkens und deshalb eines unerhörten Formenreichtums. [...] Experimentelles Verhalten ist in diesem didaktischen Bereiche häufiger als in den übrigen [...]" (HEIMANN 1962/1976, 131).

– *Artikulation:* Gliederungsschemata für den Unterrichtsverlauf bezeichnet man seit JOHANN FRIEDRICH HERBART (1776–1841) mit dem Begriff „Artikulation". HEIMANN/OTTO/SCHULZ hatten sich in den 1960er Jahren auf das lernpsychologisch orientierte Gliederungsschema von HEINRICH ROTH bezo-

gen. Es gliedert sich in die Stufen: Motivation-Schwierigkeit-Lösung-Tun/ Ausführen-Behalten/Einüben-Übertragen/Integration (vgl. ROTH 1970).
- *Sozialformen (Gruppen- und Raumorganisation):* Im Anschluss an Schulz (1965) ist es üblich geworden, Gruppierungsformen als *Sozialformen des Unterrichts* zu bezeichnen. Im Einzelnen können das sein: Plenumsarbeit, Gruppenarbeit, Partnerarbeit, Einzelarbeit. Die nachfolgende Tabelle versucht Vor- und Nachteile der einzelnen Sozialformen gegenüberzustellen. Sie bleibt notwendigerweise relativ allgemein. Insgesamt kann man aber sagen, dass sich Partner- oder Gruppenarbeit besonders dann anbieten, wenn es mehrere Perspektiven, mehrere Meinungen, mehrere Zugriffsweisen etc. gibt und das Lernen durch einen Gedankenaustausch gefördert werden kann (vgl. zur Tabelle TOPSCH 2002, 93–94).

Sozialform	Vorteile	Nachteile
Plenumsarbeit: ♦ Frontalunterricht ♦ Gesprächskreis ♦ Gesprächshalbkreis	Kontrolle der Stoffmenge und des Unterrichtsfortschritts durch die Lehrenden (Steuerung der Sacherfahrung), einfache Organisierbarkeit	Lehrerdominanz, Rezeptivität, geringe Aktivität der Lernenden, eingeschränkte Sozialkontakte
Gruppenarbeit (etwa 3–6 Kinder): ♦ arbeitsgleiche Form ♦ arbeitsteilige Form	Reduzierung der Lehrerdominanz, Aktivierung, Förderung von Selbstständigkeit, Kooperationserfahrung und Sozialkompetenz	Zeitaufwändige Organisation, oft unklare und ungleiche Aufgabenübernahme in der Gruppe, ggf. Belastung durch interne Gruppenkonflikte
Partnerarbeit/ Kleingruppenarbeit (2–3 Kinder)	Reduzierung der Lehrerdominanz, einfache Organisation, Förderung von Selbstständigkeit, Kooperationserfahrung und Sozialkompetenz	Unklare und ungleiche Aufgabenübernahme in der Partner- oder Kleingruppe möglich, Konflikte durch Dominanz oder Abhängigkeit in der Beziehung möglich
Einzelarbeit	Reduzierung der Lehrerdominanz, einfache Organisation, Förderung von Selbstständigkeit, Individualisierung, ggf. freie Arbeit oder Wahlfreiheit	Egozentrische Arbeitshaltung wird u. U. gefördert, Schwächung der Sozialkontakte, fehlende Entlastung durch wechselseitige Hilfe

Tab. 3: Gegenüberstellung unterschiedlicher Sozialformen

- *Aktionsformen (Lehr- und Lernweisen):* SCHULZ beschränkt diesen Bereich auf das Handeln der Lehrerinnen und Lehrer. Er richtet sein Augenmerk darauf, wie sie agieren. Dabei unterscheidet er direkte und indirek-

te Formen. Es ist unverkennbar, dass die indirekten Formen (aufbereitetes Material, Lernspiele etc.) stark an Bedeutung gewonnen haben.
- *Methodische Modelle:* Die Einbeziehung dieses Punktes muss vor dem Hintergrund der Methodendiskussion der 1950er/1960er Jahre interpretiert werden. In dieser Zeit fand eine z. T. heftige Methodendiskussion statt, z. B. über folgende Bereiche: Ganzheitsmethode vs. synthetische Methode, induktive Methode vs. deduktive Methode, exemplarisches Lernen vs. Stofffülle usw.
- *Urteilsformen:* Als weiteren Punkt nennt SCHULZ *Urteilsformen.* Auch wenn man zugesteht, dass Urteilsformen vermutlich in jedem Unterricht vorkommen (vgl. Kapitel 11), bleibt die Zuordnung der Urteilsformen zur Methodik fragwürdig.

Medien:
Da Unterricht im Kern als eine spezielle Kommunikationsform bezeichnet werden kann, ist er fundamental auf Medien angewiesen (vgl. Kapitel 10). HEIMANNS Interesse an Medien muss aber auch vor dem historischen Hintergrund gesehen werden. In den 1960er/1970er Jahren vollzog sich eine Medienwende enormen Ausmaßes: Tonband, Dia, Tonbildschau, Stummfilm/Tonfilm, Schulfunk/-fernsehen, Tonkassetten, Videokassetten usw. standen in sehr kurzer Zeit auch für den Unterricht zur Verfügung. Die Entwicklung des Programmierten Lernens kam hinzu. HEIMANN sah voraus, dass die Medien imstande sind, „unsere didaktischen Konzeptionen von Grund auf zu verändern [...]. Das ist der Anfang vom Ende einer alten Didaktik" (HEIMANN 1962/1976, 133).

2.2 Die Faktorenanalyse (Reflexionsstufe 2)

Während die erste Reflexionsstufe Strukturmomente des Unterrichts in den Blick nimmt, will die zweite Reflexionsstufe die Normen, Fakten und Formen, auf denen die Entscheidungen beruhen, näher beleuchten: „Das bedeutet die Eröffnung von Argumentations-Horizonten, ohne die das Unterrichtsgeschäft blind betrieben werden müsste" (Heimann 1962/1976, 135).

Normenkritik:
Erziehung und Unterricht sind immer an Normvorstellungen orientiert. Diese sind jedoch nicht das Ergebnis wissenschaftlichen Denkens, sondern gesellschaftliche Setzungen. Lehrerinnen und Lehrer, die mit den Kindern eine „Muttertagsüberraschung" vorbereiten, sollten sich darüber klar werden, welchen Normvorstellungen ihr Unterricht unterliegt: Wieso „Muttertag"? Wieso nicht „internationaler Frauentag"? (Und: Was ist mit „Vatertag"?) Einwenden kann man, dass die Normenkritik relativ unverbindlich bleibt:

Sie *untersucht* die „semantische Eindeutigkeit" der Normen. Sie *prüft* die Normen auf „ihre Vereinbarkeit miteinander". Sie *fragt* „nach der Herkunft der Setzung und nach ihren möglichen Nutznießern". Wie die Ergebnisse dieser Kritik verarbeitet werden sollen, bleibt jedoch unklar.

② **Faktenbeurteilung:**
Neben den Normen, „die als Voraussetzungen akzeptiert worden sind", müssen Fakten differenziert betrachtet und bewusst gemacht werden, die Einfluss auf den Unterricht nehmen. Im Kern scheint dieser Bereich auf eine Verknüpfung von Unterricht und Unterrichtsforschung abzuzielen. (Bedeutung des Medienkonsums, Zusammenhang von Sprachniveau und Schulerfolg, Auswirkungen der Pubertät – dies sind Beispiele, die SCHULZ nennt.)

③ **Formenanalyse:**
Lehrerinnen und Lehrer sollen sich auch über die historische und gesellschaftliche Bedingtheit von Methodenkonzeptionen und eigenen Methodenvorlieben Klarheit verschaffen (SCHULZ 1965, 37 ff.).

Letztlich handelt es sich bei der zweiten Reflexionsstufe um eine Interpretation der Bedingungen und Entscheidungen der ersten Reflexionsstufe. In einer vorsichtigen Bewertung kann man festhalten, dass die zweite Reflexionsstufe keine zentrale Bedeutung für die „lerntheoretische Didaktik" erlangt hat. Die angestrebte „Reflexion der Reflexion" dürfte wohl auch mehr als Ausbildungsinstrument und weniger als Praxisregulativ zu verstehen sein. Heimann schreibt: „Der in der Ausbildung stehende Student wird hier [...] mit der Existenz von Normen, Fakten und didaktischen Formen konfrontiert, in der Absicht, ihn [...] aufzuschließen und auszurüsten" (HEIMANN 1962/1976, 135). Unter dieser Perspektive sollte die zweite Reflexionsstufe keinesfalls unterschätzt werden.

3 Prinzipien der Unterrichtsplanung

HEIMANN und SCHULZ machen klar, dass die bislang angesprochenen Faktoren vor allem der *Unterrichtsanalyse* dienen. Sie fügten daher noch drei Prinzipien hinzu, die eine Orientierung für die *Unterrichtsplanung* geben können.

- *Interdependenz:* Die Komplexität von Unterrichtsprozessen führt zu einer wechselseitigen Abhängigkeit der einzelnen Faktoren. SCHULZ fordert eine widerspruchsfreie Wechselwirkung aller Planungsmomente.
- *Variabilität:* Unterricht muss für Mitsteuerungsmöglichkeiten der Schülerinnen und Schüler offen sein. Die Lehrenden müssen daher Alternativen einplanen.

3 Prinzipien der Unterrichtsplanung

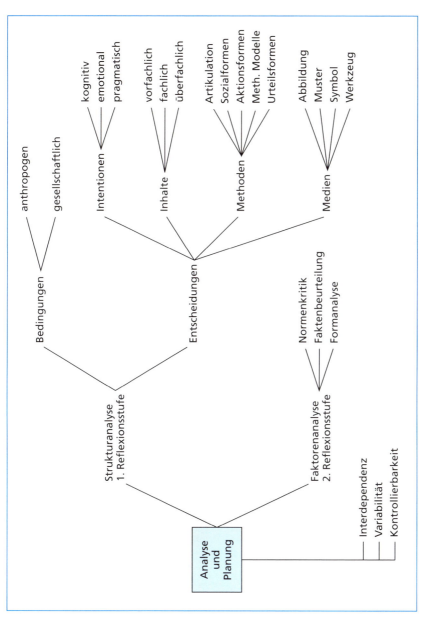

Abb. 2: Strukturskizze zur „lerntheoretischen Didaktik"

83

- *Kontrollierbarkeit:* Hier geht es im Wesentlichen um die Kontrolle der didaktischen Entscheidungen, „nicht um die Überprüfung des Lernerfolgs der SchülerInnen, sondern um die *Überprüfung des Lehrerfolgs der LehrerInnen*" (JANK/MEYER 1994, 204; Hervorhebung im Original).

Der wichtigste Gesichtspunkt ist das Moment der *Interdependenz* – das Bewusstsein der Verknüpfung aller Punkte. Die Festlegung in einem der Entscheidungsfelder zieht Folgen für die anderen Entscheidungsfelder nach sich und begrenzt zumindest deren „Freiheitsgrade". Lehrerinnen und Lehrer sollten sich klar darüber sein, dass die Entscheidung, eine Videokassette im Sachunterricht der Grundschule einzusetzen, z. B. über das Eichhörnchen, nicht nur den Bereich *Medien* tangiert. Die *Unterrichtsintentionen* und deren Entfaltungsstufe sind weitgehend durch das ausgewählte Video bzw. durch dessen „Macher" bestimmt. Dies gilt in besonderem Maße auch für die *Unterrichtsinhalte*: Wenn das Video das Paarungsverhalten der Eichhörnchen einbezieht, dann wird der Unterricht dies berücksichtigen müssen, auch wenn der Lehrer die Befruchtung lieber am Beispiel der Bienen und der Blumen erläutern wollte. Auch die *Aktionsformen*, *Sozialformen* und die *Artikulation* des Unterrichts ergeben sich zumindest teil- und zeitweise aus dieser Medienentscheidung.

4 Die lehrtheoretische Didaktik – „Hamburger Modell"

Die Ausbreitung der „Berliner Didaktik" wurde vor allem von WOLFGANG SCHULZ vorangetrieben. Dabei formte er die „lerntheoretische Didaktik" zur „lehrtheoretischen Didaktik" bzw. zum „Hamburger Modell" um. Zum „Berliner Modell" HEIMANNSCHER Prägung ergeben sich nicht nur Parallelen, sondern auch deutliche Differenzen. Sie legen es nahe, die „Hamburger Didaktik" nicht nur als Weiterentwicklung, sondern als eigenständigen Didaktikansatz zu betrachten.

4.1 Handlungsmomente

WOLFGANG SCHULZ hat sein „Hamburger Modell" in unterschiedlichen Veröffentlichungen dargestellt. Allen gemeinsam ist, dass SCHULZ vorrangig die Unterrichtsplanung thematisiert. Dabei unterscheidet er

- *Perspektivplanung* (langfristig),
- *Umrissplanung* (mittelfristig) und
- *Prozessplanung* (kurzfristig).

4 Die lehrtheoretische Didaktik – „Hamburger Modell"

Bei allen Planungstätigkeiten will SCHULZ Schülerinnen, Schüler sowie deren Eltern einbeziehen. Unterrichtsplanung wird zur Interaktion aller Unterrichtsteilnehmer „und damit Teil des Unterrichts selbst" (SCHULZ ³1981, 12).
Für den Bereich der Intentionen gelten folgende Richtziele: *Kompetenz* („die zur individuellen und gesellschaftlichen Reproduktion erforderlich erachteten Kenntnisse, Fertigkeiten und Einstellungen"), *Autonomie* (die „Verfügung über sich selbst") und *Solidarität* („Mitdenken, Mitfühlen, Mithandeln" oder „Handeln nach verallgemeinerungsfähigen [...] Normen") (SCHULZ 1986, 33).
Im Bereich der Thematik geht es um die Erfahrungen, die Kinder in der Schule machen können. Unterricht soll nach SCHULZ Erfahrungen in folgenden Bereichen vermitteln:

- *Sacherfahrung,*
- *Sozialerfahrung,*
- *Gefühlserfahrung.*

Im Kern geht es auf allen Planungsebenen letztlich darum, die Balance zwischen Sachansprüchen, Personenansprüchen und Gruppenansprüchen zu wahren. Als Interaktionsform schlägt SCHULZ eine Bezugnahme auf die „Themenzentrierte Interaktion" (TZI) vor (COHN ¹³1997). JANK und MEYER weisen jedoch zu Recht darauf hin, dass TZI ein „Modell zur Gestaltung des Interaktions*rahmens* von Therapiegruppen" ist und voraussetzt, dass „alle Beteiligten damit arbeiten *wollen*" (JANK/ MEYER 1994, 229).

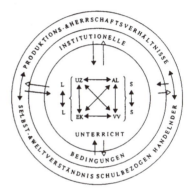

Abb. 3: *Strukturschema der „lehrtheoretischen Didaktik"* (Aus: SCHULZ ³1981, 82)

Im Mittelpunkt didaktischen Planens stehen vier „Handlungsmomente" in ihrem „Implikationszusammenhang", und zwar:

- *Unterrichtsziele* (UZ): Hier werden Intentionen und Themen zusammengefasst.
- *Vermittlungsvariablen* (VV): Hier werden Methoden und Medien zusammengefasst.
- *Ausgangslage* (AL): Hier werden anthropogene Faktoren der Lehrenden und Lernenden zusammengefasst.
- *Erfolgskontrolle* (EK): Sie wird im Unterschied zur „lerntheoretischen Didaktik" explizit berücksichtigt.

Das Planungsmodell wird von den institutionellen Bedingungen umrahmt, um die sich ein weiterer Kreis legt, den man global als „gesellschaftliche Bedingungen" bezeichnen könnte (SCHULZ ³1981, 162).

4.2 Partizipationsmomente

Ziel des „Hamburger Modells" ist die „größtmögliche Verfügung über sich selbst" (SCHULZ ³1981, 12). Das schließt die „uneingeschränkte Vermittlung von Wissen und Können" (12) ein. Aber die Intention, „in Unterricht und Schule Kompetenz zu vermitteln, [...] ist nur in einem Kontext legitimiert, in dem [...] ausdrücklich zugleich *Autonomie*, Selbstbestimmung gefördert wird", die auch das Autonomie- und Kompetenzstreben anderer berücksichtigt und somit *Solidarität* umfasst (SCHULZ 1986, 33; Hervorhebung im Original). Ausgerichtet ist das Modell auf *„die Selbstproduktion [...] der Schüler als orientierte und handlungsfähige Mitglieder der Gesellschaft"* (SCHULZ 1986, 31; Hervorhebung im Original). Obwohl SCHULZ die Balance zwischen Sachaspekt, Personalaspekt und Gruppenaspekt betont, werden durch die partizipatorische Unterrichtsplanung eher die personalen und die gruppenbezogenen Aspekte übergewichtet, während der Sachaspekt zurücktritt. Im Mittelpunkt des Hamburger Modells steht also nicht der Unterricht (als Vermittlung von Wissen, Kenntnissen, Einsichten etc.), sondern die partizipatorische Unterrichtsplanung, durch die eine weitmögliche Verfügung des Einzelnen über sich selbst erreicht werden soll. Insofern zielt das Modell weniger auf Unterricht sondern mehr auf Erziehung ab.

Aspekt	Beschreibung
Zielaspekt	Zielrichtung des Hamburger Modells ist die Befreiung der Schülerinnen und Schüler von „überflüssiger Herrschaft" und die Ermöglichung der größtmöglichen Selbstverfügung. Dies realisiert sich in den Zielen Kompetenz, Autonomie und Solidarität.
Partizipationsaspekt	Als Mittel dient ein partizipatorischer Unterricht. Dies bedeutet die Beteiligung von Schülerinnen und Schülern sowie deren Eltern an der Planung und der Durchführung von Unterricht.
Inhaltsaspekt	Die Ziele Kompetenz, Autonomie und Solidarität werden im Unterricht durch Sacherfahrung, Gefühlserfahrung und Sozialerfahrung konkretisiert.
Planungsaspekt	Die partizipatorische Planung erstreckt sich auf Perspektivplanung, Umrissplanung, Prozessplanung und schließt die Planungskorrektur ein.
Verfahrensaspekt	Der Unterricht orientiert sich an der Form der „Themenzentrierten Interaktion" (TZI), in der Sachaspekte, Personalaspekte und Gruppenaspekte in Übereinstimmung gebracht werden sollen.

Tab. 4: Zusammenschau unterschiedlicher Aspekte der „lehrtheoretischen Didaktik"

7 Hanna Kiper:
Die kritisch-kommunikative Didaktik

Didaktische Modelle lassen sich verschiedenen Grundthemen zuordnen, die eng mit den Aufgaben von Schule und Unterricht verknüpft sind. Haben wir bisher Modelle vorgestellt, die sich auf die Begriffe *Bildung* bzw. *Lernen* beziehen, so basiert die kommunikative Didaktik auf dem Begriff der *Interaktion*.

1 Interaktion und Kommunikation

Der Begriff *Interaktion* bezeichnet die wechselseitige Bedingtheit sozialen Verhaltens, wobei Personen sich – durch Kommunikation/Verständigung – gegenseitig beeinflussen. Ihr Verhalten wird als Ergebnis ihrer Interaktion aufgefasst. Wird der Begriff Interaktion in didaktischen Modellen verwandt, so wird die grundsätzliche Einbindung des Menschen in soziale Beziehungen herausgestellt. Versteht man Unterricht als Interaktionsprozess, dann geht es um den sinnverstehenden „Austausch von kulturellen Bedeutungen" und um Verständigung der Akteure. Unterricht wird als gegenseitiger Verständigungsprozess begriffen, der zu gestalten ist (vgl. KRON 1994, 21).
Der Begriff Interaktion ist eng mit dem der Kommunikation verknüpft, wird doch in Kommunikationstheorien ein Aneinanderreihen von Mitteilungen (Kommunikation) als Interaktion beschrieben. In der Schrift „Menschliche Kommunikation. Formen, Störungen, Paradoxien" (1969) von PAUL WATZLAWICK, JANET H. BEAVIN und DON D. JACKSON wird „Kommunikation" nicht nur als Bezeichnung eines Wissensgebietes, sondern als Name für eine „noch nicht näher begrenzte Verhaltenseinheit" definiert (1990, 50). Kommunikation geschieht nicht nur mit Worten, sondern ist an paralinguistische Phänomene (wie z. B. Tonfall, Schnelligkeit oder Langsamkeit der Sprache, Pausen, Lachen und Seufzen), Körperhaltungen, Ausdrucksbewegungen (Körpersprache) gebunden. Das Forscherteam präzisiert fünf metakommunikative Axiome.

- *„Man kann nicht* nicht *kommunizieren"* (WATZLAWICK/BEAVIN/JACKSON 1990, 53). Damit weist das Forscherteam auf die Tatsache hin, dass alles Verhalten (Handeln oder Nichthandeln, Sprechen oder Schweigen) in einer zwischenmenschlichen Situation Mitteilungscharakter habe, andere beeinflusse und Reaktionen auslöse.

② „*Jede Kommunikation hat einen Inhalts- und einen Beziehungsaspekt, derart, daß letzterer den ersteren bestimmt und daher eine Metakommunikation ist*" (WATZLAWICK/BEAVIN/JACKSON 1990, 56). Es werden zwei Aspekte einer Mitteilung, der Inhalts- und Beziehungsaspekt, verdeutlicht. Zugleich wird die Einbindung einer Mitteilung in eine Beziehungsdefinition als Information über Information (und damit als Metainformation) verstanden. Die Definition der Beziehung in einer Mitteilung ist daher eine Form der Metakommunikation und verweist darauf, wie der Inhalt der Mitteilung verstanden werden muss.

③ „*Die Natur einer Beziehung ist durch die Interpunktion der Kommunikationsabläufe seitens der Partner bedingt*" (WATZLAWICK/BEAVIN/JACKSON 1990, 61). Jeder Kommunikation, die auf den ersten Blick als ununterbrochener Austausch von Mitteilungen verstanden werden kann, wird von jedem Teilnehmer eine Struktur unterlegt, eine „Interpunktion von Ereignisfolgen" (WATZLAWICK/BEAVIN/JACKSON 1990, 57). Diese Interpunktion – unabhängig davon, ob sie angemessen ist oder nicht – bestimmt das menschliche Verhalten. Sehr oft wird gerade die individuelle Definition der Struktur der Kommunikation nicht ausgetauscht.

④ „*Menschliche Kommunikation bedient sich digitaler und analoger Modalitäten. Digitale Kommunikationen haben eine komplexe und vielseitig logische Syntax, aber eine auf dem Gebiet der Beziehungen unzulängliche Semantik. Analoge Kommunikationen dagegen besitzen dieses semantische Potential, ermangeln aber die für die eindeutige Kommunikation erforderliche logische Syntax*" (WATZLAWICK/BEAVIN/JACKSON 1990, 68). Die Autoren ergänzen, dass der Inhaltsaspekt in Mitteilungen vor allem digital übermittelt werde, der Beziehungsaspekt vor allem analoger Natur sei.

⑤ „*Zwischenmenschliche Kommunikationsabläufe sind entweder symmetrisch oder komplementär, je nachdem, ob die Beziehung zwischen den Partnern auf Gleichheit oder Unterschiedlichkeit beruht*" (WATZLAWICK/BEAVIN/JACKSON 1990, 70). Es wird präzisiert, dass sich symmetrische Beziehungen durch Streben nach Gleichheit und Verminderung von Unterschieden zwischen Partnern auszeichnen, während komplementäre Interaktionen auf sich gegenseitig ergänzenden Unterschiedlichkeiten basieren.

2 Kritische Erziehungswissenschaft und kommunikative Didaktik

Das Nachdenken über menschliche Kommunikation und Interaktion beflügelte auch die didaktische Diskussion. KARL-HERMANN SCHÄFER und KLAUS SCHALLER nahmen die fünf Grundaxiome auf und versuchten, den Unterricht unter diesem Focus neu zu bestimmen.
In ihrem Band „Kritische Erziehungswissenschaft und kommunikative Didaktik" (1971) beschrieben sie Unterricht als „kommunikativ-soziale Realität". Der Unterrichtsprozess wird als edukativ-kommunikativer Vollzug sozialer Handlungen verstanden, in denen – durch Kommunikationsprozesse – die Inhaltsdimension und die soziale Beziehungsdimension vermittelt werden (vgl. SCHÄFER/ SCHALLER 1971, 125). Da Unterricht keine „person-to-person"-Kommunikation sei, müsse ein Gruppenmodell entwickelt werden. „Die Gruppenmitglieder erscheinen als Kommunikatoren bzw. als Kommunikanten, die über die Sprache als Kommunikationsmedium durch Informationsprozesse auf der Grundlage einer Gruppensituation spezifische Kommunikationswirkungen erzielen [...]" (SCHÄFER/SCHALLER 1971, 126).
Die Didaktiker entwickeln die Kategorie der „Klassengruppe" und verstehen darunter die Tatsache, dass sich Lehrer und Schüler auf der Basis der Gleichheit um das gruppieren, was im Unterricht verhandelt wird. „Im Blick auf die Sachgerechtigkeit der zu ver-handelnden Inhalte sind Lehrer und Schüler gleich, d. h. sie unterstehen gemeinsam den Regeln der zu bearbeitenden Aufgabenfelder" (SCHÄFER/SCHALLER 1971, 144). Sie arbeiten das Besondere an der unterrichtlichen Kommunikation heraus: „Von der inhaltlichen Seite her erweisen sich kommunikative Handlungen als *Informationsprozesse*, welche Sachverhalte und einzelne Sachzusammenhänge der Unterrichtsfächer in den kommunikativen Ver-*Handlungsprozeß* der Klassengruppe einbringen. Die Fächer wiederum werden inhaltlich durch curriculare Entscheidungen konturiert und gefüllt [...]" (SCHÄFER/SCHALLER 1971, 129 f.).
Die Wissenschaftler stellen die besondere Bedeutung des Gruppenleiters im kommunikativen Handlungsfeld heraus. Seine Position und Funktion sei abhängig von der Struktur und dem Klima der Klassengruppe. Ihm komme eine „Koordinierungsfunktion" (SCHÄFER/SCHALLER 1971, 145) zu. „Die kommunikativen Handlungen aller Kommunikationsteilnehmer bauen eine Beziehungswirklichkeit von besonderer Art auf, die [...] ein komplementäres bzw. symmetrisches Interaktionsgefüge darstellt" (SCHÄFER/SCHALLER 1971,153). SCHÄFER/ SCHALLER stellen ihre kommunikative Didaktik unter die Zielvorstellung der Emanzipation.

3 Unterricht und Interaktion

RUDOLF BIERMANN bündelte 1978 didaktische Ansätze zur Interaktion im Unterricht. Er zeigt, dass Kommunikation und Interaktion im Unterricht als Nachrichtenübertragung, als unterrichtsbestimmendes Handeln, als Sprachspiel, als wechselseitige Beeinflussung und als symbolisch vermitteltes Handeln verstanden werden können. Auf dem Hintergrund einer Synopse der verschiedenen Definitionen von Kommunikation und Interaktion stellt er als Gemeinsamkeiten folgende Gesichtspunkte heraus:

- Ein Verständnis von Unterricht als Prozess, der durch interpersonelle Bezüge mit bestimmt wird und den alle Beteiligten (in komplementärer Ergänzung oder wechselseitigem Bezug) prägen.
- Unterrichtliche Kommunikation und Interaktion prägt kognitives Wissen, formt soziale Beziehungen und bestimmt handlungsrelevante Bedeutungen.
- Durch unterrichtliche Interaktionen werden dauerhafte Strukturen geschaffen.

BIERMANN versucht, das Modell einer kommunikativen Didaktik durch die Dimension der Unterrichtsplanung zu erweitern. Sie zeichne sich aus durch „Offenheit", Beteiligung der Schülerinnen und Schüler auf der Grundlage von „Alternativentwürfen" und „Mitplanung der Schülerinnen und Schüler" (BIERMANN 1978, 37 f.). Der Autor setzt sich auch mit Möglichkeiten der Bearbeitung von Unterrichtsstörungen auseinander und unterscheidet mit THIEMANN eine moralische, technische, kommunikative und metakommunikative Bearbeitungspraxis.

> ❶ „Die moralische Bearbeitungspraxis kennt vor allem die verurteilende Stellungnahme des Lehrers, die persönliche oder charakterliche Mängel des Schülers für die Störung verantwortlich macht und die häufig verschärfende Mittel wie Ermahnungen, Drohungen, Belohnungen, Strafen u. a. einsetzt. […]
> ❷ Die technische Bearbeitungspraxis besteht darin, daß durch den Einsatz geeigneter Steuerungsinstrumente der Unterricht besser und effektiver gestaltet wird, so daß die Störungen selbst verhindert werden" (BIERMANN 1978, 42).
> ❸ In der kommunikativen Bearbeitungspraxis werden Störungen als „Ausdruck für alternative Verhandlungswünsche von Schülern" (THIEMANN, zitiert nach BIERMANN 1978, 42) verstanden.
> ❹ „In der metakommunikativen Bearbeitungspraxis sollen die Störungen selbst in der ‚Rückblende' zu einem Thema der Kommunikation zwischen Lehrern und Schülern erhoben werden" (BIERMANN 1978, 43).

BIERMANN stellt darüber hinaus dar, wie unterrichtliche Interaktion zum Gegenstand von Unterrichtsforschung werden kann. Darüber hinaus weitet er den Blick vom Zusammenhang zwischen dem interpersonell bestimmten Handeln von Lehrern und Schülern im Unterricht auf die schulischen und gesellschaftlichen Bedingungen. Als Ergebnis dieser Überlegungen stellt er dar, „daß die Balance der persönlichen und sozialen Identität bei Schülern und Lehrern in der Schule permanent gefährdet" ist (BIERMANN 1978, 14 ff.; 97).

4 Die kritisch-kommunikative Didaktik

RAINER WINKEL (geb. 1943) knüpft mit seiner kritisch-kommunikativen Didaktik an die bildungstheoretische bzw. kritisch-konstruktive Didaktik (von WOLFGANG KLAFKI, vgl. Kapitel 5) bzw. die lehr-lerntheoretische Didaktik (von PAUL HEIMANN, GUNTER OTTO und WOLFGANG SCHULZ, vgl. Kapitel 6) an; er begreift sie als Ergänzung, Fortführung und Korrektur dieser Modelle.
Er versteht unter Didaktik die „Theorie des schulischen Lehrens und Lernens, d. h. die systematische, nachprüfbare und helfende Analyse und Planung unterrichtlicher Lehr- und Lernprozesse" (WINKEL 1987, 79). Der Wissenschaftler begreift sein Modell als *kritisch*, weil es die vorhandenen Wirklichkeiten, die Ist-Werte unserer Gesellschaft, zu verbessern trachtet und als *kommunikativ*, weil es den Unterricht als kommunikativen Prozess beschreibt. Es geht ihm um „eine Theorie [...] des schulischen Lehrens und Lernens als kommunikativen Prozessen mit dem Ziel, vorhandene Wirklichkeiten kritisch zu reflektieren und sie in anspruchsvollere Möglichkeiten zu transformieren" (WINKEL 1987, 80).
Er analysiert die Strukturen des Unterrichts unter folgenden vier Aspekten: 1. Vermittlungsaspekt, 2. Inhaltsaspekt, 3. Beziehungsaspekt und 4. störfaktorialer Aspekt (vgl. WINKEL 1987, 80). Der Didaktiker bündelt seine Überlegungen in zehn Leitfragen, die auf die Voraussetzungen des Unterrichts (1), auf Didaktik als Analyse und Planung (2), auf die gegenwärtige, zukünftige und exemplarische Bedeutungen des Lerngegenstandes (3), auf Unterrichtsstörungen (4), auf die Sachanalyse (5), auf Methoden (6), auf Mitbestimmungsmöglichkeiten (7), auf Lehr- und Lerndiagnosen (8), auf Beziehung, Gefühle und Körperlichkeit (9) und auf die Beziehung zwischen Schule und Gesellschaft (10) zielen.
Der Wissenschaftler stellt heraus, dass jeder Unterricht als ein kommunikativer Prozess auch von den Axiomen jedweder Kommunikation gezeichnet sei.

- Bezogen auf die *Symmetrie der Beziehungen* fragt er nach den „Mitbestimmungsmöglichkeiten" der Schülerinnen und Schüler. Die Forderung nach Partizipation begründet er nicht mit einer kommunikationstheoretischen, sondern mit einer politischen Perspektive: „Nur eine Gesellschaft, die sich auch und erst in ihren Bildungseinrichtungen um die Partizipation aller (Beteiligten) bemüht, kann beanspruchen, (zumindest tendenziell) eine demokratische zu sein – [...]" (WINKEL 1988, 85) und betont – auch auf der Ebene der Institution Schule und des Unterrichts – die Notwendigkeit, die Schülerinnen und Schüler „an der Planung, Gestaltung und Auswertung des Unterrichts" zu beteiligen, „ihnen zunächst über die Transparenz des Lehr- und Lerngeschehens allmählich eine Mitbestimmung und schließlich die volle Selbstbestimmung ihres eigenen Lebens" (WINKEL 1988, 86) zu ermöglichen.
- Kommunikation ist geknüpft an ein *Feedback* an die Schülerinnen und Schüler über ihren Lern- und Leistungsstand, aber auch an die Darlegung der Zielsetzungen des Unterrichts. „Wer etwas lehrt oder lernt, hat ein Recht darauf zu erfahren, ob er die Ziele seines Bemühens erreicht hat" (WINKEL 1988, 86).
- Kommunikation verweist auch auf die *Körpersprache, auf Gestik und Mimik*. „Welche Beziehungen zwischen Lehrern, Eltern und Schülern sind innerhalb und außerhalb des Klassenraums zu beobachten, als angenehm oder unangenehm, als lernförderlich oder lernhemmend zu erkennen; welche Gefühle und körperliche Bedürfnisse müssen (wie?) beachtet werden, damit kognitive Leistungen nicht erfrieren [...]; kurz: wie kann die ‚übergangene Sinnlichkeit' rückgängig gemacht werden [...]?" (WINKEL 1988, 86).
- Unterricht ist prinzipiell *störanfällig*, was Bedrohungen der Kommunikation (etwa in Richtung Disziplinschwierigkeiten), aber auch Chancen (etwa durch Aufdecken der Ursachen) hervorzurufen vermag. Daher stellt sich im Problemhorizont der kritisch-kommunikativen Didaktik die Frage: „Warum und mit welchen (oft verborgenen) Absichten wird unser Unterricht gestört bzw. mit welchen Störungen (von provokatorischen Akten bis hin zu Demotivationen) muß in dem geplanten Unterricht aufgrund welcher Anzeichen gerechnet werden, und wie lassen sich solche gestörten Unterrichtsprozesse so produktiv gestalten, daß die darin liegenden Dechiffrierungsdaten erkannt und die Chancen einer Verbesserung des (oft leidigen) Unterrichts genutzt werden?" (WINKEL 1988, 85)

5 Vom Umgang mit Unterrichtsstörungen

Von Unterrichtsstörungen soll gesprochen werden, „wenn der *Unterricht* (das Lehren und Lernen also) gestört wird, wenn der schulisch-unterrichtliche Kommunikationsprozess stockt, endet, außer Kontrolle gerät, wenn er unerträglich, inhuman, sinnlos und schädigend wird. Und bei einer solchen Definition müssen sich alle am Kommunikationsprozeß Beteiligten kritisch (Rück-)Fragen gefallen lassen, denn niemand verfügt *über*, aber alle partizipieren *am* Prozeß des Lehrens und Lernens, der prinzipiell auf allen drei Ebenen (der Inhaltlichkeit, der Beziehungen und Vermittlungen) störanfällig ist" (WINKEL 1988, 99).

In WINKELS Didaktik werden Unterrichtsstörungen, Konflikte und Unterbrechungen zum Thema. In seinem Band „Der gestörte Unterricht" verdeutlicht er, dass Unterrichtsstörungen – einseitig vom Lehrer her interpretiert – zu manipulativem Gehabe und – einseitig vom Schüler her interpretiert – zu Gegenherrschaft führen können. Lehrer und Schüler verwickelten sich in einen Teufelskreis gegenseitiger Anschuldigungen. Er betont, dass die Störungen vom Unterricht her zu interpretieren seien, damit produktive Lösungen gefunden werden könnten. Dazu sei nach dem Warum und Wozu von Unterrichtsstörungen zu fragen (vgl. WINKEL 1996, 30). In seinem Diagnosebogen unterscheidet er Disziplinstörungen (1), Provokationen und Aggressionen (2), akustische und visuelle Dauerstörungen sowie allgemeine Unruhe und Konzentrationsstörungen (3), Störungen aus dem Außenbereich des Unterrichts (4), Lernverweigerung und Passivität (5) sowie neurotisch bedingte Störungen (6) (vgl. WINKEL 1996, 68).

WINKEL gibt einige diagnostische Hinweise:

- ❶ „Jedes sozial auffällige und problematische Verhalten will etwas sagen, auf etwas hinweisen, besitzt eine oft verborgene Botschaft, die es zu entziffern und zu verstehen gilt, was nicht identisch ist mit gutheißen oder verurteilen" (WINKEL 1988, 98).
- ❷ „Jede Störung muss exakt beschrieben, differentialdiagnostisch betrachtet und damit die Fähigkeit zur Diskrimination (zur Unterscheidung also) mit derselben Sorgfalt eingesetzt werden wie diejenige zur ganzheitlichen Wahrnehmung" (WINKEL 1988, 99).
- ❸ „Jedes störende Verhalten hat Ursachen und verfolgt Ziele, besitzt also kausale Hintergründe und finale Perspektiven, so daß erst ein systematisches Durchgehen von analytischen Warum- und teleologischen Wozu-Fragen zu einem Verständnis des jeweiligen Kommunikationsprozesses führt" (WINKEL 1988, 100).

KARLHEINZ BILLER setzt sich ebenfalls mit Unterrichtsstörungen auseinander. Er nennt vier Dimensionen des Unterrichts, nämlich eine didaktische, eine methodische, eine kommunikative (verbale und non-verbale) und eine interaktive Dimension (1979, 24). Er unterscheidet Störfaktoren unter graduellen Gesichtspunkten (Bagatellstörungen, ernsthafte Störungen, unbehebbare Störungen und unvermeidbare Störungen) und nach deren Verursachung (nach Anlage und Entwicklung, Umwelt, soziale Umgebung und Schule und Lehrer) und entfaltet Möglichkeiten zur Behebung von Unterrichtsstörungen (z. B. durch Pflege von Beziehungen, Entwicklung des Schullebens, Darlegung von Grundwerten, Pädagogisches Gespräch, Erneuerung des Unterrichts etc.).

Wenn auch KARLHEINZ BILLER den Akzent auf die Vorbeugung, Entspannung und Vermeidung von Eskalationen setzt, so zeigt auch er Wege, eine Konfliktsituation zu entspannen. Erster Schritt: Feststellung der Störsituation. Zweiter Schritt: Sinnerschließen der Störsituation a) Herauslösen von Störfaktoren aus der Situation, b) Herstellung möglicher Zusammenhänge zwischen Situation und Störfaktoren, c) kritische Überprüfung auf die Stimmigkeit mit dem Standort der Beteiligten; dieser zweite Schritt kann allein durch die Lehrkraft oder in Zusammenarbeit mit den Schülerinnen oder Schülern erfolgen. Dritter Schritt: Zuordnung der Störfaktoren zu Maßnahmebereichen und Überprüfung auf Situationsangemessenheit. Vierter Schritt: Auswahl von Maßnahmebündeln und Überprüfung auf ihre Angemessenheit. Fünfter Schritt: Konsequente Anwendung angemessener Maßnahmebündel. Sechster Schritt: Beobachtung der Wirksamkeit eingesetzter Maßnahmen (vgl. BILLER 1979, 131 ff.).

6 Unterrichtsstörungen – Ein Thema in allgemein didaktischen Modellen?

BERND BENIKOWSKI geht davon aus, dass in jedem Unterricht Störungsphasen zu erwarten seien. Sie seien nicht notwendiges Übel in einem gewollten Lernkontext, sondern wichtiges Signal dafür, dass einzelne Teilnehmerinnen und Teilnehmer der Lerngruppe (oder auch die gesamte Gruppe) mit dem vorhandenen Lernarrangement nicht zurechtkämen (1995, 2). Er untersucht, ob und wie didaktische Modelle gestörte Unterrichtsphasen als Vorgänge berücksichtigen und entwickelt das Konstrukt vom „Unterrichtsbruch" (1995, 2). Es beschreibt Störprozesse als vom didaktischen Modell abhängige Vorgänge. „Unterrichtsbrüche bedeuten also Modellstörungen des didaktischen Handlungs- und Theoriekonzeptes" (BENIKOWSKI 1995, 5).

Der Autor unterscheidet drei Formen von Unterrichtsbrüchen, nämlich den Modell-Bruch, den Prämissen-Bruch und den Prozess-Bruch. Unter einem *Modell-Bruch* versteht er eine „Unterrichtsphase, in der ein Verhalten die Lernkommunikation deutlich beeinträchtigt – auch die der störenden Personen selbst". Sie führe zu einem Modell-Bruch, „wenn keine Interventions- oder Gestaltungsmöglichkeiten innerhalb des didaktischen Konzeptes zur Verfügung" ständen (BENIKOWSKI 1995, 6). Der Modell-Bruch signalisiere, dass das gewählte didaktische Konzept keine Handlungsmöglichkeiten bei Unterrichtsstörungen biete. Die Lehrkraft müsse eine Lösung außerhalb des gewählten didaktischen Modells finden. Beim *Prämissen-Bruch* bestehen situative Handlungsunfähigkeiten aufgrund nicht adäquater Vorannahmen (aus der Planungsphase des Unterrichts) (BENIKOWSKI 1995, 7). Eine Korrektur könne nur durch Planänderung oder Neuplanung erfolgen. Beim Prämissen-Bruch sind Korrekturmöglichkeiten durch die Lehrkraft bei Neuplanungen möglich, z. B. durch das Einplanen von Störungen. Befriedigende Formen der Korrektur im Sinne einer Auseinandersetzung über die Lernmodi werden anhand des Konstruktes *Prozess-Bruch* beschrieben. Hier wird in eine andere Handlungsebene (Metaebene) gewechselt, auf der die Regulierung erfolgt. Der Prozess-Bruch wird von der gesamten Lerngruppe bewusst gestaltet. Nach der erfolgten Regulierung auf der Metaebene wird diese verlassen. Didaktische Modelle, die Prozess-Brüche berücksichtigen, müssen zwei Ebenen beinhalten (Ebene des Unterrichts und Ebene der Metakommunikation über Unterricht).

„Wenn in einer Unterrichtsphase von der Lerngruppe ein Verhalten als störend bewertet und erlebt wird, und der bestehende Handlungskontext keine befriedigende Form der Korrektur erlaubt, bedeutet ein Prozeß-Bruch einen Wechsel aus dem gegenwärtigen edukativen Kontext in eine Handlungsebene, die der Korrektur und als Regulativ dient und innerhalb des didaktischen Modells theoretisch einzuordnen ist. Diese Regulativ-Ebene ist für alle beteiligten Personen erkennbar und beinhaltet somit keinen unkontrollierten unterrichtlichen Paradigmawechsel. Ein Prozeß-Bruch ist im Unterschied zu den beiden vorgenannten Formen eine bewusste Entscheidung der Lerngruppe, die Bedingungen des Lernens und Lehrens zu überprüfen und u. U. Submodalitäten neu zu bestimmen. Nach einem Prozeß-Bruch wechseln die Teilnehmer der Lerngruppe auf eine Kommunikations- und Handlungsebene, die deutlich zum Ziel hat, das störende Moment dieser Lerngruppe zu überwinden bzw. das produktive Lerngeschehen wieder zu ermöglichen" (BENIKOWSKI 1995, 8).

Der Autor entwickelt das „Modell des freien gegenwartsbezogenen Verhandlungsraumes" (1995, 134). Darunter versteht er die transparente Zuordnung einzelner Phänomene zu nicht – durch die didaktischen Modelle – definierten Teilbereichen. Nur didaktische Modelle, bei denen Unterrichtsbrüche in der Form des Prozess-Bruchs vorgesehen seien, ermöglichten einen Übergang in den freien Verhandlungsraum und eine gemeinsame Auseinandersetzung. (Beim Modell-Bruch oder Prämissen-Bruch dominierten individuell-reparative Interventionen der Lehrkraft.) BENIKOWSKI beschreibt Störungen auch als Chancen für eine interaktive Auseinandersetzung im freien Verhandlungsraum über die Lernmodi.

❶ „Kommunikation impliziert geteilte Muster an Erwartungen, Regeln und Konventionen bezüglich der sozialen Rollen der Teilnehmer und der angemessenen Sprachverwendung. [...]
❷ Kommunikation erfordert Koorientierung und wechselseitige Beachtung der Rückmeldungen, sowie der relevanten Charakteristika des anderen..., besonders seiner Kommunikation von Absichten. Der kommunikative Prozeß im Verhandlungsraum kann nur auf der Grundlage der Verständigung mit den anderen Teilnehmern erfolgen. Dazu gehört die Möglichkeit der Korrektur und Klärung einzelner Standpunkte und auch die Überprüfung, ob diese Standpunkte vom Gegenüber richtig aufgenommen werden können. [...]
❸ [...] Die interpersonelle Auseinandersetzung ist grundlegender Baustein des Verhandlungsraumes. So muß die Exploration der Lernbedingungen ebenso die Frage nach dem gegenseitigen Umgang der Teilnehmer berücksichtigen. [...] Kommunikation umfaßt also auch die Bewußtmachung notwendiger Beziehungsgestaltung in der Lerngruppe.
❹ [...] Kommunikative Auseinandersetzung ist die ständige Korrektur und Anpassung bestehender Lernmodi, ohne einen endgültigen Abschluß definieren zu können" (BENIKOWSKI 1995, 141 f.).

BERND BENIKOWSKI fordert eine stärkere Berücksichtigung der Schülerperspektive und die Berücksichtigung der Möglichkeit von Unterrichtsstörungen beim Entwurf didaktischer Modelle. Überlegungen zum gestörten Unterricht werden in einer „Didaktik bei Unterrichts- und Verhaltensstörungen" (HILLENBRAND 1999) weitergeführt.

8 Wilhelm Topsch:
Beobachten im Unterricht

1 Wahrnehmung und Beobachtung

Mit dem Thema „Beobachtung" befinden wir uns an einer Schnittstelle zwischen Theorie und Praxis des pädagogischen Handelns: Einerseits sind alle unterrichtlichen und erzieherischen Maßnahmen in permanente Wahrnehmungs-, Beobachtungs- und Schlussfolgerungsprozesse eingebettet, andererseits wären wichtige Teile der Schul- und Unterrichtsforschung ohne Beobachtung undenkbar. Dieser zweite Gesichtspunkt reicht also bereits über den Bereich der Unterrichtspraxis hinaus. Dennoch lohnt es sich, „Beobachtung im Unterricht" auch unter dieser Perspektive anzusprechen, weil methodische Probleme der pädagogischen Feldforschung sichtbar werden.

Wahrnehmung und die Verarbeitung von Informationen sind Alltagsphänomene. In jeder Situation, die wir wach erleben, verarbeiten wir fortlaufend Informationen und nutzen sie zur Steuerung unseres Verhaltens. Dabei nehmen wir längst nicht alle Informationen auf. Wahrnehmungen sind in doppelter Weise eingeschränkt:

- durch das individuelle Wahrnehmungsvermögen,
- durch eine subjektive Selektion.

Zunächst ist unser Wahrnehmungsausschnitt in der Regel an die Grenzen unserer Sinnesorgane gebunden: Blickfeld, Schärfe, Hörvermögen etc. unterscheiden sich. Zusätzlich durchlaufen unsere Wahrnehmungen subjektive Filter, die vom Vorwissen, von der Motivation, von der aktuellen Aufmerksamkeit, von Gewohnheiten, Bedürfnissen usw. beeinflusst werden. „Grundsätzlich hängt es vom jeweils vorliegenden Wissen eines Menschen ab, wie er eine dargebotene neue Information wahrnimmt, interpretiert und behält" (MIETZEL ^{6}2001, 30).

Ausschnitthaftigkeit und *Subjektivität* der Wahrnehmung führen dazu, dass unterschiedliche Personen in der gleichen Situation häufig unterschiedliche Fakten wahrnehmen und/oder unterschiedliche Folgerungen daraus ziehen können. Das Vexierbild kann als ein leicht nachvollziehbarer Hinweis auf die Subjektivität der Wahrnehmung verstanden werden.

8 Wilhelm Topsch: Beobachten im Unterricht

Abb. 1: Vexierbild „Alte Frau"/ „Junge Frau" (Aus: SCHOBER/ RENTSCHLER 1972, 65)

In Lehrveranstaltungen mit großen Teilnehmerzahlen zeigte sich, dass etwa die Hälfte der Studierenden auch nach einer längeren Projektion die Abbildung als „alte Frau" auffasste, während die andere Hälfte die Abbildung als „junge Frau" wahrnahm. Bloße Wahrnehmung führt also zu individuellen Ergebnissen und reicht als methodisches Instrumentarium für Lehrerinnen und Lehrer nicht aus. Für reflektiertes didaktisches Handeln und Entscheiden ist vielmehr eine gezielte Beobachtung erforderlich. Da hierbei die Wahrnehmung absichtsvoll auf einen bestimmten Realitätsausschnitt fokussiert wird, verringern sich auch die Differenzen zwischen den Beobachtern.

2 Spontane Beobachtung und reflektierte Beobachtung

Im Arbeitsfeld von Lehrerinnen und Lehrern lassen sich zwei Formen unterscheiden: die *spontane* Beobachtung und die *reflektierte* Beobachtung.

BEISPIEL 1 ▶ Eine Lehrerin erläutert den geplanten Tagesablauf. Sie beobachtet, wie die Kinder auf ihre Vorgaben reagieren. Sie sieht, dass die meisten Kinder aufmerksam zuhören. Sie bemerkt aber auch, dass zwei Kinder anfangen, sich gegenseitig vom Stuhl zu rempeln. Sie hört auf zu reden und nimmt mit diesen Kindern einen Moment lang gezielt Blickkontakt auf. ◀

Die Lehrerin beobachtet zielgerichtet: Sie will wissen, wie sie bei den Kindern „ankommt". Sie will ihre Ziele realisieren, Unruhe vermeiden, den Zusammenbruch ihrer Unterrichtsplanung verhindern. Sie beobachtet die Kinder, um deren Verhalten zu steuern (z. B. durch den Einsatz von Inszenierungstechniken; vgl. Kapitel 9).

BEISPIEL 2 ▶ Eine Studierende sitzt mit im Morgenkreis. Sie hat die Absicht, Differenzen im Mitarbeitsverhalten von Mädchen und Jungen zu beobachten. Diese Beobachtung steht im Zusammenhang einer Exploration zu geschlechtsspezifischen Differenzen im Grundschulalter.
- Sie beobachtet nach einem vorher festgelegten Plan. (Dafür hat sie eine Stoppuhr und vorbereitete Erhebungsbogen mitgebracht.)

2 Spontane Beobachtung und reflektierte Beobachtung

- Sie schränkt ihre Beobachtung absichtlich auf einen relativ begrenzten Ausschnitt des Schülerverhaltens ein. ◀

Auch die Studierende beobachtet den Unterricht gezielt. Dennoch gibt es erhebliche Unterschiede. Die Beobachtung der Lehrerin ist eine Alltagsform. Sie verfolgt Handlungsziele. Die Studierende benutzt die Beobachtung dagegen als wissenschaftliche Methode. Sie verfolgt Forschungsziele.

Wissenschaftliche Beobachtung unterscheidet sich von der Alltagsbeobachtung dadurch, dass sie zielgerichtet, geplant und methodisch reflektiert ist. Da die Ergebnisse einer objektiven Überprüfung zugänglich sein müssen, schließt die wissenschaftliche Beobachtung zwingend auch Formen der Protokollierung mit ein. Allerdings kann kein Protokollant alle Aktionen des Unterrichtsprozesses registrieren. Auch technische Protokollformen (Ton- oder Bildaufzeichnungen) stellen immer nur Ausschnitte des Beobachteten dar. Jede Deskription führt daher zu einer weiteren Einschränkung des Beobachtungsausschnittes. Hinzu kommt, dass die Deskription häufig auf quantitative Aspekte begrenzt wird, z. B. auf die Auftretenshäufigkeit eines bestimmten Verhaltens. Durch Strichlisten und andere „formalisierte" Protokolle wird die Subjektbeliebigkeit zwar reduziert, zugleich wird aber der Beobachtungsausschnitt weiter eingeengt. Die Abbildung versucht dies zu verdeutlichen.

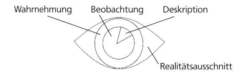

Abb. 2: Einengung des Realitätsausschnittes durch Wahrnehmung, Beobachtung, Deskription

Im Zusammenhang von Beobachtung im Schulpraktikum formulieren KRETSCHMER und STARY: „Die Komplexität des Handlungsfeldes Schule bringt es mit sich, dass eine Vielzahl von Eindrücken und Informationen auf den Beobachter einstürmt, die nicht alle zugleich aufgenommen und verarbeitet werden können. Um diese Datenflut zu bewältigen, muss eine gezielte Auswahl getroffen werden, und es müssen Methoden und Begriffe zur Hand sein, damit der Beobachter der Anschauung nicht blind gegenübertritt" (1998, 19).

Wir haben es hier mit einem empirisch-sozialwissenschaftlich orientierten Ansatz zu tun. Dieser Ansatz versucht nicht, die gesamte pädagogische Situation zu erfassen, sondern isoliert bestimmte Elemente. Folgende Merkmale lassen sich benennen:

- *Zielgerichtetheit* (es liegt eine Fragestellung zugrunde),
- *methodische Reflexion* (es liegen Überlegungen zum methodischen Vorgehen zugrunde),
- *Planmäßigkeit* (es liegt ein Beobachtungsplan zugrunde) und
- *Deskription* (die Beobachtungsergebnisse werden aufgezeichnet).

Die „Stärke" des empirisch-sozialwissenschaftlichen Ansatzes liegt in der intersubjektiven Überprüfbarkeit: Unterschiedliche Beobachter erzielen bei Einhaltung der entsprechenden Vorgaben (annähernd) identische Ergebnisse. Diese „Objektivität" der Ergebnisse muss allerdings mit einer deutlichen Begrenzung des Beobachtungsausschnittes „bezahlt" werden. In dieser Ausschnittsbegrenzung liegt also die Schwäche des Ansatzes: Denn in so komplexen Realitätsbereichen wie Unterricht können Einzelelemente, einzelne Verhaltensformen oder Prozessschritte häufig nur aus der Gesamtsituation heraus erkannt und interpretiert werden.

3 Strukturierte Beobachtung

Eine Strukturierung des Begriffes „Beobachtung" kann man unter unterschiedlichen Aspekten vornehmen, und zwar nach

1. dem Objekt der Beobachtung,
2. dem Grad der Lenkung,
3. der zeitlichen Organisation,
4. dem Grad der Beteiligung,
5. der Art der Deskription.

BEISPIEL ▶ Zwei Studierende nehmen als spontane Beobachter am Unterricht einer 1. Klasse teil. Während der Stillarbeitsphase fällt ihnen auf, dass sich einige Kinder „mit anderen Dingen" beschäftigen. Die Studierenden beschließen, ihre Beobachtungen auf das Phänomen der „nicht zielorientierten Aktivitäten" auszurichten und ziehen ihre Aufmerksamkeit von anderen Aspekten (z.B. des sozialen Verhaltens der Kinder untereinander) ab. Nach einer Explorationsphase, in der sich die Studierenden darüber klar werden, wie uneindeutig die Kategorie „sich mit anderen Dingen beschäftigen" ist, beschließen sie eine Lenkung der Wahrnehmung auf ein bestimmtes Verhalten. Sie verzichten auf die Vielfalt von „nicht zielgerichteten Aktivitäten" und wollen als konkrete Verhaltensform das „Herumlaufen" in der Klasse (Verlassen des Platzes) beobachten. Da selbst bei dieser Einschränkung in einer „lebhaften Klasse" nicht alle Kinder gleichzeitig zuverlässig beobachtet werden können, benennt die Klassenlehrerin einige extrem aktive Kinder, die von den Studierenden in den nächsten Stunden planmäßig beobachtet werden sollen. ◀

3 Strukturierte Beobachtung

Fassen wir die Struktur dieses Beobachtungsvorhabens mit der Begrifflichkeit aus der Abbildung (s. u.) zusammen:

❶ Es handelt sich um eine *Fremdbeobachtung* (die Studierenden beobachten andere – nicht sich selbst).
❷ Die Beobachtung wird auf eine eng begrenzte Verhaltensform *gelenkt*.
❸ Sie findet nicht fortlaufend, sondern *intervalliert* statt.
❹ Da die Studierenden in den Lehr-Lernprozess nicht eingeschlossen sind, handelt es sich um eine *nicht teilnehmende Beobachtung*.
❺ Es wird eine hoch *formalisierte Deskriptionsform* verwendet.

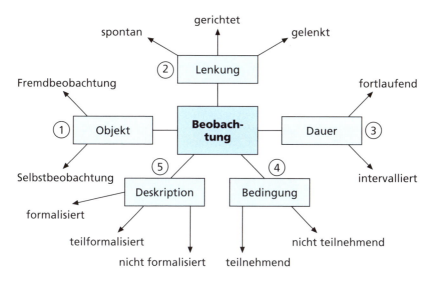

Abb. 3: Aspekte der Beobachtung (Nach: Topsch *2002, 33)*

Insgesamt nähert sich das Beobachtungsvorhaben damit den Bedingungen an, die aus empirisch-sozialwissenschaftlicher Sicht an wissenschaftliche Beobachtungen zu stellen sind.
Das Beispiel zeigt, welcher Aufwand und welche Einschränkungen erforderlich sind, um zu einem einigermaßen objektiven Ergebnis zu kommen:

- Von den vielfältigen Schüleraktivitäten im Unterricht bleiben nur die „nicht zielorientierten" übrig.
- Von den vielfältigen „nicht zielorientierten Aktivitäten" bleibt nur das „Verlassen des Platzes" übrig.

- Von der Vielfalt der Verhaltensmöglichkeiten, die mit dem „Verlassen des Platzes" verknüpft sein können, bleibt im Deskriptionsprotokoll ein simpler Strich übrig.

Durch die gezielte Beobachtung wird die Aufmerksamkeit bewusst auf einen bestimmten Realitätsausschnitt fixiert. Man kann das Beobachten mit dem Strahl einer Taschenlampe vergleichen, wobei Breite und Fokus des Lichtkegels auf das Interessengebiet und die Richtung des Lichtstrahls auf zugrunde liegende Erwartungen und Annahmen, also auf die implizite oder explizite Theorie, verweisen (NAUCK 1992, 46–69; zum „Bandbreite-Fidelitäts-Dilemma" vgl. SCHWARZER/ SCHWARZER 1979, 42 ff.).

Die Unterscheidung zwischen teilnehmender und nicht teilnehmender Beobachtung ist ergänzend anzusprechen: Lehrerinnen und Lehrer führen Beobachtungen in Unterrichtssituationen durch, an denen sie selbst als handelnde Subjekte teilhaben. Die Situation der teilnehmenden Beobachtung ist erkennbar komplizierter als die der nicht teilnehmenden Beobachtung.

Bei der teilnehmenden Beobachtung steht die Beobachtung anderer im Vordergrund (Fremdbeobachtung). Gleichzeitig fließen aber implizit auch Aspekte der Selbstbeobachtung mit ein. Dennoch ist die Selbstbeobachtung (Introspektion) noch einmal getrennt zu betrachten. Bei der Selbstbeobachtung fragt der Lehrer explizit: Wie agiere *ich* im Unterricht? Wie erlebe *ich* das Verhalten einzelner Kinder? Wie stehe *ich* vor der Klasse? Welchen Anteil habe *ich* am Zustandekommen dieses Prozesses? usw.

4 Beobachtung in der Schule

Im schulischen Bereich lassen sich mehrere sinnvolle Beobachtungsfelder aufweisen. Unterrichten, Erziehen, Beraten, Beurteilen – alle diese Tätigkeiten sind auf Beobachtung angewiesen. Je nach dem Blickwinkel der Beobachtung (als Praktikantin oder Praktikant, als Lehrerin oder Lehrer, Unterrichtsforscherin oder -forscher) lassen sich unterschiedliche Schwerpunkte akzentuieren. Beobachtung in Schule und Unterricht kann z. B. mit folgenden Zielsetzungen erfolgen: Beobachtung

- zur Orientierung im sozialen System „Schule",
- zur individuellen Förderung,
- im Rahmen von Beratung und Beurteilung,
- zur Analyse und Steuerung von Unterricht.

Beobachtung zur Orientierung im sozialen System
Für Studierende im Allgemeinen Schulpraktikum oder im Fachpraktikum wird der Gesichtspunkt „Orientierung im sozialen System" an erster Stelle stehen. Als Erkundungsschwerpunkte bieten sich z. B. an:

- „Schulorganisation
- Schule und Einzugsbereich
- Motivation/Interaktion/Kommunikation der Beteiligten
- Unterricht und außerunterrichtliche Aktivitäten
- Anwendung von Reformkonzepten
- Disziplinprobleme, auffällige Schüler
- Unterrichtsorganisation allgemein und fachspezifisch
- Beliebtheit von Unterrichtsfächern
- Phasen des Unterrichts
- Leistungsmessung, Bewerten, Zensieren
- Schullaufbahnberatung
- verschiedene Ausprägungen der Lehrerpersönlichkeit" (KRETSCHMER/STARY 1998, 18)

Beobachtung zur individuellen Förderung
Unterrichten in der Schule kann als absichtsvolle Initiierung von Lernprozessen beschrieben werden. Dabei sind Lehrerinnen und Lehrer auf fachliches Wissen, auf pädagogisches Wissen und auf Beobachtung angewiesen. Insbesondere bei Kindern mit erhöhtem Förderbedarf ist eine fortlaufende Prozessdiagnose erforderlich. Welche Dimensionen der Schüleraktivität können beobachtet werden? Hier öffnet sich ein weites Feld, das ich in Anlehnung an GAUDE (1989) und WEIGERT/WEIGERT (1993) strukturiere:

❶ **Kognitives Lern- und Arbeitsverhalten:**
Arbeitstempo, Ausdauer, Selbstständigkeit, Aufmerksamkeit, Konzentration, Arbeitsplanung, Arbeitsausführung, Interessen u. a.
❷ **Sozial-emotionales Verhalten:**
Aggressivität, Kooperation, Sozialkontakt zu Einzelnen, Verhalten in der Gemeinschaft u. a.
❸ **Kenntnisse in den Lernbereichen:**
Beherrschung von Methoden, Kenntnisse in den einzelnen Lernbereichen u. a.

Beobachtung im Rahmen von Beratung und Beurteilung
Grundsätzlich können Beobachtungen in diesem Zielbereich zwei unterschiedliche Perspektiven verfolgen: Sie können auf Selektion ausgerichtet sein

oder der Optimierung von Lernprozessen dienen. Beurteilungen erfolgen oft punktuell und produktorientiert. Sie stehen meist in einem belastenden Kontext (Versetzung/Nichtversetzung, Förderung in der Grundschule/Sonderschule usw.). Bei jeder Bewertung wird das Kind letztlich immer mit einer Idealvorstellung verglichen. Diese kann sich an einer Sozialnorm, Sachnorm oder einer individuellen Norm orientieren (vgl. Kapitel 11). Die Beobachtung zur Lernsteuerung verläuft dagegen eher prozessorientiert: „Ständige Beobachtung ist im Gegensatz zu informellen und standardisierten Prüfverfahren nicht auf punktuelle Feststellung beschränkt, sondern erlaubt auch Aussagen über den Entwicklungsfortschritt eines Kindes" (LEDL 1994, 14).

Beobachtung zur Analyse der Steuerungsprozesse im Unterricht
In diesem Zielbereich setzen vor allem Fragestellungen der Unterrichtsforschung an. Eine Vielzahl von Hypothesen kann durch Beobachtung geprüft und nach einer quantitativen Analyse bestätigt oder verworfen werden. Beobachtungsgegenstand kann z. B. sein:

- der Erfolg bestimmter Methoden (offener Unterricht vs. lehrgangsmäßiger Unterricht),
- die Wirkung bestimmter Darstellungsformen (Entwicklung eines Tafelbildes vs. fertige Projektion),
- die Wirkung bestimmter Sozialformen (Gruppenarbeit vs. Einzelarbeit),
- das Verhalten von Lehrerinnen und Lehrern unter geschlechtsspezifischer Perspektive (Lob und Tadel von Jungen vs. Lob und Tadel von Mädchen).

5 Beobachtung, Deskription und Beurteilung

Da wissenschaftliches Arbeiten Nachvollziehbarkeit und Überprüfbarkeit anstrebt, ist die Deskription des Beobachteten unverzichtbar. Aber auch in der Schule, wo Beobachtung überwiegend unter pragmatischen Gesichtspunkten erfolgt, ist eine beobachtungsnahe Verschriftung der Eindrücke erforderlich, damit diese später für individuelle Förderung, für Bewertung und Beratung etc. tatsächlich genutzt werden können. Die Art der Verschriftung kann sehr unterschiedlich sein. Dabei kommt es darauf an, sich klar zu werden, ob und in welchem Umfang bereits in die Deskription Bewertungen einfließen. Betrachten wir zunächst zwei Extrempositionen: Die Beobachtung über die Mitarbeit eines bestimmten Kindes kann z. B. gezählt und in einer Strichliste festgehalten werden. In diese Deskriptionsform fließen Beurteilungsvorgänge nur in geringem Maß ein:

Meldehäufigkeit von 9.45 – 10.15: / / / / / / /

Der Beobachter kann das Kind aber auch über eine bestimmte Zeiteinheit hinweg beobachten und dann eine Einschätzung über die Mitarbeitsbereitschaft des Kindes in der nachfolgenden Form abgeben:

	1	2	3	4	5	6	
sehr hoch	☐	☐	☐	☐	☒	☐	*sehr gering*

Bei der zweiten Deskriptionsform fließt ein extrem hoher Bewertungsanteil ein. Streng genommen handelt es sich kaum noch um Beobachtung, sondern nur noch um eine Form der Bewertung. Während man im ersten Fall immerhin weiß, dass sich das Kind in 30 Minuten siebenmal gemeldet hat, erfährt man im zweiten Fall über das beobachtete Verhalten gar nichts mehr, sondern nur etwas darüber, wie *dieser* Beobachter es bewertet.

5.1 Vergleich von drei Deskriptionsansätzen

Der Wert einer Deskription hängt wesentlich davon ab, wie gut es gelingt, die eigentliche Kodierung der Beobachtung von der Bewertung des Beobachteten zu trennen. Dabei sind unterschiedliche Niveaustufen möglich:

Deskription mit niedrigem Beurteilungsniveau
Eine Deskription, in die nur in geringem Maße Werturteile des Beobachters einfließen sollen, setzt eine möglichst genaue Definition des beobachteten Verhaltens voraus. VORSMANN (1972) stellte für die Beobachtung der Kategorie „Kontakte zwischen Schülern" eine umfangreiche Liste von Verhaltensformen zusammen, die sich leicht in eine Strichliste umwandeln lässt. Diese Beschränkung auf beobachtbares Verhalten weist auf das Bemühen hin, Bewertungen zu vermeiden. Daher findet hier eine Deskription auf niedrigem Beurteilungsniveau statt (siehe Abb. 4, S. 106).
Dass auch diese Form nicht gänzlich wertfrei ist, ergibt sich aus folgendem Zusammenhang: Ob vom Beobachter „spielen", „zanken" oder „schlagen" notifiziert wird, hängt mit Sicherheit von Wertvorstellungen des jeweiligen Beobachters ab.

Deskription mit mittlerem Beurteilungsniveau
Ein Beispiel für die Kodierung von Schülerverhalten auf mittlerem Konkretisierungsniveau findet sich bei GAUDE. Er beschreibt die Kategorie „Kooperation" zwischen Schülerinnen und Schülern mit Hilfe von relativ komplexen Aus-

Beobachtetes Verhalten	Auftreten in der Beobachtungszeit
bei einer Tätigkeit helfen	
einen Rat holen	
etwas vergleichen	
gegenseitig die Hefte kontrollieren	
auf einen Fehler hinweisen	
vorsagen	
jemandem etwas ausleihen	
jemandem etwas wegnehmen	
abgucken	
schwätzen	
spielen	
zanken	
stoßen, schlagen	

Abb. 4: Deskription mit niedrigem Bewertungsniveau (Nach: VORSMANN 1972, 62)

sagen über Verhaltensformen. Im Unterschied zur oben abgebildeten Liste werden nicht einzelne Verhaltensformen, sondern Zusammenfassungen in Kategorien betrachtet. Eine Orientierung am beobachtbaren Verhalten ist dennoch erkennbar.

„Kooperation
❶ Arbeitet am liebsten allein. Beteiligt sich nur widerstrebend oder lustlos an Gruppenaktivitäten, hält sich aus gemeinsamen Planungen heraus, macht keine eigenen Vorschläge oder Beiträge.
❷ Bevorzugt Einzelarbeit. Ist meist passiv bei gemeinsamen Planungen, übernimmt aber ohne Widerspruch eine ihm zugeteilte Rolle oder Aufgabe, die er ausführt ohne jedoch auf die starken Aktivitäten der anderen bezogen zu sein.
❸ Macht manchmal Vorschläge und nimmt Vorschläge anderer auf. Führt die ihm zugedachten Aufgaben einer Gruppenaktivität gern aus und bezieht dabei auch die Handlungen anderer Gruppenteilnehmer mit ein.
❹ Bevorzugt deutlich die Arbeit in Gruppen. Macht häufig Vorschläge und beteiligt sich aktiv an gemeinsamen Planungen. Führt auch wichtige Teilaufgaben aus und hilft, wenn andere Gruppenmitglieder die ihnen übertragenen Aufgaben nicht erfüllen können.

🡒 Versucht, in jede Aufgabe andere mit einzubeziehen, bildet selbst Gruppen. Achtet bei allen Aktivitäten auf alle anderen Gruppenmitglieder, behält den Überblick und übernimmt wechselnd verschiedene Aufgaben je nach Bedarf" (GAUDE 1989, 41).

Allerdings fließen hier bereits im größeren Maße Werturteile ein. Begriffe wie „widerstrebend", „lustlos", „gern" u. a. weisen darauf hin.

Deskription mit hohem Beurteilungsniveau
In der Schulpraxis finden oft „Beobachtungsbogen" Verwendung, bei denen nicht Beobachtungen, sondern „Bewertungen" kodiert werden. Schon die einzelnen Kategorien des abgebildeten Beispiels lassen ein hohes Maß an Subjektivität zu und eröffnen weite Interpretationsspielräume: Was bedeutet „gar nicht" im Zusammenhang mit „Zusammenarbeit" oder „Kontakte"? Welches Verhalten soll den Kategorien „behauptet sich" oder „von sich aus für andere" zugeordnet werden? Im Kern findet hier gar keine Deskription von „Beobachtung", sondern eine formalisierte „Bewertung" von Verhalten statt.

				Zusammenarbeit	
0 = gar nicht	1 = weicht aus	2 = behauptet sich	3 = von sich aus für andere	Kontakte	Sozialverhalten
				Problemlösungen	
				Meinungsbildung	

Abb. 5: Deskription mit hohem Bewertungsniveau
(Tabellenausschnitt nach: WEIGERT/WEIGERT [2]1996, 111)

5.2 Integration

Werden Beobachtung, Deskription, Interpretation und Bewertung vermischt, führt dies unweigerlich dazu, dass unterschiedliche Beobachter zu unterschiedlichen Ergebnissen kommen. Um dies zu vermeiden, sollten Beobachtung und Bewertung möglichst eindeutig getrennt werden.
NAUCK (1992) hat in Anlehnung an SCHWARZER/SCHWARZER (1979, 50 f.) modellhaft verdeutlicht, wie die Beobachtungen einfacher Verhaltensweisen (niedriges Beurteilungsniveau) in Bewertungen (hohes Beurteilungsniveau) überführt werden können. Er schreibt:

"Beobachtet werden bei einem Schüler die folgenden fünf Verhaltensweisen:
(B1) Baumelt mit den Füßen,
(B2) Wischt ständig mit dem Unterarm über den Tisch während des Vorlesens,
(B3) Fällt anderen ins Wort,
(B4) Bittet Lehrer, nach Überfliegen der Unterlagen, um Erläuterung der (schriftlichen, sinngemäßen) Arbeitsaufträge (Ich weiß nicht, was ich machen soll),
(B5) Spricht spontan unterrichtsferne Themen an.
Oberbegriffe: (OB 1) Motorische Unruhe, (OB 2) Spontane Unterrichtsbeiträge.
Urteil: unaufmerksam" (NAUCK 1992, 55).

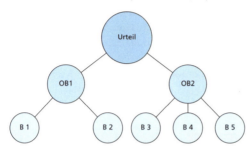

Aus den einzelnen Beobachtungen (B1 ... 5) können Oberbegriffe und eine Beurteilung abgeleitet werden. Trotz seiner einfachen Struktur wird das Modell dem Anspruch gerecht, Beobachtung und Bewertung zu trennen. Zugleich wird der Bedarf der Schule nach Bewertung und Beurteilung nicht negiert.

Abb. 6: Integration von Beobachtung und Bewertung (Nach: NAUCK 1992, 55)

5.3 Fazit

Die teilnehmende Beobachtung und deren Deskription lassen sich verbessern, wenn fünf relativ einfache Grundregeln eingehalten werden:

- Beobachtung und Bewertung müssen als zwei unterschiedliche Aktivitäten erkannt und bewusst voneinander getrennt werden.
- Die Beobachtung soll sich möglichst auf vorher festgelegte Verhaltensformen beschränken.
- Der teilnehmende Beobachter soll sich zeitnah Notizen machen und dabei möglichst eng auf beobachtbares Verhalten Bezug nehmen: Abkürzungen oder Symbole sollten möglichst vermieden werden: Sie können später Anlass zu Interpretationen und Missverständnissen sein.
- Der Beobachter soll seine Eindrücke möglichst in einer gering wertenden Deskription festhalten.
- Die Urteilsbildung soll sich weitgehend auf die Deskription stützen und möglichst wenig vom diffusen Gesamteindruck, den der Beobachter weiterhin hat, herleiten.

9 Hilbert Meyer: Unterrichtsmethoden

Keine Lehramtsstudentin und kein -student kann sich völlig unbefangen mit Methodenfragen beschäftigen. Sie oder er hat ja bereits 13 oder noch mehr Schuljahre „auf dem Buckel". Deshalb besitzen wir alle schon vor dem ersten Studiensemester umfangreiche „subjektive Theorien" über methodisches Handeln im Unterricht, über persönliche Vorlieben und handfeste Abneigungen. Wir brauchen in diesem Kapitel der *Einführung* also nicht bei null anzufangen. Ich habe mir deshalb folgende Ziele gesetzt:

- Ich will Ihnen einen Satz unterrichtsmethodischer Fachbegriffe anbieten, mit deren Hilfe Sie die vielfältigen Methodenerfahrungen, die Sie schon gemacht haben, ordnen können.
- Ich will Ihnen einen Theorierahmen – ein so genanntes Klassifikationsschema für Unterrichtsmethoden – nahe bringen. Dieses Schema können Sie nutzen, um sich den inneren Zusammenhang der verschiedenen Formen methodischen Handelns klarzulegen und um sich die Schwerpunkte und die Defizite Ihres Methodenrepertoires bewusst zu machen.

1 Arbeitsdefinition „Unterrichtsmethode"

In der unterrichtsmethodischen Literatur herrscht ein erhebliches begriffliches Durcheinander. Deshalb bleibt Ihnen nichts anderes übrig, als bei der Lektüre von allgemein- und fachdidaktischer Literatur jeweils ganz genau hinzuschauen. Am besten erarbeiten Sie sich ein eigenes Methodenverständnis und eine dazu passende Arbeitsdefinition. Hier kommt ein erster Vorschlag, den Sie als Orientierungsrahmen nutzen können.

> **Definition 1:** Unterrichtsmethoden sind die Formen und Verfahren, mit denen sich die Lehrerinnen, Lehrer, Schülerinnen und Schüler die sie umgebende natürliche und gesellschaftliche Wirklichkeit unter Beachtung der institutionellen Rahmenbedingungen der Schule aneignen.

Die Arbeitsdefinition bedarf einiger Erläuterungen:
- ❶ Dies ist eine *weite* Begriffsdefinition. Sie gilt für die Lehrerinnen und Lehrer sowie die Schülerinnen und Schüler gleichermaßen. Damit wird nicht behauptet, dass es symmetrische und gleichberechtigte Beziehungen zwischen Lehrern und Schülern gibt, wohl aber, dass beide „Fraktionen" über mehr oder weniger differenzierte Methodenkompetenzen verfügen, die sie im Unterricht einsetzen.
- ❷ Unterricht ereignet sich nicht von selbst. Er wird durch das methodische Handeln der Beteiligten „in Szene gesetzt". Man kann auch sagen: Unterricht wird *„inszeniert"*. Das ist keine polemische, sondern eine analytische Feststellung.
- ❸ Weil sich die Lehrziele des Lehrers von den Handlungszielen der Schüler unterscheiden, sind Lehren und Lernen *dialektisch* aufeinander bezogen. Lehrende und Lernende entwickeln eine je unterschiedliche Handlungslogik, durch die der Unterrichtsprozess vorangetrieben wird. Die Schüler wollen sich entwickeln; sie wollen selbst lernen (oder sich das Recht nehmen, das Lernen zu verweigern). Der Lehrer will seine Lehrziele erreichen, eine sinnvolle Arbeit leisten und möglichst unzerzaust wieder aus der Stunde herauskommen. Er betrachtet sich als Motor des Unterrichtsprozesses. Er will, dass die Schüler mit seiner Hilfe zu den von ihm gesetzten oder gemeinsam vereinbarten Zielen gelangen.

Methodisches *Handeln* ist also die materiale Grundlage des Lernens und des Lehrens. Es führt – wenn's gut geht – zur „Aneignung von Welt" bzw. „Wirklichkeit", und damit wird von allen Methodentheoretikern nicht nur der Erwerb von Wissen, sondern auch die Verinnerlichung von Kultur, der Aufbau von Haltungen u.a.m. gemeint. Dieser Aneignungsprozess setzt Einsicht und Reflexion voraus, aber er ist im Kern ein *Handlungsprozess*. Er hat die ganzheitliche, aktive Mitarbeit von Lehrern sowie Schülerinnen und Schülern zur Voraussetzung. Anders formuliert:

These 1: Die Unterrichtsinhalte werden durch das methodische Handeln der Lehrerin bzw. des Lehrers sowie der Schülerinnen und Schüler „geschaffen".

2 Wechselwirkungen von Zielen, Inhalten und Methoden

Nach allem, was wir über die methodische Gestaltung von Unterricht in deutschen Schulstuben wissen, braucht vor einem Zuviel an Methodenvielfalt nicht gewarnt zu werden (vgl. HAGE u. a. 1985). Mehr Methodenvielfalt ist also geboten. Aber Methodenvielfalt hat keinen Wert an sich. Man muss jeweils sehr genau schauen, wie die Ziele, Inhalte und Methoden zueinander passen.

- Wer mit den Schülerinnen und Schülern ein Planspiel macht (z. B. zum Thema Aktienhandel), wird entdecken, dass diese Methode in aller Regel scharfe Kontroversen schürt und zum Austricksen und zu Kampfabstimmungen einlädt. Planspiele zielen auf Sieg und Niederlage. Deshalb sind sie gut geeignet, um Ziele wie strategisches Handeln, Zusammenarbeit im Team, Modellbildung usw. zu verfolgen. Die Methode ist wenig oder überhaupt nicht dazu geeignet, das Teilen von Gefühlen und Macht oder das Hineinfühlen in die Wünsche von anderen zu üben.
- Wer seinen Schülerinnen und Schülern die Schönheit eines Herbstgedichtes vermitteln will, muss dessen Sprache zum Klingen bringen. Ein philologisch präzises Analysieren der Reimfolge des Gedichts ist dann kontraproduktiv.

Methoden haben eine eigene „innere" Zielorientierung. Das Gleiche gilt für die Inhalte und auch für die Ziele selbst. Deshalb spricht man in der Literatur von der „allgemeinen Zielorientierung" didaktisch-methodischen Handelns.

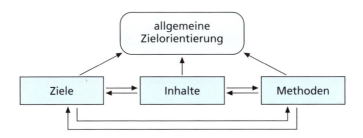

Abb. 1: Ziel-Inhalt-Methode-Relation

Es gibt also keine Methoden „an sich", sondern immer nur „eingewickelt" in bestimmte Aufgaben, die im Unterricht bearbeitet werden sollen.

These 2: Ziele, Inhalte und Methoden stehen in Wechselwirkung[1] miteinander.

Wer eine Unterrichtsstunde plant, muss also genau prüfen, ob die innere Zielorientierung der ausgewählten Methode stimmig zu der Ziel- und Inhaltsentscheidungen ist.

3 Mikro-, Meso- und Makromethodik

Methoden können im Blick auf ihren Umfang bzw. ihre Reichweite nach drei verschiedenen „Aggregatzuständen" sortiert werden (vgl. MEYER, 1987, Bd. 1, 214–218) (siehe Abb. 2, S. 113):

- Auf einer ersten Aggregatstufe, der *Mikromethodik,* ist das methodische Handeln für alle Beteiligten sinnlich-anschaulich fassbar. Es handelt sich um Lehr-Lern- bzw. Handlungssituationen, aus deren Abfolge sich alle komplexeren Formen und Prozesse methodischen Handelns ergeben.
- Auf einer zweiten Aggregatstufe, der *Mesomethodik,* werden lebendige Formen methodischen Handelns erfasst, die ich in den Abschnitten 5 bis 7 als Sozialformen, als Handlungsmuster und Verlaufsformen beschreiben werde.
- Auf einer dritten Aggregatstufe, der *Makromethodik,* werden die methodischen Großformen erfasst (siehe Abschnitt 8). Sie werden durch Lehrpläne, Ausbildungsverordnungen, Gesetzesvorschriften, durch die räumlich-architektonische Gestaltung, durch die Fixierung von Leistungsstandards und vieles andere mehr gesellschaftlich normiert.

Quer zu den drei Aggregatstufen sind in Abbildung 2 *drei Dimensionen* methodischen Handelns ausgewiesen: die Sozial-, die Handlungs- und die Zeitdimension. In der Sozialdimension wird geregelt, wer mit wem zusammenarbeitet; in der Handlungsdimension geht es darum, welche spezifischen Lehr-Lernformen eingesetzt werden können. Und in der Zeitdimension geht es darum, den methodischen Gang des Unterrichts herauszuarbeiten.

Methoden auf der Ebene der Makromethodik können auf *fünf*[2] *Grundformen* zurückgeführt werden. Und ich fordere für einen modernen Unterricht, dass dort

---

[1] Statt von Wechselwirkungsprozessen wird in der didaktischen Fachliteratur auch vom „Implikationszusammenhang" (BLANKERTZ 1975, 94) oder von der „Interdependenz" gesprochen (s. o., 6. Kapitel, S. 82).
[2] In Abschnitt 8 werden nur 3 davon erläutert. Ausführungen zum „gemeinsamen Unterricht" und zum „Marktplatzlernen" finden sich in MEYER (2001, 191 u. 195).

3 Mikro-, Meso- und Makromethodik

methodische Großformen: } Makro-
(= Grundformen des Unterrichts) } methodik

1.) gemeinsamer Unterricht 2.) Freiarbeit 3.) Lehrgänge 4.) Projektarbeit 5.) Marktplatzlernen

---

Dimensionen method. Handelns:

1. Sozialformen:
1.) Frontalunterricht
2.) Gruppenunterricht
3.) Partnerarbeit
4.) Einzelarbeit
vier Stück, mehr gibt's nicht!

2. Handlungsmuster:

circa 250 Stück

3. Verlaufsformen:
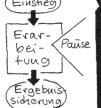
Einstieg → Erarbeitung ← Pause → Ergebnissicherung

} Mesomethodik

Inszenierungstechniken des Lehrers und der Schüler:

vielleicht 1000 Stück: verlangsamen, beschleunigen, verkleinern, zeigen, vormachen, ausbleuden, dramatisieren, provozieren, verfremden, Impuls geben, ...

} Mikromethodik

Lehrerpersönlichkeit, Methodenkompetenz, Körpersprache, päd. Ethos, pädagogisch gestaltete Umgebung

} Grundlagen methodischen Handelns

Abb. 2: Drei-Ebenen-Modell

alle fünf Grundformen bzw. deren Variationen in einem ausgewogenen Verhältnis zueinander stehen.
Ich werde nun der Reihe nach die Ebenen methodischen Handelns erläutern und beginne mit der Mikromethodik.

4 Handlungssituationen und Inszenierungstechniken

Unterricht setzt sich aus kleinen und kleinsten Handlungssituationen zusammen, die von den Lehrerinnen und Lehrern sowie von den Schülerinnen und Schülern gestaltet und gedeutet werden. Die Gestaltung erfolgt mit Hilfe von Inszenierungstechniken.

> **Definition 2:** Inszenierungstechniken sind kleine und kleinste (verbale und nonverbale, mimische, gestische und körpersprachliche, bildnerische und musische) Verfahren und Gesten, mit denen die Lehrerinnen, Lehrer, Schülerinnen und Schüler den Unterrichtsprozess in Gang setzen und am Laufen halten.

Einzelne Inszenierungstechniken können im Blick auf die Funktion, die sie bei der Gestaltung des Unterrichts einnehmen, zu „Familien" zusammengefasst werden. Im Kasten (siehe Abb. 3, S. 115) finden Sie mehrere Beispiele.

Das Interessante an den Inszenierungstechniken ist, dass sie in ganz verschiedenen „Symbolisierungsformen" von Unterrichts-Wirklichkeit (Sprache, Zahl, Musik, Tanz, Aktion) auftauchen können:

- Collagieren oder Montieren kann man sowohl in der Sprache wie auch in der Musik, in der bildenden Kunst, im Tanz.
- Karikieren und Parodieren kann man durch Mimik und Gestik, aber auch durch Sprache, durch Musik und Kunst.

Gerade wegen dieser vielfältigen Übertragbarkeit der Inszenierungstechniken in verschiedene Symbolisierungsformen ergeben sich gute methodische Möglichkeiten, den Unterricht für die Schülerinnen und Schüler lebendig zu machen und zugleich ihre Selbsttätigkeit zu fördern:

- Der Lehrer kann eine Sprachparodie vorführen – die Schülerinnen und Schüler übertragen sie z. B. in ein szenisches Spiel, in eine Kurzgeschichte oder in ein Bild.
- Die Lehrerin führt auf einem Erkundungsgang eine technische Apparatur vor – die Schülerinnen und Schüler bauen sie als verkleinertes Modell nach.

Abb. 3: „Familien" von Inszenierungstechniken

- Der Lehrer erarbeitet mit den Schülerinnen und Schülern die Parodie „Ein Ehepaar erzählt einen Witz" (von KURT TUCHOLSKY) – die Schülerinnen und Schüler übertragen die Pointe der Geschichte in eine Pantomime, ein Streitgespräch, eine Collage, eine Inszenierung usw.

These 3: Durch den systematisch-kreativen Wechsel der Inszenierungstechniken kann die Lehrerin/der Lehrer den Schülerinnen und Schülern die erforderlichen Spielräume für selbsttätiges Lernen eröffnen.

5 Sozialformen

Es gibt vier verschiedene Sozialformen:
- Frontalunterricht (auch Klassen- oder Plenumsunterricht)
- Gruppenunterricht

- Partnerarbeit (auch: Tandemarbeit)
- Einzelarbeit (auch Still- oder Alleinarbeit genannt)

Sozialformen regeln die Art und Weise, in der Lehrerinnen, Lehrer, Schülerinnen und Schüler im Unterricht miteinander kooperieren. Um beurteilen zu können, ob die von Ihnen gewählte Sozialform dem jeweiligen Unterrichtsschritt angemessen ist oder nicht, müssen Sie wissen, welche Vor- und Nachteile sie haben. Einen ersten Überblick finden Sie auf S. 80. Es gibt keine Sozialform, die per se gut oder schlecht wäre:

These 4: So wenig Frontalunterricht wie möglich! Aber wenn schon, dann bitte mit Pfiff, Phantasie und ohne schlechtes Gewissen!

6 Lehr-Lernformen

Es gibt sicherlich mehrere Hundert verschiedene Lehr-Lernformen.[3] Ich definiere:

Definition 3: Lehr-Lernformen sind historisch gewachsene feste Formen zur Aneignung von Wirklichkeit. Sie haben einen definierten Anfang, eine definierte Rollenverteilung, einen bestimmten Spannungsbogen und einen erkennbaren Abschluss.

Lehr-Lernformen haben – ähnlich wie die Sozialformen – ihre Stärken und Schwächen. Es gehört ein wenig Erfahrung dazu, sie zu erkennen. Sie können sich aber an Ihren eigenen Schülererfahrungen orientieren:

- Ein Lehrervortrag liefert geballte und gut kalkulierbare Kost. Er hilft dem Lehrer, mit seinem Stoff durchzukommen. Aber ob der Stoff auch bei den Schülern angekommen ist, ist damit lange noch nicht gesagt.
- Ein Unterrichtsgespräch kann spannend werden, wenn es wirkliche Kontroversen gibt. Oft genug ist es aber zäh und verleitet den Lehrer zur „Nasepul-Technik" des Fragenstellens.
- Ein Experiment weckt Neugier und Problembewusstsein. Sie müssen sich aber vorher überlegen, was Sie tun, wenn das Experiment misslingt oder wenn die Schülerinnen und Schüler das Experiment anders deuten, als Sie es gern hätten.

---

[3] Sie werden beschrieben bei GLÖCKEL 1993; MEYER, 1987, Bd. 1, 124–128; MEYER 1987, Bd. 2, 280–370; GREVING/PARADIES 1996; PARADIES/LINSER 2001.

Lehr-Lernformen können – ebenso wie die Inszenierungstechniken – zu „Familien" zusammengefasst werden:

Lehr-Lernform-Familien
- *Vortragsformen:* Lehrervortrag, OHP-Arbeit, Schülerreferat, Geschichtenerzählen
- *Gesprächsformen:* gelenktes Gespräch, Lehrgespräch, Brainstorming, Blitzlicht, Schülerdiskussion, Debatte, Interview, Unterhaltung, Prüfungsgespräch, mündliche und schriftliche Befragung, Chatten im Internet
- *mediengestützte Vortrags- und Gesprächsformen:* Schreibgespräch, OHP-Vortrag, Tafelarbeit, Textarbeit, Textübersetzung
- *Simulationsspiele:* Rollenspiel, Planspiel, Simulation, Fallstudie, Zukunftswerkstatt
- *szenische Arbeitsformen:* Stegreifspiel, Pantomime, Standbild-Bauen, Texttheater, Soziodrama, Bibliodrama, Theaterspiel, Revue, Kabarett
- *Lernspiele*
- *künstlerische Arbeitsformen:* ein Bild zeichnen, ein Plakat/eine Collage herstellen, ein Musikstück einstudieren/aufführen/komponieren
- *Meditationsformen:* Stille- und Konzentrationsübungen, Fantasiereisen
- *Dokumentations- und Rechercheformen:* Bibliotheksarbeit, Lexikonarbeit, Internetrecherche
- *Kontroll- und Prüfformen:* Diktatschreiben, Test, Klausur, mündliche Prüfung

Die Lehr-Lernformen fallen nicht vom Himmel. Sie sind in den vergangenen Jahrhunderten und Jahrtausenden im menschlichen Zivilisationsprozess erfunden, weiterentwickelt und überformt worden. Es gibt dabei viele außerschulische Einflüsse, z. B. durch neue Formate des Fernsehens, durch Arbeitsformen, die auf Kirchentagen erprobt wurden, durch die „Kampagnendidaktik", die Umweltschutzverbände, Parteien und Gewerkschaften pflegen.

7 Unterrichtsschritte und Verlaufsformen

Unterricht – welcher Art auch immer – hat eine zeitliche Struktur. Dabei kann zwischen einer äußeren und einer inneren Seite unterschieden werden:
- Die äußere Seite der Prozessstruktur erfasst die *Schritte* und *Zeitintervalle* des Unterrichts.

- Die innere Seite gerät in den Blick, wenn nach der Folgerichtigkeit der einzelnen Unterrichtsschritte gefragt wird. Ich nenne dies den *methodischen Gang* des Unterrichts. Im methodischen Gang wird die *Verlaufs-* oder *Prozesslogik* des Unterrichts zum Ausdruck gebracht.[4]

In den meisten Fällen lässt sich der Stundenverlauf auf den Dreischritt „Einstieg/Erarbeitung/Ergebnissicherung" zurückführen. Deshalb bezeichne ich ihn als *methodischen Grundrhythmus* des Unterrichts:

> **1. Schritt:** In der *Einstiegsphase* muss die Lehrerin/der Lehrer dafür sorgen, dass eine gemeinsame Orientierungsgrundlage für den zu erarbeitenden Sach-, Sinn- oder Problemgegenstand hergestellt wird. Dies legt oft, aber nicht immer eine führende Rolle des Lehrers nahe.
> **2. Schritt:** In der *Erarbeitungsphase* sollen sich die Schülerinnen und Schüler in den Sach-, Sinn- oder Problemzusammenhang einarbeiten. Dies ist ohne ein hohes Maß an Eigentätigkeit nicht zu schaffen. Sie erhalten deshalb eine führende Rolle.
> **3. Schritt:** In der *Phase der Ergebnissicherung* sollen sich die Lehrerin/der Lehrer und die Schülerinnen und Schüler darüber verständigen, was bei der Unterrichtsarbeit herausgekommen ist und wie die Arbeit in der nächsten Stunde weitergehen kann. Darüber hinaus sollen die neu erworbenen Kenntnisse und Fähigkeiten geübt und gegebenenfalls angewandt werden. Dies legt eine gemeinsame Unterrichtsführung durch Lehrer sowie Schülerinnen und Schüler nahe.

8 Methodische Großformen/ Grundformen des Unterrichts

Methodische Großformen lassen sich dadurch in Theorie und Praxis unterscheiden, dass sie je andere Grundfunktionen des Lehrens und Lernens erfüllen. Deshalb spreche ich auch von „Grundformen" des Unterrichts:

1. Der lehrgangsförmige Unterricht, der den meisten von uns als Klassen- und Fachunterricht mit überwiegend frontalen Lehr-Lernsituationen vertraut ist.
2. Die stärker individualisierte „Freiarbeit" mit ihren Varianten der Wochenplanarbeit, des Werkstattlernens, des Stationenlernens und der Facharbeit.

---

[4] Eine Erläuterung dieses Fachbegriffs findet sich bei JANK/MEYER (2002, 89).

❸ Die in den meisten Schulen mehr oder weniger regelmäßig praktizierte Projektarbeit mit den Varianten Projektwoche/Projekttag/projektorientierter Fachunterricht. Auch die AG-Arbeit, Praktika und Exkursionen zähle ich zu dieser Grundform (siehe Abb. 4, S. 120).

Jede Grundform hat ihre spezifischen Stärken und ihre schwachen Seiten:

- *Lehrgangsförmiger Unterricht* ist gut geeignet, um Sach-, Sinn- und Problemzusammenhänge aus der Sicht des Lehrenden zu vermitteln und dadurch Sach- und Fachkompetenz der Schüler aufzubauen. Die Vergleichbarkeit der individuellen Schüler-Leistungen ist hoch. Die Erziehung zur Selbsttätigkeit ist demgegenüber schwierig.
- *Freiarbeit* steht für selbst organisiertes Lernen. Sie ist gut geeignet, um individuelle Lernschwerpunkte herauszubilden. Sie hilft, Methodenkompetenzen aufzubauen. Die Wissensvermittlung muss dadurch keineswegs unsystematisch oder gar zufällig werden. Sie folgt vielmehr stärker als in den anderen beiden Säulen einem Individuallehrplan jeder Schülerin und jedes Schülers. Freiarbeit ist bestens für das Üben und Festigen, für das Wiederholen und Kontrollieren von Gelerntem geeignet.
- *Projektarbeit* steht ebenfalls für die Selbstorganisation des Lernens. Als eine kooperative Lehr-Lernform erlaubt sie aber darüber hinaus die Einübung in solidarisches Handeln. Sie vermittelt Handlungskompetenz und Selbstwertgefühl. Sie kann auf Anforderungen des Berufslebens vorbereiten. Sie ist weniger geeignet, um neu erworbenes Wissen und neue Fähigkeiten zu üben und zu festigen.

Jede Grundform legt eine andere Lehrerrolle nahe:

- Im Lehrgang dominiert die *traditionelle Rolle des Lehrenden*. Die Lehrerin kann und soll Spaß daran haben, vorn vor der Klasse zu stehen, in ein neues Themengebiet einzuführen, Fachfrau für ihr Schulfach zu sein. Sie soll fordern und fördern. Vor allem aber soll sie ihre Begeisterung für das Fach auf die Schülerinnen und Schüler übertragen.
- In der Freiarbeit ist die Lehrerin verantwortlich für die pädagogisch gestaltete, anregungsreiche Umgebung. Sie ist die *Mentorin* im Hintergrund, die zur Stelle ist, wenn die Selbstorganisation des Lernens zusammenbricht oder gar nicht erst in die Gänge kommt. Sie hilft bei der Lernplanung und der Leistungskontrolle. Sie achtet auf die gruppendynamischen Prozesse und das soziale Miteinander.
- In der Projektarbeit ist die Lehrerin die *Moderatorin* der gemeinschaftlich organisierten Arbeit. Sie hilft bei der Planung, bei der Herstellung von Außenkontakten, sie warnt vor überzogenen Hoffnungen und sorgt für die Leistungskontrolle. Hin und wieder bringt sie sich als Fachfrau ein – aber dann ist sie gleichberechtigtes Team-Mitglied.

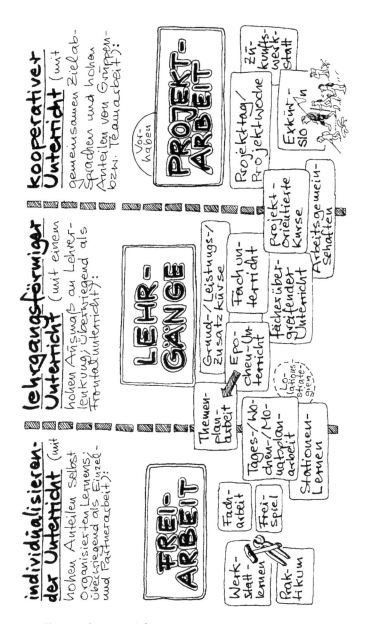

Abb. 4: Grundformen des Unterrichts

Im Schulalltag sind die drei Grundformen zumeist ganz unausgewogen realisiert: Der Lehrgang dominiert fast überall – die Frei- und Projektarbeit werden entsprechend stiefmütterlich behandelt.

> **These 5:** Zwischen den drei Grundformen des Unterrichts muss ein ausgewogenes Verhältnis hergestellt werden.

9 Die politische Dimension der Unterrichtsmethodik

Es gibt wichtigere Dinge auf der Welt als die Unterrichtsmethodik. Der Frieden muss gesichert, die Gerechtigkeit zwischen Arm und Reich, Nord und Süd muss hergestellt, die Schöpfung muss vor immer neuen Ökokatastrophen geschützt werden. Aber die Menschen, die diese Schlüsselprobleme lösen sollen, sitzen heute in den Schulen. Und sie werden dort mit reichlich altertümlichen Unterrichtsmethoden traktiert, die nicht erwarten lassen, dass die Team- und Projektfähigkeit, das Demokratiebewusstsein und die Toleranz gegenüber Mensch und Natur in dem Umfang gefördert werden, der für die Lösung der Schlüsselprobleme erforderlich ist. Wir benötigen in Schule und Hochschule eine neue Methodenkultur, in der die dialektischen Widersprüche zwischen dem Lehren und Lernen, dem Lenken und Selbsttätigsein, zwischen Führen und Helfen besser als bisher ausbalanciert werden. Deshalb ist die Unterrichtsmethodik für mich weit mehr als eine bloße Technik. In den Methoden stecken implizite Lernziele und Persönlichkeitsannahmen:

- Wer dreizehn Jahre lang nichts anderes als straff lehrerzentrierten Unterricht „genossen" hat, ist wahrscheinlich fit im Sach- und Fachwissen, aber sie bzw. er hat noch nie oder zumindest viel zu selten die Chance gehabt, selbsttätig und selbstständig zu arbeiten und so den „aufrechten Gang" zu proben.
- Wer zehn oder dreizehn Jahre lang immer nur hören musste „Ihr dürft selbst entscheiden, was ihr tun wollt!", konnte nicht lernen, mit fremdgesetzten Leistungserwartungen umzugehen. Und er konnte auch keinen Widerstand gegen die inhaltlichen Zumutungen seiner Lehrerinnen und Lehrer entwickeln.

Unterrichtsmethoden sind Zwangsjacke und Befreiungsangebot in einem. Sie haben eine politische Dimension:

> **These 6:** Unterrichtsmethoden enthalten das heimliche Versprechen, die Schülerinnen und Schüler von der Vormundschaft der Lehrerinnen und Lehrer zu befreien.

10 Wilhelm Topsch:
Neue Medien im Unterricht

1 Vorbemerkungen

Unter den vielen Attributen, mit denen unsere Gesellschaft gekennzeichnet wird, dürften die Begriffe „Mediengesellschaft" und „Wissensgesellschaft" gegenwärtig die gängigsten sein. Tatsächlich bestimmen die Medien weite Teile des täglichen Lebens. „Allein in der BRD erscheinen gegenwärtig etwa 10 000 Zeitschriften und Zeitungen, sind insgesamt etwa 300 verschiedene Hörfunk- und etwa 100 Fernsehprogramme zu empfangen" (PÖTTINGER 1997, 53).

1.1 Medien

Der Medienbegriff ist – zumindest im Blick auf Schule und Unterricht – relativ unscharf: Einerseits umfasst er Präsentationsformen wie Fernsehen, Hörfunk, Presse, Video, Hörkassetten, Computerspiele etc. Andererseits bündelt der schulische Medienbegriff die herkömmlichen Unterrichtshilfen wie Schulbücher, Folien, Landkarten etc.

In den letzten Jahren sind computerbasierte Softwaremedien hinzugetreten, die sich unter dem Oberbegriff „neue Medien" etabliert haben. Diese „neuen Medien" gehen in ihrer Zielsetzung weit über die bisherigen Medien hinaus. Sie stellen Schule teilweise in Frage, weil Inhalte, die traditionell eine schulische Unterweisung voraussetzten, nun – im Prinzip – auch unabhängig von schulisch organisiertem Lernen vermittelt und erworben werden können. Mit Softwaremedien sollen Lernsituationen arrangiert werden, in denen zumindest teilweise die Tätigkeit des personalen Lehrens überflüssig wird.

Dennoch vertritt gegenwärtig niemand ernsthaft die Auffassung, dass Computer und Softwaremedien Lehrerinnen und Lehrer überflüssig machen würden. Eine Verlagerung des beruflichen Tätigkeitsspektrums von der Vermittlung zur Ordnung, Strukturierung und Bewertung von Informationen oder – verkürzt – vom Unterrichten zum Erziehen ist aber durchaus denkbar.

1.2 Wissen

Das Verhältnis zwischen dem, was es an Wissen gibt, und dem, was ein Einzelner wissen kann, hat sich dramatisch verändert. Nach einer groben Schätzung hat sich die Gesamtheit des Wissens zwischen 1750–1900 (150 Jahre), dann zwischen 1900–1950 (fünfzig Jahre) und schließlich zwischen 1950–1965 (15 Jahre) jeweils verdoppelt. Seither soll sich eine Wissensverdopplung etwa alle 5 Jahre vollziehen (vgl. GILLANI 2000, 161 f.). Auch wenn man sich der Unschärfe solcher Schätzungen bewusst bleibt, ist eine „Wissensexplosion" unbestreitbar. Man kann dies z. B. an der Zahl der publizierten Fachveröffentlichungen verdeutlichen: Geschätzt wird, dass weltweit „zur Zeit insgesamt jährlich rund 4 Millionen Fachveröffentlichungen, d. h. 20 000 Veröffentlichungen pro Arbeitstag" produziert werden. „Im Jahre 1950 waren es lediglich 2 000 Veröffentlichungen pro Arbeitstag" (MARX/GRAMM 2001).

Aber nicht nur die Wissensmenge, sondern auch die Verfügbarkeit des Wissens hat sich dramatisch verändert. Über Jahrhunderte hinweg waren die Informationsquellen jeweils nur wenigen Spezialisten zugänglich. Dagegen ist heute ein Großteil des Wissens für jedermann verfügbar. Der Mangel an Informationen stellt heute kaum noch ein Hindernis dar. Viel eher wird der Wissenserwerb durch einen Überfluss an Informationen erschwert. (Die Abkürzung „TMI" für „too much information" wird in Zukunft an Bedeutung gewinnen.) Das Bewusstsein, mit dem Anstieg der Wissensmenge nicht annähernd Schritt halten zu können, ist ein wesentliches Motiv für den Einsatz von Softwaremedien. Sie erwecken die Hoffnung, Wissen verfügbarer und Lernen effizienter zu machen. Gleichzeitig vermischen sie Erziehung und Unterhaltung zu „Edutainment" und „Infotainment", mit denen auch komplexe Inhalte ohne Anstrengung als ein Nebenprodukt von Entertainment („berufsmäßig gebotene Unterhaltung") vermittelt werden sollen.

2 Medien im pädagogischen Bereich

2.1 Perspektiven des Medienbegriffs

Mit dem Medienbegriff begegnet uns ein relativ junger Begriff. Bis in die Mitte des 20. Jahrhunderts war er in der Pädagogik nicht gebräuchlich. Verwendet wurden vielmehr Begriffe wie Lehrmittel, Lernmittel, Unterrichtsmittel, Arbeitsmittel, Unterrichtshilfen etc.

In einer weiten Beschreibung kann ein Medium als „ein funktionales Element in der Interaktion des Menschen mit seiner Umwelt" (TULODZIECKI 1992, 12) auf-

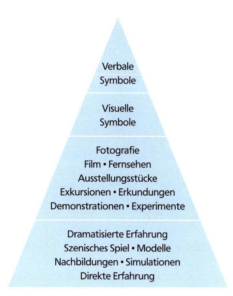

Abb. 1: *Erfahrungskegel nach* DALE *1969*
(Nach: SCHULZ 1996, 170)

gefasst werden. Dieser sehr weite Medienbegriff macht alles zum Medium, was der Interaktion dient. Im schulischen Bereich wären nach dieser Definition Tafel und Kreide ebenso Medien wie der Text, der an der Tafel steht, oder der Lehrer und seine Sprache, weil jeweils erst über sie bestimmte Interaktionen mit der Umwelt „funktionieren". Es ist erkennbar, dass ein so weit gefasster Medienbegriff didaktisch nur wenig hilfreich sein kann. Deshalb ist es sinnvoll, einen engeren Medienbegriff zugrunde zu legen. Dies kann beispielsweise durch eine Einengung auf die technischen Aspekte der Informationsvermittlung geschehen. So stellt TULODZIECKI fest: „Man spricht nur dann von Medien, wenn Informationen mit Hilfe technischer Geräte gespeichert oder übertragen und in bildhafter oder symbolischer Darstellung wiedergegeben werden" (1992, 14). Die Schlüsselbegriffe dieser Definition sind: „gespeichert", „übertragen", „bildhaft" und „symbolisch". Sie engen den Medienbegriff nachvollziehbar ein. Neben dieser technisch orientierten Mediendefinition haben sich weitere Sichtweisen und Ordnungssysteme etabliert (vgl. hierzu z. B. MESCHENMOSER 1999, 10 ff.). Eine relativ große Verbreitung im pädagogischen Bereich hat der Versuch von DALE (1969, 107) gefunden, die Medienvielfalt nach dem Grad ihrer Wirklichkeitsrepräsentation zu strukturieren. DALE hat einen „*cone of experience*" vorgestellt, der eine didaktische Grundorientierung erlaubt und in viele einschlägige Veröffentlichungen übernommen wurde (z. B. PETERßEN [8]1998, 426 f.; OTTO 1995, 89 ff.; WEIDENMANN 1994, 75).

2.2 Begriffsübersicht

Der Medienbegriff ist – ähnlich wie der Methodenbegriff – relativ offen. Es gibt unterschiedliche Begriffsbestimmungen, die zu unterschiedlichen Akzentuierungen führen und unterschiedliche Perspektiven von Medien in den Blick bringen. Alle Erweiterungen, z. B. Medienpädagogik, Mediendidaktik, Medienerziehung, Medienkompetenz kennzeichnen daher relativ offene Sachverhalte. (Beachten Sie, dass unterschiedliche Autoren teilweise unterschiedliche Konzepte damit verbinden.)

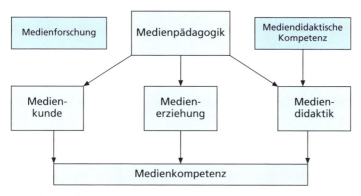

Abb. 2: Begriffsübersicht zur Medienpädagogik

- **Medienpädagogik:** Der Begriff „Medienpädagogik" taucht erst seit den 60er Jahren des 20. Jahrhunderts auf. Er kann als Oberbegriff für Aktivitäten, die auf Entwicklung, Gestaltung, Anwendung und Kritik von Medien im pädagogischen Bereich zielen, angesehen werden. Verbreitet ist die Unterteilung in Medienkunde, Mediendidaktik und Medienerziehung. Die Begriffe Medienkompetenz, mediendidaktische Kompetenz und Medienforschung sind hinzuzufügen.
- **Medienkunde:** Die Medienkunde versucht, eine begriffliche Ordnung herzustellen und vermittelt im Kern Wissen *über Medien*. Das Wort „Medienkunde" erinnert an Begriffe wie Erdkunde, Heimatkunde, Gegenwartskunde, die allesamt für einen geordneten Wissenszusammenhang stehen. Unter einer pragmatischen Perspektive werden der Medienkunde auch die Bedienung und Wartung von Medien zugeordnet.
- **Mediendidaktik:** Im Mittelpunkt der Mediendidaktik steht die Medienverwendung im Unterricht. Es geht, salopp formuliert, darum, *ob-wie-warum-welche* Medien im Unterricht eingesetzt werden sollen. Mediendidaktik „trifft Aussagen über die didaktischen Funktionen, die Medien in Lehr- und Lernsituationen übernehmen können und sie untersucht die unterschiedlichen Formen, in denen Bildungsmedien zum Einsatz kommen können". Letztlich will sie „die Basis für didaktisch begründete Medienentscheidungen liefern" (HÜTHER/SCHORB/BREHM-KLOTZ 1997, 213). Der Mediendidaktik geht es im Kern immer um Information oder Instruktion *durch Medien*.

- **Medienerziehung:** Die Medienerziehung macht die Medien selbst zum Gegenstand von Unterricht. Dabei geht es um *Erziehung zum reflektierten Umgang mit Medien*. Verbreitet ist ein Verständnis der Medienerziehung, das man als emanzipatorisch ausgerichtet beschreiben kann. Dabei geht es vor allem darum,
  - die hinter den Medien verborgene Wirklichkeit sichtbar zu machen,
  - die Ziele und Motive der Medienmacher aufzudecken,
  - den kritisch-reflexiven Gebrauch von Medien zu fördern
  - und ggf. auch Medienprävention zu betreiben (zu unterschiedlichen Konzepten der Medienerziehung vgl. PÖTTINGER 1997, 55 ff.).
- **Medienkompetenz:** In einer Gesellschaft, die sich selbst als Medien- oder Informationsgesellschaft apostrophiert, kann Medienkompetenz als eine Schlüsselqualifikation angesprochen werden. Der Begriff ist noch relativ jung.[1] Pöttinger gliedert Medienkompetenz in drei Bereiche auf, die sich in weiteren Unterdimensionen konkretisieren:
  - **Wahrnehmungskompetenz** (ästhetische Formen erkennen und deuten können; Handlungsabläufe interpretieren können; Realität und Fiktionalität unterscheiden können);
  - **Nutzungskompetenz** (interessengemäß Entscheidungen zwischen Medienprodukten treffen können; sich über Medien austauschen können; zu starke Medieneindrücke meiden können);
  - **Handlungskompetenz** (Wissen, wie Medien hergestellt, gesendet und verbreitet werden; Medien kritisieren und selbst gestalten können; Medien als interessengebundene und individuelle Ausdrucksform betrachten und benutzen können) (vgl. PÖTTINGER 1997, 85).
- **Mediendidaktische Kompetenz:** Um begründete mediendidaktische Entscheidungen treffen und um Medienkompetenz bei Kindern und Jugendlichen anbahnen zu können, müssen Lehrerinnen und Lehrer selbst über ausreichende Kenntnisse, Fertigkeiten und Fähigkeiten im Umgang mit Medien verfügen. Zur mediendidaktischen Kompetenz gehören die
  - **technische Kompetenz** (Fragen der Handhabung),
  - **semantische Kompetenz** (der Gestaltung und der Inhalte),
  - **pragmatische Kompetenz** (Eigenproduktion und Verwendung)

  Insgesamt erscheint die Unterscheidung zwischen *Medienkompetenz* als Zielvorstellung für die Lernenden und *mediendidaktischer Kompetenz* als Voraussetzung bei den Lehrenden unverzichtbar (vgl. MAIER, 1998, 28).

---

[1] Die Enzyklopädie Erziehungswissenschaft (1985) enthält diesen Begriff noch nicht.

2.3 Aspekte neuer Medien

Mit der computerbasierten Lernsoftware haben sich „neue Medien" etabliert. Ich grenze den offenen Begriff „neue Medien" auf die Softwaremedien ein und definiere Softwaremedien als solche Medien, deren Information in digitalisierter Form vorliegt.[2] Nach dieser Definition liegt der entscheidende Unterschied zwischen „alten" und „neuen" Medien eindeutig in der Digitalisierung der Information: Alle weiteren Aspekte der „neuen Medien" (Softwaremedien) basieren darauf. Digitalisierung ermöglicht

- Medienintegration (Multimedia-Anwendungen),
- Interaktion (Steuerung des Ablaufs durch die Reaktion des Lernenden),
- den „freien Zugang" zu „unbegrenzten Informationsbeständen" (individuelle Such- und Strukturierungsmöglichkeiten, Einbeziehung externer Speicherbestände),
- die Auflösung vorhandener Organisationsstrukturen (e-Learning, Unterricht unabhängig vom Organisationssystem Schule, Zusammenarbeit mit externen Lehrenden und Lernenden).

3 Computer und Softwaremedien im Unterricht

Die neuen Softwaremedien erheben vielfach den Anspruch, Ziele und Inhalte der Lehrpläne selbstständig zu vermitteln, Übungsphasen und Lernkontrollen zu integrieren und auf diese Weise Unterricht zu digitalisieren. Mit ihnen sind an die Stelle von „trockenen" Trainingsprogrammen Infotainment- und Edutainmentprodukte getreten, die vorgeben, Information und Unterhaltung miteinander zu verbinden.

3.1 Schulpädagogische Einordnung

Versucht man, die Softwaremedien schulpädagogisch einzuordnen, dann ergibt sich an den zentralen Punkten ein deutlicher Diskussionsbedarf (vgl. zum Folgenden TOPSCH 1991).

---

[2] Diese Definition ist sicherlich konsensfähig. Dennoch ist darauf hinzuweisen, dass es einen solchen Konsens derzeit nicht gibt.

Selbstbestimmtes Lernen
Auch schulpädagogisch anspruchsvolle Softwaremedien repräsentieren in hohem Maße vorentschiedenen Unterricht: Ziele, Inhalte, Methoden, die gesamte didaktische Strukturierung der einzelnen Lernschritte liegen bereits unverrückbar fest. Ein Softwaremedium mag für viele, vielleicht sogar für die meisten Eingaben eine Reaktion bereithalten, letztlich aber müssen sich die Lernenden dem Medium und der ihm innewohnenden Logik anpassen. Sie werden in der Regel so lange mit einem Inhalt konfrontiert oder auf unterschiedlichen Lernwegen wieder zu diesem Inhalt geführt, bis sie eine der vorgesehenen Antwortreaktionen nachvollzogen haben. Häufig ist es dem Lernenden nicht möglich, einen bestimmten Lernschritt zu verlassen, ehe er „gelernt" (d. h., die vom Programm erwartete Eingabe produziert) hat. Selbstbestimmung ist oft nur bei der Auswahl des Softwaremediums möglich. Innerhalb des Lernverlaufes werden die Lerner oft deutlich rigider gesteuert als im traditionellen Unterricht.

Erfahrungsoffenes, situationsbezogenes Lernen
Softwaremedien sperren sich gegenüber jeglichem Situationsbezug. Bezüge zu aktuellen Lerninteressen, lokalen Ereignissen, individuellen Betroffenheiten etc., auf die der traditionelle Unterricht zumindest ansatzweise – vielleicht auch nur widerstrebend – eingehen kann, ergeben sich allenfalls unsystematisch oder können nur bei der Softwareauswahl, nicht aber bei einzelnen Lern- oder Übungsschritten berücksichtigt werden.

Mehrkanaliges Lernen
Unter analytischen Gesichtspunkten unterscheidet WEIDENMANN die Begriffe Medium (z. B. Buch), Kodierung (z. B. Text oder Bild) und Modalität (z. B. visuell, auditiv). Daraus entwickelt er ein „Raster zur differenzierten Beschreibung medialer Angebote". Die Nutzung mehrerer Sinnesmodalitäten, z. B. visuelle und auditive Repräsentation, kann vorteilhaft sein, wenn z. B. komplexe Grafiken nicht durch einen zusätzlichen Text (visuell), sondern durch einen gesprochenen Kommentar (auditiv) erläutert werden. Schon die Tatsache, dass die Augen nicht zwischen Text und Bild hin- und herwandern müssen, lässt sich plausibel als Gewinn eines solchen mehrkanaligen Arrangements bezeichnen. Ein positiver Effekt ist allerdings nur dann zu erwarten, wenn die Informationen synchronisiert sind. Es leuchtet ein, dass ein Übermaß an Reizen kognitive Tätigkeiten wie Denken, Lernen und Behalten negativ beeinflussen: „Multimodalität und Multicodalität kann […] auch nachteilig sein, wenn die Informationsangebote schlecht koordiniert bzw. synchronisiert sind" (vgl. WEIDENMANN 1997, 67–73). Insgesamt sind die wissenschaftlichen Ergebnisse relativ komplex und müssen differenziert betrachtet werden.
„Die am meisten verbreitete naive Annahme in diesem Bereich lautet: ‚Multimedia spricht mehrere Sinneskanäle an. Das verbessert das Behalten'"

(WEIDENMANN 1997, 68). Dahinter steht die Theorie, dass eine mehrdimensionale Kodierung (z. B. visuell und auditiv) durch die Summierung der Wahrnehmungsmodalitäten (Sehen und Hören) zu besseren Ergebnissen führt als eine eindimensionale Kodierung. Festzuhalten ist jedoch, dass die naiven Modelle (z. B. Gelesenes wird zu 10 % gemerkt, Gehörtes zu 20 %, Gesehenes zu 30 %, Handlungen führen zu 90 % Merkleistung) oder die Einteilung der Kinder in „auditive Typen", „visuelle Typen" usw. zwar gern verbreitet werden, dass wissenschaftliche Belege für ihre Richtigkeit jedoch bislang nicht vorhanden sind.
Ein weiterer Aspekt, der im Zusammenhang mit mehrkanaligem Lernen erwähnt werden muss, ist die Verknüpfung von motorischen und kognitiven Aktivitäten. Solche Verknüpfungen ergeben sich in traditionellen Unterrichtssituationen teils planmäßig, teils zufällig, z. B. beim Abschreiben, Abmalen, Experimentieren mit Materialien etc. Dagegen werden motorische Aktivitäten beim Einsatz von Softwaremedien auf Mausklicks oder Tastenbetätigungen reduziert. In der Regel wird dabei reales Handeln durch symbolisches Handeln ersetzt: „Bausteine" werden durch Ziehen mit der Maus „aufgestapelt", „Waren" in den „Warenkorb" „gelegt", „Puzzleteile" werden „aneinander gefügt" usw. Auch dann, wenn Wörter über die Tastatur eingegeben werden müssen, wird der motorische Vollzug minimiert: Vergleichen Sie z. B. die Bewegungsunterschiede für das Schreiben eines „k" und eines „i" auf der Tastatur mit den komplexen motorischen Steuerungsvorgängen, die für das Schreiben der beiden Schreibschriftbuchstaben erforderlich sind.

Soziales Lernen
Seit COMENIUS (1592–1670) die Forderung nach einem gemeinsamen Unterricht der Kinder aller gesellschaftlichen Schichten erhoben hat, ist die Frage nach dem sozialen Lernen in der Schule nicht mehr verstummt: Kinder sollen in der Schule miteinander und voneinander lernen und auf diese Weise die eigene Stellung und die anderer Kinder in der Gemeinschaft erfassen. (Wie anders sollte zur Toleranz abweichenden Meinungen, Handlungen und Lebensauffassungen gegenüber erzogen werden?)
Es ist unübersehbar, dass sich Softwaremedien im Prinzip an Individuen und nicht an Gruppen wenden. Zwar erzwingen die äußeren Umstände, z. B. die mangelnde Hardwareausstattung oder die hohe Komplexität der Software, in der Realität oft Formen der Kooperation und des wechselseitigen Helfens, dennoch spielt das soziale Lernen im Kontext der Softwaremedien keine – zumindest jedoch keine eigenständige – Rolle. Das bedeutet nicht zwangsläufig, dass Lernen mit Softwaremedien ein Lernen ohne Sozialkontakte wäre. Insbesondere dann, wenn der Einsatz der Softwaremedien in der Schule erfolgt, wird er in der Regel sozial begleitet.

Im Zusammenhang mit dem „sozialen Lernen" ist aber noch ein weiteres Problem in den Blick zu nehmen: In vielen Softwaremedien begegnet dem Kind bei aller „Buntheit" und „Fröhlichkeit" der Programmoberfläche ein ausgesprochen engstirniges Lehr(er)modell. Viele Softwaremedien bestehen nach wie vor darauf, dass die Eingabe des Nutzers in allen Einzelheiten, bis auf das sprichwörtliche I-Tüpfelchen, mit der (im Sinne des Programms) korrekten Antwort übereinstimmt. Alles andere wird als falsch zurückgewiesen, weil „fast richtige" Lösungen nicht als „im Prinzip richtig" erkannt werden können. Wird beispielsweise die Verwendung eines Dezimalpunktes anstelle des Dezimalkommas erwartet, dann würde 3,5 als Lösung der Divisionsaufgabe 7:2 als falsch zurückgewiesen. Die Unfähigkeit der Softwaremedien, Kompromisse einzugehen, macht ihren Einsatz im Argumentationszusammenhang mit dem sozialen Lernen problematisch. Mit dem Softwaremedium kann man nicht diskutieren, mit ihm kann man keinen Konsens aushandeln. JOSEF WEIZENBAUM, einer der profiliertesten Gegner des Lernens mit dem Computer, kritisierte grundsätzlich, dass zum Fernsehen „als Darstellung der Wirklichkeit" nun der Computer „als Quelle der Wahrheit" hinzutrete (WEIZENBAUM 1989, 10).

Interaktivität
Softwaremedien haben allen anderen Medien die Fähigkeit zur Interaktivität voraus. War unter technischen Gesichtspunkten die Digitalisierung von Informationen als wichtigster Aspekt zu nennen, so muss unter schulpädagogischen Gesichtspunkten die Fähigkeit der Softwaremedien zur Interaktivität akzentuiert werden. Auch die schlichtesten Programme sind in der Lage, auf die Eingabe eines Kindes zu reagieren. Sie können Lösungen auswerten. Verzweigungen oder individuelle Begrenzungen einführen und damit unmittelbar auf das Lernen Einfluss nehmen.
In den Bereich der Interaktivität gehört auch die Möglichkeit, den Bildschirminhalt zu verändern. Softwaremedien können selbstständig oder auf Anforderung durch den Nutzer wechselnde Hilfstexte oder gesprochene Erläuterungen ausgeben. Dabei besteht der substanzielle Unterschied zu anderen Medien vor allem darin, dass solche Hilfen durch ein Ereignis im Programmlauf, z. B. Falscheingabe, Aufruf der Hilfefunktion, Erreichen einer bestimmten Aufgabenzahl, eingeblendet werden können. Die Interaktion mit dem Nutzer kann auch dazu genutzt werden, den Inhalt einer Bildschirmseite schrittweise aufzubauen, so dass neue Informationen erst hinzugefügt werden, wenn die vorausgehende Information erkennbar verarbeitet wurde oder der intendierte Lernschritt vollzogen ist.

Inhalte

Nicht nur im Internet, sondern auch bei vielen Softwaremedien finden sich Hypertexte oder hypertextähnliche Vernetzungen. Bei Hypertexten entfällt die lineare Lehrgangsstruktur, die viele monomediale Konzeptionen (Schulbücher, Arbeitsblätter usw.) kennzeichnet. Hypertextkonzepte basieren auf der Interaktionsfähigkeit der neuen Medien. Sie erlauben die Auswahl

- differenter Informationswege,
- unterschiedlicher Informationsinhalte,
- individueller Informationsmengen,
- unterschiedlicher Häufigkeiten von Durchläufen,
- selbst initiierter Suchprozesse.

„Kommunikation"

Softwaremedien können Inhalte multimodal, z. B. visuell und auditiv, vermitteln. Einige Softwaremedien verfügen über die Möglichkeit der Spracheingabe – viele verfügen zumindest über Sprachausgabe. Dadurch ist es möglich, die Nutzer sprachgesteuert durch eine Lerneinheit zu führen, gesprochene Anleitungen, Hinweise oder Hilfestellungen einzufügen und Lösungen unmittelbar verbal zu bestätigen. Sofern auch eine Spracheingabe vorgesehen ist, können sprachliche Äußerungen des Nutzers aufgenommen, mit Mustern verglichen und ausgewertet werden, dies geschieht z. B. bei Sprachlernprogrammen. Darüber hinaus ist eine Programmsteuerung durch Spracheingaben möglich. Insgesamt kann die Einweg-Kommunikation der nicht interaktiven Medien, z. B. Buch, Film, Video, von Softwaremedien überwunden und in eine quasi interpersonale Kommunikation überführt werden. Dies kann durch Texteinblendung/Texteingabe oder durch Spracheingabe/Sprachausgabe erfolgen. Gesprochene Sprache „weckt Aufmerksamkeit und wirkt – wegen der paraverbalen Zusatzinformationen (Stimme, Ausdruck usw.) – auch persönlicher als gedruckte Sprache" (WEIDENMANN 1997, 72).

Allerdings müssen lobende Äußerungen in einem sinnvollen Verhältnis zu der erbrachten Leistung stehen. Unter realen Bedingungen hängt die lobende Stellungnahme nicht nur von der Richtigkeit der Lösung, sondern auch von der Schwierigkeit der Aufgabe, von der Anzahl der Versuche oder vom Lösungsweg ab. Dagegen geben Softwaremedien in der Regel die Bestätigung nach Eingabe der richtigen Lösung aus. Ganz gleich, ob die richtige Lösung nach dem ersten oder nach dem hundertsten Versuch gelingt, – der Computer balzt „Brillant!", „Du bist ein Genie!", oder er entdeckt auch bei Zufallseingaben „Große Fortschritte!". Die folgende Liste von Bestätigungsausrufen stammt aus einem Programm für Grundschüler. Sie beansprucht nicht, vollständig zu sein und wird hier nur als Beispiel angeführt:

„Sehr gut!"	„Brillant!"	„Großartig!"	„Das ist es!"
„Du bist ein Genie!"	„Du bist Klasse!"	„Perfekt!"	„Genau!"
„Bravo, gut gemacht!"	„Große Fortschritte!"	„Glückwunsch, alles richtig!"	„Prima!"
„Jetzt hast du gezeigt, was du kannst!"	„Ich bin beeindruckt!"	„Super, ich hätte es nicht besser machen können!"	„Meine Hochachtung!"

Tab. 1: *Beispiele für verbale Bestätigungen durch Softwaremedien*

Die Überschwänglichkeit der lobenden Rückmeldung und die kontextunabhängige Wiederholung einzelner Floskeln unterscheiden diese Form der Rückmeldung von positiven Stellungnahmen in realen Lernsituationen. Auch unter motivationalen Gesichtspunkten erscheint es problematisch, wenn Kinder für vergleichsweise geringfügige Leistungen fortlaufend in hohem Maße gelobt werden (vgl. MIETZEL [6]2000, 157).

3.2 Fazit

Eine Sichtung der vorliegenden Softwaremedien erlaubt die Feststellung, dass viele Programme noch nicht den Erwartungen entsprechen. Dabei ist allerdings zu berücksichtigen, dass Softwaremedien erst seit wenigen Jahren bei gleichzeitig fortlaufenden Veränderungen im Hardwarebereich entwickelt werden. Traditionen, Wertmaßstäbe und Gütekriterien konnten sich bisher nur in geringem Umfang entfalten.

Alle Versuche, Softwaremedien nach stimmigen Kategorien zu gruppieren, zeichnen sich aufgrund der noch nicht abgeschlossenen Entwicklung dieses Bereiches und aufgrund der fließenden Übergänge durch eine gewisse Vorläufigkeit aus. Bei den gegenwärtigen Softwaremedien mischen sich, wie sonst wohl nirgends im schulischen Bereich, Information und Unterhaltung, Lernen und Spielen, intellektuelle Förderung und bloße Beschäftigung: Was auf den ersten Blick wie eine reine Spielumgebung aussieht, kann sich bei näherem Hinsehen als Rechenprogramm entpuppen. Umgekehrt gilt aber auch: Was zunächst wie eine intelligente Lernumgebung aussieht, entlarvt sich unter Umständen recht bald als seichtes Entertainment.

Aus pragmatischen und systematischen Gründen ist eine Kategorisierung der vorhandenen Softwaremedien dennoch sinnvoll und unvermeidlich. Die Datenbanken der einzelnen Landesinstitute (z. B. SODIS in NRW) bzw. die Verbunddatenbank Bildungsmedien (FWU – MEDIENINSTITUT DER LÄNDER) oder die

Softwaresammlungen in Bibliothekssystemen haben eigene Ordnungssysteme entwickelt, die jeweils dem Zweck der Sammlung und den Interessen der Nutzer entsprechen.
Unter pädagogischen Gesichtspunkten erscheint eine grobe Kategorisierung der gegenwärtig vorhandenen Softwaremedien nach Aktivitätsschwerpunkten sinnvoll. Ich unterteile sie daher in folgende Bereiche:

- **Beschäftigung**: Spielprogramme, Beschäftigungsprogramme, Edutainment
- **Unterricht (Lehren, Lernen, Üben, Anwenden, Bewerten)**: Drill-Programme, Übungs- und Anwendungsprogramme, Kursprogramme, Tutorenprogramme, Simulationen, virtuelle Lernumwelten etc.
- **Information**: Datenbanken, Lexika, Infotainment etc.
- **Gestaltung**: Textverarbeitung, Bildverarbeitung, Programmierwerkzeuge, Suchmaschinen etc.

Innerhalb dieser Kategorien sind weitere Untergliederungen nach inhaltlichen und altersspezifischen Gesichtspunkten erforderlich.

11 Wilhelm Topsch:
Leistung messen und bewerten

1 Begriffliche Vorklärung

1.1 Schule und Leistung

Die Notwendigkeit, im Unterricht Leistungen zu messen und zu bewerten, wird meist mit der Feststellung begründet, dass wir in einer Leistungsgesellschaft leben, aus der sich die Schule nicht auskoppeln könne. Unbestreitbar spielt die individuelle Leistung für die Stellung eines Individuums in unserer Gesellschaft eine wichtige Rolle. Unübersehbar ist aber auch, dass so knappe Güter wie „Karriere" oder „gesellschaftliche Anerkennung" nicht nur auf der Grundlage von Leistung vergeben werden. Die Zugehörigkeit zu einer bestimmten Gesellschaftsschicht, Glaubensgemeinschaft oder Partei bzw. die Zugehörigkeit zu einem bestimmten Geschlecht sind in vielen Fällen Faktoren, die den gleichen oder gar einen höheren Wirkungsgrad haben als Leistung. Trotz dieser Einschränkung bleibt es ein wichtiges Kennzeichen der Demokratisierung, dass die Zuweisung des gesellschaftlichen Status nicht mehr *ausschließlich* von „Stand und Status" des Elternhauses abhängt, sondern *auch* durch Leistung, insbesondere durch Schulleistung und höherwertige Schulabschlüsse, begründet werden kann. Insofern nimmt die Schule durch Leistungsmessung und Leistungsbeurteilung eine Funktion wahr, die gesellschaftlich von ihr erwartet wird und auch unter dem Gesichtspunkt der Demokratisierung zu rechtfertigen ist.

Die inhaltliche Ausfüllung des Begriffes „Schulleistung" ist jedoch nicht problemfrei: Nach dem gängigen Verständnis enthält Schulleistung drei Komponenten, und zwar *Kenntnisse, Fähigkeiten* und *Anstrengungsbereitschaft* (vgl. KLEBER 1978, 49).

> Leistung = Kenntnisse + Fähigkeit + Anstrengung

Für den schulischen Bereich greift diese Formel zu kurz, weil sie das Leistungsergebnis zumindest im negativen Fall personalisiert und ausschließlich dem Schüler zuweist: *Seine* Kenntnisse waren lückenhaft, *seine* Fähigkeiten haben nicht ausgereicht, *seine* Anstrengungsbereitschaft war zu gering. Insgesamt ist der traditionelle Schulleistungsbegriff relativ einseitig:

- Er ist überwiegend auf den Bereich der kognitiven Leistungen verengt.
- Er ist im Wesentlichen auf das Ergebnis fixiert.
- Er bietet wenig Möglichkeiten, Leistungen, die in Kooperation erbracht werden, angemessen zu erfassen.

1.2 Messen und Beurteilen

In der schulischen Praxis wird vielfach auf eine klare Trennung von Leistungs*messung* und Leistungs*bewertung* verzichtet. Bei der Zensierung von Schülerleistungen gehen diese beiden Tätigkeiten oft nahtlos ineinander über, ohne dass sich Lehrerinnen und Lehrer dessen ausreichend bewusst wären. Aber nicht nur hierin unterscheidet sich die Zensierungspraxis der Schule von Mess- und Bewertungsvorgängen in anderen beruflichen Feldern. Während in den meisten anderen Bereichen die Festlegung der Normen, die Konstruktion von Messgeräten, die Durchführung der Messung und die Bewertung des Messergebnisses durch unterschiedliche, meist räumlich und zeitlich getrennte Instanzen erfolgen, liegen alle diese Tätigkeiten im Fall der Zensurengebung in der Hand einer einzelnen Lehrkraft (vgl. SACHER 1994, 47).

In der schulischen Bewertungspraxis findet die eigentliche Leistungs*messung* eher unterreflektiert statt: Tatsächlich konzentriert sich das Augenmerk im Wesentlichen auf die Leistungs*bewertung*. Unter welchen Bedingungen diese zustande gekommen ist, bleibt dabei meist unbeachtet. Die Note wird vielfach aus ihrem „ursprünglichen Zusammenhang losgelöst", und stellt dann „einen gesellschaftlichen Wert- oder Unwertfaktor dar" (DEUTSCHER BILDUNGSRAT 1970, 219).

Leistungsmessung und Leistungsbewertung haben unterschiedliche Bezugssysteme. Wenn die Lehrkraft nach einem Diktat Fehler anstreicht und auszählt, dann ist dies ein Akt der *Leistungsmessung*, für den ein relativ eindeutiger Maßstab (die Konventionen der deutschen Rechtschreibung) vorliegt. Die *Leistungsbewertung* muss dagegen auf andere Bezugssysteme zurückgreifen. Dabei kann die Bewertung von Faktoren beeinflusst werden, die vom Ergebnis der Messung unter Umständen sogar von der eigentlichen Leistung unabhängig sind. Solche Faktoren können sein: die Klassenzusammensetzung, das soziale Umfeld oder Aspekte wie Sympathie und Antipathie.

Außerdem werden häufig in Unterrichtssituationen Leistungen mit Wertungen ohne eine Leistungsmessung im engeren Sinne verknüpft, z. B. dann, wenn ein Schüler ein Gedicht aufsagt, einen Aufsatz schreibt, einen Felgaufschwung produziert usw. In vielen dieser Fälle muss unmittelbar bewertet werden. Lehrerinnen und Lehrer nehmen dann auf eine nicht näher definierte und nicht weiter überprüfbare Annäherung an das erwartete Ergebnis Bezug.

2 Die Problematik der Zensurengebung

Seit Ende der 1960er Jahre hat es eine Vielzahl von Veröffentlichungen zur Zensurenkritik gegeben. Die Hauptargumente lassen sich in drei Punkten zusammenfassen:

- Funktions-Überfrachtung,
- mangelnde Messqualität,
- unterschiedliche Bezugssysteme.

2.1 Funktionsüberfrachtung

Viele Autoren haben sich der Frage zugewandt, welche Erwartungen Lehrer, Eltern oder Schüler mit Zensuren verbinden (ZIELINSKI 1974, SCHRÖTER 1977, SACHER 1994, JÜRGENS/SACHER 2000). Obwohl sie dabei zu unterschiedlichen Ergebnissen kommen, stimmen sie darin überein, dass auf Zensuren viele unterschiedliche Funktionen projiziert werden. Schon im Jahr 1974 hat WERNER ZIELINSKI aufgrund einer Befragung zehn unterschiedliche Funktionen ermittelt, die von Lehrerinnen und Lehrern den Zensuren beigemessen werden (ZIELINSKI 1974, 880). Dabei fällt auf, dass sich einige der Funktionen diametral gegenüberstehen, z. B. Selektion – Chancenausgleich, Disziplinierung – Prognose.

Zielinski 1971	Bündelung
1. Rückmeldung – Lehrer	
2. Rückmeldung – Schüler	(1) Information
3. Bericht – Eltern	
4. Anreiz/Motivation	(2) Steuerung
5. Disziplinierung	
6. Sozialisierung/Legitimation	(3) Sozialisation
7. Klassifizierung	
8. Selektion	(4) Auswahl
9. Zuteilung/Berechtigung	
10. Chancenausgleich	(5) Chancenausgleich

Tab. 1: Funktionsvielfalt der Notengebung

Andere Autoren haben eigene Kategorisierungen vorgenommen, so dass bis zu zwölf Funktionen unterschieden werden können (vgl. JÜRGENS/SACHER 2000, 20 ff.). Dabei ist der Nutzen dieser Ausdifferenzierungen eher fragwürdig. Vielmehr erscheint eine Funktionsbündelung, wie ich sie in der zweiten Spalte der Tabelle vornehme, sinnvoll (siehe Tab. 1, S. 136). Die Grundprobleme bleiben jedoch bestehen:

- Auch bei der verringerten Anzahl stehen sich einzelne Funktionen unüberbrückbar gegenüber.
- Unterschiedliche Lehrerinnen und Lehrer nehmen bei der Zensierung bewusst oder unbewusst auf unterschiedliche Funktionen Bezug. Sogar identische Personen können in unterschiedlichen Fächern, in unterschiedlichen Situationen oder im Blick auf unterschiedliche Kinder jeweils auch unterschiedliche Funktionen stärker oder schwächer gewichten.

2.2 Gütekriterien

In zahlreichen Untersuchungen konnten die Mängel der Zensurengebung nachgewiesen werden (vgl. u. a. INGENKAMP 1989, [9]1995; ZIEGENSPECK [2]1976, 1999). Die Quintessenz der Forschung lautet daher: *Zensuren sind weder objektiv, noch reliabel, noch valide.*

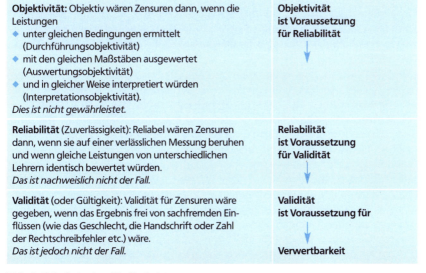

Objektivität: Objektiv wären Zensuren dann, wenn die Leistungen ♦ unter gleichen Bedingungen ermittelt (Durchführungsobjektivität) ♦ mit den gleichen Maßstäben ausgewertet (Auswertungsobjektivität) ♦ und in gleicher Weise interpretiert würden (Interpretationsobjektivität). *Dies ist nicht gewährleistet.*	**Objektivität** ist Voraussetzung für Reliabilität ↓
Reliabilität (Zuverlässigkeit): Reliabel wären Zensuren dann, wenn sie auf einer verlässlichen Messung beruhen und wenn gleiche Leistungen von unterschiedlichen Lehrern identisch bewertet würden. *Das ist nachweislich nicht der Fall.*	**Reliabilität** ist Voraussetzung für Validität ↓
Validität (oder Gültigkeit): Validität für Zensuren wäre gegeben, wenn das Ergebnis frei von sachfremden Einflüssen (wie das Geschlecht, die Handschrift oder Zahl der Rechtschreibfehler etc.) wäre. *Das ist jedoch nicht der Fall.*	**Validität** ist Voraussetzung für ↓ **Verwertbarkeit**

Tab. 2: Gütekriterien für die Leistungsmessung

Anhand einer Arbeit von RUDOLF WEIß aus dem Jahre 1965 kann das Problem der mangelnden *Reliabilität* und *Validität* erläutert werden (WEIß 1965). WEIß' Arbeit zählt inzwischen zu den „Klassikern", mit deren Inhalt sich angehende Lehrerinnen und Lehrer in ihrem Studium auseinander setzen sollten. Die Untersuchung kann hier nicht detailliert erörtert werden (s. WEIß 1965, 148 ff.), vielmehr werden nur einige ausgewählte Einzelergebnisse vorgestellt.

WEIß hat einen identischen Schüleraufsatz an 92 Lehrerinnen und Lehrer mit der Bitte um eine Bewertung versandt. Seine Hypothese lautet: Wenn Lehrerinnen und Lehrer in der Lage wären, Leistungen zuverlässig (reliabel) zu bewerten, dann müsste die gleiche Leistung von unterschiedlichen Lehrerinnen und Lehrern mit (annähernd) gleichen Zensuren bewertet werden.

92 Lehrerinnen und Lehrer erhielten jeweils einen (identischen) Aufsatz aus dem 4. Schuljahr zur Bewertung. Die Bewertungen der Schülerleistung schwankte zwischen folgenden Zensuren:	
	Zensur
Rechtschreiben	1 – 5
Stil	1 – 5
Inhalt	1 – 4
Gesamtnote	1 – 4

Tab. 3: Bewertungsdifferenzen bei einer identischen Leistung (Prüfung der Reliabilität)

Das Ergebnis des Experiments macht mehr als deutlich, dass mit der Zensierung keine zuverlässige Bewertung erreicht wurde: Statt vergleichbarer Werte stellte sich in einzelnen Unterkategorien das gesamte zur Verfügung stehende Zensurenspektrum ein.

Der Autor untersuchte jedoch nicht nur die Zuverlässigkeit (Reliabilität), sondern auch die Validität (Gültigkeit) der Lehrerbeurteilung. Er wollte herausfinden, ob Lehrerinnen und Lehrer imstande sind, ihre Zensierung unbeeinflusst von Vorurteilen vorzunehmen – oder ob sie durch Vorurteile beeinflussbar sind. Seine Hypothese lautet: Wenn die Zensur nur die durch den Aufsatz erbrachte Leistung wiedergibt, dann muss das Ergebnis unabhängig von „leistungsfremden Motiven" zustande kommen. Um dies zu überprüfen, hat er die Aufsätze mit unterschiedlichen Aussagen über die jeweiligen Schreiber versehen. Die Lehrerinnen und Lehrer erhielten also identische Aufsätze, jedoch mit unterschiedlichen, relativ einfachen (schriftlichen) Zusatzinformationen: „Zwei Aufsätze aus der *4. Klasse einer Volksschule*. Der erste stammt von einem durchschnittlichen Schüler (beide Elternteile berufstätig, liest gern Schundhefte), der zweite von einem sprachlich begabten Buben (Vater Redakteur bei einer großen Linzer Tageszeitung)" (WEIß 1965, 149; Hervorhebung im Original).

2 Die Problematik der Zensurengebung

92 Lehrerinnen und Lehrer erhielten Aufsätze mit positiven und negativen Zusatzinformationen über die Schreiber. Die dadurch ausgelösten Mittelwertsunterschiede bei der Zensierung sind erheblich:

	Mittelwert +	−
Rechtschreiben	2,35	3,35
Stil	1,81	2,60
Inhalt	1,63	2,23
Gesamt	2,08	2,83

Tab. 4: Bewertungsdifferenzen bei positiver (+) und negativer (−) Vorurteilsweckung (Prüfung der Validität)

Das Ergebnis des Experiments zeigt, dass schon relativ simple Zusatzinformationen ausreichen, um durch eine Vorurteilsbildung massive Bewertungsunterschiede zu erzeugen: Mit Ausnahme des Bereichs „Inhalt" sind die Mittelwertdifferenzen in allen Kategorien signifikant (WEIß 1965, 158). Dies bedeutet, dass die Abweichungen nicht durch Zufall zustande kamen. Besonders bemerkenswert ist es, dass sich die Vorurteilsweckung bei der Rechtschreibzensur am stärksten niederschlägt. Erklären kann man sich dies dadurch, dass die Lehrerinnen und Lehrer bei positiver Vorurteilsweckung Fehler häufiger übersehen bzw. dass sie bei negativer Vorurteilsweckung „schärfer" hingesehen haben. Ähnliche Ergebnisse fand der Autor im Übrigen auch bei Mathematikarbeiten.

2.3 Fehlerquellen

Unter dem Stichwort *Urteilsfehler* bei der Leistungsbewertung finden sich in der Literatur zahlreiche Hinweise darauf, welche Fehlerquellen die Leistungsbewertung beeinflussen. Die wichtigsten Fehlerquellen sind:

- *Strengefehler* – kleine Fehler werden übergewichtet,
- *Mildefehler* – Lehrerinnen oder Lehrer vermeiden „harte Urteile",
- *Tendenz zur Mitte* – statt des Versuchs einer korrekten Bewertung werden überwiegend mittlere Noten vergeben,
- *Tendenz zu Extremurteilen* – es überwiegen die ganz guten und die ganz schlechten Bewertungen,
- *Reihungsfehler* – eine Leistung wird in Abhängigkeit zu der vorauslaufenden Arbeit besser oder schlechter bewertet,
- *logische Fehler* – Übertragung der Erwartungen von einem Fach auf ein anderes,
- *Haloeffekt* – ein Gesamteindruck überlagert die Einzelleistung (vgl. hierzu SACHER 1994, 45 ff.).

3 Bezugssysteme der Bewertung

Wenn wir etwas als „gut", „mittelmäßig" oder „schlecht" einstufen, dann beziehen wir unser Urteil auf Erfahrungen, Erwartungen oder Kriterien usw., d. h. wir beziehen uns auf bewusste oder unbewusste Normvorstellungen. Auch die Zensurengebung greift auf Bezugssysteme zurück, z. B. auf ein

- soziales Bezugssystem (Sozialnorm),
- kriteriumsorientiertes Bezugssystem (Sachnorm),
- individuelles Bezugssystem (Individualnorm).

3.1 Sozialnorm – das klasseninterne Bezugssystem

Die Orientierung an der Sozialnorm ist in Schulen stark verbreitet. Sie konkretisiert sich in der Regel in einer Bezugnahme auf die Leistung der Klasse. Daher wird dieses Bezugssystem auch als *klasseninternes Bezugssystem* bezeichnet (vgl. INGENKAMP [9]1995). Das klasseninterne Bezugssystem kann man unter drei Gesichtspunkten kritisieren, und zwar wegen der

- Abhängigkeit von der (zufälligen) Klassenzusammensetzung,
- mangelnden Vergleichbarkeit,
- Ausrichtung an der Normalverteilungskurve.

Bei der Bezugnahme auf ein „soziales System" wird die Leistung eines Kindes mit der Leistung anderer Kinder verglichen und vor diesem Hintergrund bewertet. Wie die Leistung beurteilt wird, hängt daher nicht nur von der Leistung des Kindes, sondern auch vom Abschneiden der jeweiligen Bezugsgruppe ab. KARLHEINZ INGENKAMP, der wohl profilierteste Kritiker der Zensurengebung, führt zum ersten und zweiten Punkt aus: „Die Lehrer verteilen die Zensuren in ihrer Klasse nach dem von ihnen für richtig gehaltenen Schlüssel, ohne hinreichende Informationen über den Leistungsstand ihrer Klasse im Vergleich zu dem anderer Klassen zu besitzen. Das führt dazu, dass die nach objektiven Vergleichstests gleiche Leistung in der einen Klasse mit 1, in der anderen mit 6 beurteilt werden kann. Das bedeutet, daß das Schulschicksal eines Kindes in erheblichem Maße von der Situation der Klasse abhängt, in die es mehr oder weniger zufällig hineingerät, und daß Zensuren für überregionale Selektionen absolut untauglich sind" (INGENKAMP 1989, 59). Die Kritik zum dritten Punkt ist noch grundsätzlicherer Art:

- Am unteren Ende der Verteilung werden durch die Normalverteilungsannahme „Versager produziert": Zumindest wird von vornherein mit dem Auftreten von Versagern (mit den Noten 5 und 6) gerechnet.

- Am oberen Ende der Verteilung entsteht durch die Normalverteilungsannahme „Konkurrenzdruck", da nach diesem Modell nur relativ wenige Kinder gute oder sehr gute Bewertungen erhalten können. (Sonst wäre die Arbeit zu leicht!)
- Die Orientierung der Zensurengebung an der Normalverteilungsannahme ist eine pessimistische Annahme: Sie erwartet, dass am Ende einer Lerneinheit etwa die Hälfte der Leistungen unter dem Mittelwert liegt.
- Eine Annäherung an die Normalverteilung ist nur zu erwarten, wenn ein Merkmal in großer Häufigkeit auftritt, stark streut und unbeeinflusst bleibt. Es käme schon einer pädagogischen Bankrotterklärung gleich, wenn man annehmen wollte, das Merkmal Schulleistung würde durch den Unterricht nicht beeinflusst. (Wenn das so wäre, könnten wir uns die Bemühungen zur Differenzierung und Individualisierung ja schenken.)

3.2 Sachnorm

Anstelle der Sozialnorm kann für die Bewertung auch eine Sachnorm herangezogen werden. Dabei werden die Leistungen der Kinder mit einer sachlichen Bezugsgröße, z. B. den Lernzielen der Richtlinien, verglichen. Ob eine Leistung als gut, durchschnittlich oder schlecht eingestuft wird, hängt davon ab, in welchem Maße sich die Einzelleistung an die vorgegebene Sachnorm annähert. Wie die übrigen Kinder der Klasse abschneiden, ist bei der Bezugnahme auf eine Sachnorm zunächst unerheblich: Im Fokus der Aufmerksamkeit steht die Frage, ob das Kind das Lernziel erreicht oder in welchem Maße es sich ihm angenähert hat.

Die Problematik dieses Ansatzes liegt darin, dass es nur wenige Bereiche gibt, in denen die Kriterien klar umrissen werden können. Wenn man im Schwimmunterricht das Erreichen des Jugendschwimmabzeichens in Silber als Kriterium heranzieht, dann ist klar entscheidbar, ob das Kriterium erreicht ist oder nicht. In vielen anderen Bereichen, in denen ebenfalls eine Leistungsbewertung erwartet wird, ist die Bezugnahme auf ein „einfaches" Kriterium kaum möglich: Welches Kriterium gilt für einen gelungenen Aufsatz, eine saubere Handschrift, für mathematisches Verständnis, für das Erreichen erzieherischer Ziele im Sachunterricht etc.? Auch dann, wenn es gelänge, solche Kriterien eindeutig festzulegen, bliebe das Problem, dass nicht alle Kinder das entsprechende Kriterium vollständig erfüllen. Der tatsächliche Leistungsstand müsste also durch eine Punktskala oder durch eine prozentuale Annäherung an das Kriterium ausgedrückt werden. Damit nähern wir uns aber den Grundproblemen der Zensurengebung wieder an. Zumindest die ersten beiden Gütekriterien (Objektivität, Reliabilität) sind tangiert.

11 Wilhelm Topsch: Leistung messen und bewerten

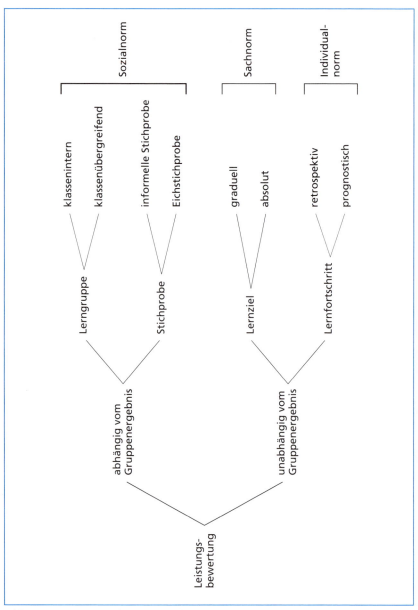

Abb. 1: Bezugssysteme der Leistungsbewertung

3.3 Individualnorm

Schließlich ist es möglich, die aktuelle Leistung eines Kindes auf seine bisherige Leistung zu beziehen und den Lernstillstand oder den Lernfortschritt in den Mittelpunkt der Bewertung zu rücken. In solchem Fall kann man von einer Individualnorm sprechen. Dieser Ansatz fragt weder „Wie haben die anderen abgeschnitten?" noch „Welches Ziel, welches Kriterium sollte erreicht werden?". Er fragt vielmehr „Wie hat sich die Leistung des Kindes im Vergleich zu seinen bisherigen Leistungen verändert? Welchen Lernfortschritt weist es auf?" Ob eine Leistung als gut, durchschnittlich oder schlecht eingestuft wird, hängt von der Einschätzung des eingetretenen oder ausgebliebenen Lernfortschritts ab.

Es ist ohne weiteres zu erkennen, dass dieses Konzept auf Umsetzungsschwierigkeiten stößt. Zwar können wir die Fehler in einem Diktat zählen und dann feststellen, dass sich ein Kind von 10 Fehlern auf 8 Fehler verbessert hat. Aber sind die Fehler gleichwertig? Hat sich das Kind verbessert, wenn es bei den 10 Fehlern vorwiegend lange, komplexe, seltene und wenig geübte Wörter, bei den 8 Fehlern aber vorwiegend kurze, „leichte", geübte Wörter falsch schreibt? (Was sind „leichte Wörter" angesichts der Tatsache, dass das Kind sie falsch geschrieben hat?) Wie wird der Lernfortschritt bei einem Aufsatz festgestellt? Löst sich das Problem der Vergleichbarkeit oder stellt es sich in verschärftem Maße? Und schließlich: Kann „Lernfortschritt" überhaupt in einer Ziffernnote ausgedrückt werden oder sind andere Formen der Bewertung erforderlich? (siehe Abb. 1, S. 142)

4 Berichtszeugnis – Verbalbewertung

Es ist erkennbar, dass das kriteriumsorientierte und das individualdiagnostische Bezugssystem mit traditionellen Ziffernnoten nicht oder nicht angemessen zu realisieren sind. Deshalb ist es nicht verwunderlich, dass die Zensurenkritik in neue Formen der Bewertung einmündete. Zumindest für das 1. und 2. Grundschuljahr hat sich in der Bundesrepublik in Zeugnissen die Verbalbeurteilung (Schulbericht, Zeugnisbericht, Berichtszeugnis oder Allgemeine Beurteilung) durchgesetzt.

4.1 Ausgangslage

Als früher Verfechter dieser Form schrieb BOLSCHO Anfang der 1980er Jahre: „Es soll nicht mehr allein beurteilt, gewertet oder gewürdigt werden, sondern auch

‚sachlich' berichtet und beschrieben werden" (BOLSCHO 1982, 189). Die Argumente der Befürworter von Berichtszeugnissen lassen sich im Wesentlichen in vier Leitgedanken zusammenfassen (vgl. INGENKAMP 1989, 104 ff.):

- ermutigende Erziehung statt Leistungsdruck,
- Förderung der sozialen Kompetenz statt Konkurrenzverhalten,
- Erhöhung der Chancengleichheit statt Auslese,
- individuelle Förderung statt Lerngleichschritt.

Als Zielperspektive sind die Punkte zweifelsfrei sinnvoll und pädagogisch wünschenswert. Es bleibt aber offen, inwieweit sie durch die Verbalbewertungen erreichbar sind. INGENKAMP hat die Argumente der Befürworter von Berichtszeugnissen als bloßes Wunschdenken klassifiziert und aus empirischer Sicht kritisch untersucht. Dabei kommt er durchgehend zu einer negativen Beurteilung. Die Erwartungen, so lautet sein Resümee, die durch die Verbalbeurteilung geweckt wurden, sind nicht erfüllt worden, und sie sind zumindest unter den gegenwärtigen Bedingungen von Schule und Unterricht teilweise auch unerfüllbar (INGENKAMP 1989, 95–126). JÜRGENS weist nach, dass sich die Lehrkräfte „hauptsächlich mit der Schwierigkeit konfrontiert sehen, verständliche Formulierungen zu finden" (JÜRGENS 2001, 477). In der Praxis sind zwei Tendenzen erkennbar: Einerseits haben sich inhaltsarme Formulierungen etabliert, z. B. „M. bringt außerschulisch gewonnene Kenntnisse in den Unterricht ein". Andererseits hat sich eine Fachsprache mit heimlichen Abstufungen entwickelt, die von Außenstehenden ohne Anleitung kaum nachvollzogen werden kann, z. B.

- „K. kann fremde Texte sinnfassend erlesen",
- „K. kann fremde Texte sinnfassend lesen".

(Dies sind Originaltexte, die ich aus zwei Berichtszeugnissen des 2. Schuljahrs entnommen habe. Falls Sie den Unterschied nicht sofort bemerken, schauen Sie noch einmal genau hin. Prüfen Sie auch, ob Sie den Unterschied zuverlässig interpretieren können.) Wenig vertrauenserweckend ist auch, dass es Handreichungen in Buchform oder als Software gibt, die es erlauben, ein Berichtszeugnis wie eine Collage oder wie einen Cocktail zusammenzumixen.

- „Er/Sie kann einfache Zusammenhänge im Heimat- und Sachkundeunterricht erkennen und darstellen.
- Er/Sie kann im Heimat- und Sachkundeunterricht einfache Zusammenhänge verstehen und davon berichten.
- Im Heimat- und Sachkundeunterricht beteiligt er/sie sich mit Beiträgen aus seinem/ihrem Erfahrungsbereich [...]" (OCHI 1998, 172 f.).

4.2 Zeugnistypen

BENNER und RAMSEGER haben anhand einer empirischen Untersuchung (N = 450) Berichtszeugnisse ausgewertet. Sie bündeln ihre Befunde idealtypisch in vier Berichtszeugnis-Kategorien (vgl. BENNER 1995, 205–236):

- Das „normative Zeugnis" misst das Kind an einer Ideal- oder Normvorstellung. Zum normativen Zeugnis passt, dass „hier ‚heimliche' Zensuren eingearbeitet sind", z. B. über *befriedigende* Leistungen oder ein *gutes* Schriftbild.
- Das „schöne Zeugnis" hebt auf die positiven Aspekte der Entwicklung eines Kindes ab und stellt sie in den Vordergrund. Dieses Zeugnis „beschönigt" gewissermaßen die Realität und versteht sich als Ermutigung. Mängel, Lücken, Fehlentwicklungen etc. bleiben unerwähnt.
- Das „deskriptive Zeugnis" bemüht sich, „ohne zu beschönigen oder zu verurteilen" den Lernprozess deskriptiv nachzuzeichnen. Es „verzichtet […] weitgehend auf Ermutigungen. Es vermeidet […] Vermutungen über künftige Entwicklungen" (224 f.).
- „Das Zeugnis auf dem Weg zum pädagogischen Entwicklungsbericht" sieht nicht mehr nur auf die Leistungen und Lernfortschritte der Kinder, sondern bezieht die Lernsituation mit ein. Es spiegelt „einen Unterricht wider, der von dieser Verpflichtung zum *persönlichen Engagement für das individuelle Kind* geprägt ist. Es ermutigt durch die Beschreibung einer ermutigenden Praxis" (225 f.).

Zeugnistyp	Merkmale
normatives Zeugnis	Zeugnis mit verdeckten Noten
schönes Zeugnis	Verzicht auf negative Informationen
deskriptives Zeugnis	Information über das Kind
Entwicklungsbericht	Information über Kind und Lernsituation

Tab. 5: Unterschiedliche Typen von Berichtszeugnissen

BENNER/RAMSEGER gehen sehr kritisch mit dem so genannten „normativen" und dem „beschönigenden" Zeugnis um. Beide Formen sind in der Praxis offensichtlich mit Abstand am weitesten verbreitet. Unter pädagogischen Gesichtspunkten sind sie aber fragwürdig. Der Entwicklungsbericht ist die angestrebte Form. Er kann – zumindest vom Ansatz her – auch individuell-prognostische Aspekte enthalten und damit einen weiteren Kritikpunkt an der herkömmlichen Ziffernbewertung aufgreifen (vgl. RICHTER 1999). In seiner kritischen Würdigung der Berichtszeugnisse schreibt Ingenkamp jedoch, dass sich im Kern „nur die Mitteilungsform geändert hat, ohne die diagnostische Praxis durch wesentlich mehr als beschwörende Appelle zu berühren" (INGENKAMP 1989, 123). Abschwächend könnte man dieser Kritik hinzufügen, dass Berichtszeugnisse von ihrem Ansatz her zweifellos mehr erreichen sollten – dennoch wäre auch eine Verbesserung der Mitteilungsform bereits ein Fortschritt.

Ausgehend von den USA hat sich als neues Konzept die Portfoliobewertung etabliert. Damit wird eine zielgerichtete Sammlung von Schülerarbeiten bezeichnet, die die Lernbemühungen, die Entwicklung und das Lernergebnis präsentiert (vgl. LISSMANN 2001, 486-497). Im Gegensatz zu den bislang genannten Formen zielt die Portfoliobewertung auf die Langzeitentwicklung ab und bezieht die Schülerinnen und Schüler bei der Auswahl und Bewertung von Arbeiten mit ein. Obwohl die weiter oben diskutierten Grundprobleme durch die Portfoliobewertung im Wesentlichen unberührt bleiben, sind das Bemühen um eine Verbesserung der pädagogischen Diagnostik und die Einbeziehung der Lernenden positiv zu würdigen.

4.3 Fazit

Leistungsmessung/Leistungsbewertung stellen einen besonders kritisch diskutierten Bereich des Berufsfeldes von Lehrerinnen und Lehrern dar. Trotz Fortbestehen der Grundprobleme könnte die Auseinandersetzung mit Leistungsmessung/Leistungsbewertung professionalisiert werden, wenn Lehrerinnen und Lehrer Antworten auf folgende Leitfragen geben.

❶ Welche Leistung wird erwartet (kognitiv, sozial, affektiv, pragmatisch)?
❷ Wie wird die Leistung gemessen (Häufigkeit, Richtig-falsch-Entscheidung, Zielannäherung, Rating)?
❸ In welchem Bezugssystem wird die Leistung bewertet (Sozialnorm, Sachnorm, Individualnorm)?
❹ Welchen Aussagewert soll die Bewertung haben (retrospektiv, prognostisch)?
❺ Welche Funktion soll in der Bewertung dominieren (Information, Steuerung, Sozialisation, Auswahl, Chancenausgleich)?

12 Hilbert Meyer:
Unterricht analysieren, planen und auswerten

Spätestens im ersten Schulpraktikum stehen Sie vor der Aufgabe, eine 45-Minuten- oder eine Doppelstunde planen zu müssen. Ich rate Ihnen, vor dieser ersten Stunde Ihres Lebens:

- zuvor mehrere Stunden lang in der Klasse zu hospitieren,
- den Lernstand und die Motivationslage der Schülerinnen und Schüler zu erkunden,
- ein Beratungsgespräch mit der Mentorin/dem Mentor zu führen und das Thema, die Ziele und die Methoden der Stunde zumindest grob vorher mit ihr/ihm abzusprechen,
- die Namen der Schülerinnen und Schüler auswendig zu lernen
- und sowohl bei der Vorbereitung wie auch bei der Durchführung der Stunde darauf zu achten, die Schülerinnen und Schüler nicht als Objekte Ihrer Belehrungssucht zu betrachten, sondern sie zu Ihren Verbündeten im gemeinsamen Lehr-Lernprozess zu machen.

Sie sollten sich für das Austüfteln der ersten eigenen Unterrichtsstunden ausreichend Zeit freischaufeln. Das Beste ist immer, wenn Sie sich mit ein oder zwei Kommilitonen zusammentun und gemeinsam durchdenken, wie die Stunde laufen könnte. Ich möchte Ihnen in diesem Kapitel einen theoretischen Rahmen für die Bewältigung dieser Aufgabe anbieten und zugleich eine Reihe von Ratschlägen formulieren, die Sie natürlich situationsspezifisch variieren können.

1 Didaktische Spirale

Die Analyse, die Planung, die Durchführung und die Auswertung des Unterrichts bilden eine *logische Einheit*, wie dies auch für Planungsprozesse in zahlreichen anderen Lebensbereichen typisch ist. Immer geht es darum, eine Aufgabe im Wechsel von Aktion und Reflexion zu bewältigen. Da kein Lehrer den Unterricht „just for fun" plant und auswertet, gibt es zumeist – nicht immer – einen fließenden Übergang von der Auswertung des vergangenen Unterrichts in neue Planungsüberlegungen. Dadurch entsteht eine didaktische Spirale, in der die vier Stationen immer wieder neu durchlaufen werden[1]:

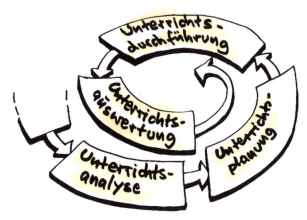

Abb. 1: Didaktische Spirale

Bei der Unterrichtsplanung werden Unterrichtsbeobachtungen, Lehrplan- oder Schulbuchvorgaben, eigene Zielsetzungen und Überlegungen zu den organisatorischen Rahmenbedingungen miteinander verknüpft. Deshalb ist der *logische Status* der bei den vier „Stationen" der Spirale getroffenen Aussagen jeweils ein anderer:

- Bei der Analyse geht es darum, Unterrichtsprozesse möglichst präzise und vorurteilsfrei zu beobachten und die Beobachtungsergebnisse zu interpretieren. Die Beobachtungsaussagen sind, logisch betrachtet, Tatsachenfeststellungen, also deskriptiv (= beschreibend). In die Interpretationen fließen aber Wertgesichtspunkte ein.
- Bei der Planung geht es darum, Ziele zu formulieren, Themen festzulegen und sie in Entscheidungen und Handlungspläne zu übertragen. Diese Aussagen sind präskriptiv (= vorschreibend).
- Bei der Durchführung geht es darum, die Unterrichtswirklichkeit zu bewältigen. Dabei müssen die in der Analyse gewonnenen Einsichten und die bei der Planung getroffenen Entscheidungen in Haltungen und Aktionen übertragen werden. Da es in jeder Stunde nicht geplante Momente und Überraschungen gibt, wird das Analysieren und Planen während des Unterrichtens als „reflexion-in-action" (vgl. SCHÖN 1983, 76–104) fortgesetzt.

---

[1] HERBERT ALTRICHTER und PETER POSCH beschreiben dies im Anschluss an DONALD SCHÖNS Konzept des „reflektierenden Praktikers" als Aktions-Reflexionsspirale (vgl. ALTRICHTER/POSCH 1998, 17).

1 Didaktische Spirale

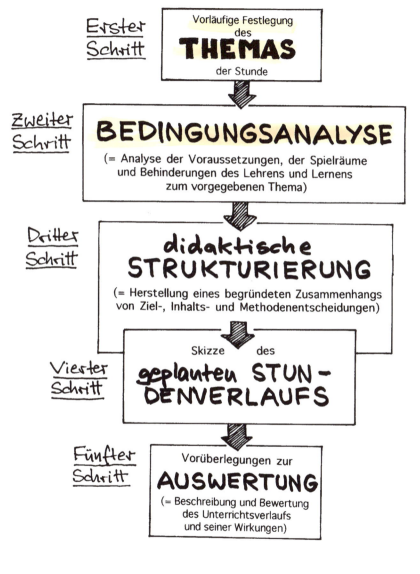

Abb. 2: Didaktische Strukturierung

- Gegenstand der Auswertung ist die Beschreibung und Bewertung des tatsächlichen Unterrichtsverlaufs und seiner Wirkungen. Man sagt dazu auch Erfolgskontrolle, Evaluation oder Bewährungsprüfung. Dabei geht es nicht nur um die Frage, ob die gesetzten Ziele erreicht wurden. Auch überraschende Ereignisse und ungewollte Ergebnisse und Effekte des Unterrichts können Gegenstand der Auswertung sein. Bei der Auswertung werden deskriptive Aussagen mit Bewertungen, also normativen Aussagen verknüpft.

Aus der didaktischen Spirale leite ich den auf S. 149 abgebildeten, aus fünf Schritten bestehenden Grundraster zur Strukturierung des Unterrichts ab. Ich werde die fünf Schritte nun der Reihe nach erläutern.

2 Themen- und Aufgabenstellung

Ich rate Ihnen, begrifflich und inhaltlich zwischen dem *Thema* und dem *Inhalt des Unterrichts* zu unterscheiden: Das Thema wird von der Lehrerin/vom Lehrer gestellt bzw. mit den Schülerinnen und Schülern vereinbart. Der Inhalt wird auf der Grundlage der zuvor getroffenen Themenfestlegung durch das didaktisch-methodische Handeln des Lehrers und der Schülerinnen und Schüler im Unterrichtsprozess erarbeitet. Zum Inhalt einer Stunde gehören also auch die nicht geplanten Ereignisse (siehe S. 110, These 1; vgl. auch JANK/MEYER 2002, 53). Im vereinbarten Thema stecken zumeist schon implizite Ziel- und Aufgabenstellungen. Deshalb lautet der erste Arbeitsauftrag bei der Vorbereitung einer Unterrichtsstunde:

> **Arbeitsauftrag 1:** Versuchen Sie, die Themenstellung in eine von den Schülerinnen und Schülern zu lösende Aufgabe umzuformulieren.

- Das *Thema* einer Stunde könnte z. B. lauten: „Greenpeace".
- Das *implizite Ziel* könnte lauten: „Die Schülerinnen und Schüler sollen erkennen, dass es zwischen Profitinteressen, Arbeitsplatzsicherung und Umweltschutz zu Konflikten kommen kann."
- Die abgeleitete *Aufgabenstellung* könnte lauten: „Die Schülerinnen und Schüler sollen im Unterricht ein Streitgespräch zwischen Umweltschützern, Arbeitgebern und Arbeitnehmern simulieren und die vorgebrachten Argumente auswerten."

Für Berufsanfänger ist es manchmal schwer, die impliziten Zielstellungen eines Stundenthemas zu durchschauen und geeignete Aufgabenstellungen zu formu-

lieren, während berufserfahrene Lehrerinnen und Lehrer umgekehrt in der Gefahr stehen, viel zu schnell bestimmte Themen mit ganz bestimmten Zielstellungen und didaktisch-methodischen Routinen zu koppeln.
Als Anfänger im Lehrberuf sollten Sie die Themen- und die Aufgabenstellung mit Ihrem Mentor absprechen. Er kennt die Richtlinienvorgaben und überblickt die Lernvoraussetzungen der Schülerinnen und Schüler. Außerdem ist er dafür verantwortlich, die Einzelthemen in eine vernünftige curriculare Ordnung zu bringen. Wenn Ihnen der Mentor bei der Themenwahl freie Hand lässt, sollten Sie sich nicht scheuen, ein „Rosinenthema" zu wählen, das allerdings zum unterrichteten Fach passen und dem Entwicklungsstand der Schülerinnen und Schüler angepasst sein muss, das Ihnen selbst aber auch Spaß macht und bei dem die Hoffnung berechtigt ist, dass die Schülerinnen und Schüler ihre Interessen einbringen können.

3 Bedingungsanalyse

Gegenstand der Bedingungsanalyse ist die Ermittlung wesentlicher Voraussetzungen, die bei der von Ihnen zu haltenden Stunde gelten. Da Unterricht ein hochkomplexer Vorgang ist, gibt es unendlich viele, nie und nimmer vollständig zu erfassende Voraussetzungen. Sie benötigen also Auswahlkriterien. Dabei ist es für Anfänger nahe liegend, die Bedingungen im Blick auf mögliche Unterrichtsstörungen zu durchdenken. (Dazu liefert das 14. Kapitel Hilfen.)
Die Analyse der Unterrichtsbedingungen und der Lernvoraussetzungen muss geübt werden. Besonders wichtig ist dabei, die gefundenen Urteile auf präzisen Beobachtungen aufzubauen. Deshalb ein weiterer, dreifach gestufter Arbeitsauftrag:

> **Arbeitsauftrag 2:**
> 1. *Üben Sie sich im genauen Beobachten.* Achten Sie nicht nur auf die aktiven und lauten Schülerinnen und Schüler, sondern auch auf die Stillen im Lande. Achten Sie nicht nur auf die Verbalsprache, sondern auch auf die Körpersprache. Schauen Sie genau, welche Wechselwirkungsprozesse es zwischen den Aktionen des Lehrers und denen der Schüler gibt. (Dafür enthält Kapitel 8 vielfältige Anregungen.)
> 2. *Üben Sie sich im genauen Dokumentieren Ihrer Beobachtungen!* Dies können Sie auf unterschiedlichen Reflexionsniveaus betreiben (vgl. S. 98). Sie können sich eine Praktikumskladde anschaffen und einen bewusst subjektiv gehaltenen persönlichen Bericht über den Ablauf einer Stunde geben.

Sie können – nach vorheriger Absprache mit dem Lehrer und den Schülern – eine Fotodokumentation machen. Sie können sich auch einen **Beobachtungsbogen** zurechtlegen oder ein „Lern- und Forschungstagebuch" schreiben, um so schrittweise zu methodisch kontrollierten Unterrichtsdokumentationen zu kommen (vgl. ALTRICHTER/POSCH 1998, 26–50).
3. Erstellen Sie auf der Grundlage Ihrer Unterrichtsdokumentation eine *datenbasierte Interpretation*. Sie können z. B. analysieren, ob der Lehrer bestimmte Schüler bevorzugt oder nicht. Sie können klären, ob die Ziel-, Inhalts- und Methodenentscheidungen stimmig zueinander waren oder nicht.

4 Didaktische Strukturierung

Gegenstand der didaktischen Strukturierung[2] ist die Herstellung eines begründeten Zusammenhangs von Ziel-, Inhalts- und Methodenentscheidungen und die Ausformulierung eines Handlungsplans, mit dem die getroffenen Entscheidungen umgesetzt werden können.
Es gibt viele verschiedene Modelle zur didaktischen Strukturierung: WOLFGANG KLAFKI unterscheidet in seinem „Perspektivenschema zur Unterrichtsplanung" sieben Felder (1991, 272); PAUL HEIMANN nennt vier (s. o., S. 77). Ich schlage vor, den bei KLAFKI und HEIMANN ein wenig stiefmütterlich behandelten Komplex der Methoden auszudifferenzieren und komme dann zu fünf Strukturmomenten, die Sie bei der Vorbereitung Ihrer ersten Unterrichtsstunde durchdenken müssen (siehe Abb. 3, S. 153):

- Grundlage der *Zielentscheidungen* ist eine genaue Analyse, was das von Ihnen gewählte Thema „hergibt". Anders formuliert: Sie müssen die Lernpotenziale des Themas ermitteln.
- Grundlage der *inhaltlichen Strukturierung* ist die didaktische Analyse des gestellten Themas. Sie schließt die Klärung der fachlichen und fachwissenschaftlichen Grundlagen ein, geht aber nicht darin auf.

Bei der Festlegung der Ziel- und der Inhaltsstruktur können Ihnen die fünf auf S. 68 aufgelisteten Fragen aus WOLFGANG KLAFKIS Didaktischer Analyse als Richtschnur dienen.

---

[2] WOLFGANG KLAFKI nennt diesen Schritt „didaktische Analyse" (s. o., S. 68), PAUL HEIMANN spricht von der „Strukturanalyse" (s. o., S. 77). Ich finde die Wortwahl missverständlich, weil es in beiden didaktischen Modellen ja gerade um die Verknüpfung von Analyse und Entscheidung geht.

- Bei der Gestaltung der *Sozialstruktur* geht es um die Frage, wer wann mit wem zusammenarbeiten soll. Sie müssen also entscheiden, welche Sozialform für jeden Unterrichtsschnitt die richtige ist.
- Bei der Planung der *Handlungsstruktur* geht es darum, die geeigneten Lehr- und Lernformen auszuwählen. Dabei müssen Sie beachten, dass die Lehr-Lernformen, wie auf S. 116 beschrieben, eine eigene Zielorientierung haben, die zu Wechselwirkungen mit den Ziel- und Inhaltsentscheidungen führt.
- Bei der Planung der *Prozessstruktur* sollten Sie die verfügbare Zeit vernünftig aufteilen, also geeignete Unterrichtsschritte definieren und den methodischen Gang der Stunde festlegen. Damit ist gemeint, dass sich der zweite Schritt folgerichtig aus dem ersten, der dritte aus dem zweiten usw. ergibt (s. o., S. 118). Um beantworten zu können, ob Ihre Stundenplanung folgerichtig im definierten Sinne ist, müssen Sie für jeden Schritt klären, welche didaktische Funktion bzw. welche Funktionen er haben soll.

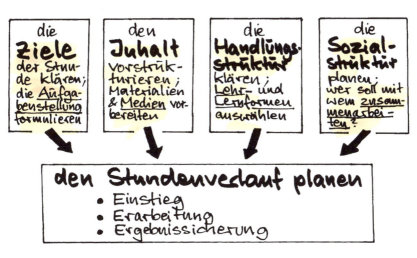

Abb. 3: Strukturmomente des Unterrichts

Keine Unterrichtsstunde ist ohne alle fünf Strukturmomente denkbar. Dennoch ist es nicht zwingend, diesen Raster zu übernehmen:

Arbeitsauftrag 3: Erarbeiten Sie sich im Verlaufe Ihrer Lehrerausbildung einen *eigenen Raster* zur Strukturierung des Unterrichts.

5 Auswertung

Meistens macht die Unterrichtsauswertung Spaß. Sie können – gemeinsam mit der Mentorin bzw. dem Mentor und den anwesenden Kommilitonen – die Stunde noch einmal „Revue passieren lassen", Sie können über auffällige Schülerinnen und Schüler sprechen, sich über unerwartete produktive Arbeitsergebnisse freuen usw. Weil aber Unterricht ein hochkomplexes Geschehen ist (s. o.), kann immer nur ein Bruchteil der tatsächlich abgelaufenen Prozesse ausgewertet werden. Deshalb sollte die Auswertung in der Regel ausbildungsorientiert erfolgen, also jene Punkte herauspicken, die für Ihre weitere Ausbildung wichtig und lehrreich sind. Sie können auch den Spieß umdrehen und Ihrem Ausbilder und den anwesenden Kommilitonen vor Stundenbeginn gezielte Beobachtungsaufträge stellen, die dann in der Auswertung besprochen werden.

> **Arbeitsauftrag 4:** Klären Sie für sich persönlich, welche Lernerfahrungen Sie beim eigenen Unterrichten machen und welche Ausbildungsziele Sie erreichen wollen. (Ein Kompendium zu dieser Aufgabe liefert Topsch 2002.)

6 Der „geplante Stundenverlauf" als Kern der Unterrichtsplanung

Für die schriftliche Fixierung des geplanten Verlaufs gibt es einen einfachen Raster, der überall im deutschsprachigen Raum empfohlen wird:

Zeit	Phasen	Unterrichtsschritte	a) Sozialformen b) Lehr-/Lernformen	Medien
7:50	Stundeneröffnung	1.) Begrüßung der Schüler und Schülerinnen; Information über Ablauf der Stunde	Frontal-unterricht	Tafelanschrieb
7:55	thematischer Einstieg	2.) Ich erzähle den Schülern eine kurze Geschichte zur Kinderarbeit in Südindien	frontal; Vortrag	–
		3.)		

Abb. 4: Geplanter Stundenverlauf

Der Raster ist für herkömmlichen, überwiegend frontal organisierten Unterricht gedacht – nicht für die Planung von Wochenplanarbeit, von Projekten oder Freiarbeit. Er kann für eine 45-Minuten-Stunde, aber auch für eine Doppelstunde genutzt werden. Der Raster hilft Ihnen, sich während des Unterrichts schnell zu orientieren und den Kopf für wichtige, bei der Planung noch nicht durchdachte Entscheidungen freizuhalten.

Sie müssen sich das Prinzip klarmachen, nach dem der Raster konstruiert ist. Es gibt in ihm zwei Achsen:

- die *Zeitachse*, in der die Abfolge der einzelnen Unterrichtsschritte festgehalten wird,
- und die *Handlungsachse*, auf der notiert wird, was die Lehrerin/der Lehrer und/oder die Schülerinnen und Schüler tun sollen.

In der Zeitachse geht es um den methodischen Gang der Stunde, in der Handlungsachse um die Frage, welches Handlungsergebnis mit Hilfe der ausgewählten Lehr-Lernformen erreicht werden soll. Zeit- und Handlungsachse werden eingerahmt durch die Entscheidung darüber, in welcher *Sozialform* die Schülerinnen und Schüler die gestellte Aufgabe bewältigen sollen.

Ich empfehle Ihnen, sich bei der Verlaufsplanung Ihrer Stunde an dem auf S. 118 skizzierten methodischen Grundrhythmus des Unterrichts zu orientieren. Er sieht eine methodische Linienführung von starker Lehreraktivität über starke Schüleraktivität zur gemeinsam verantworteten Schlussphase vor:

- Die *Einstiegsphase* dient dazu, eine gemeinsame Orientierungsgrundlage für alle zu schaffen. Dies heißt insbesondere, dass die Themen- und die Aufgabenstellung der Stunde mit den Schülern geklärt und danach der neue Lehrstoff/die Lernaufgabe präsentiert wird.
- In der *Erarbeitungsphase* sollen die Schüler das im ersten Schritt thematisierte Problem vertiefend bearbeiten. Dies kann auch ziel-, themen- und/oder methodendifferenziert in Kleingruppen geschehen.
- Die *Ergebnissicherung* soll eine Verständigung über das Erreichte und eine Absprache über die nächsten Arbeitsschritte leisten. Dieser Schritt ist m. E. der schwierigste. Obwohl vom Grundrhythmus her eine gemeinsame Unterrichtsführung durch Lehrer und Schüler nahe liegt, erfolgt die Ergebnissicherung oft einseitig lehrerzentriert: Weil die Zeit fast immer zu knapp ist, wird sie zum „Ausputzen" noch nicht fertig gewordener Teile genutzt. Weil die Arbeitsmoral in der Gruppen- oder Tandemarbeit nicht so war, wie es sich der Lehrer erhofft hatte, wird die Ergebnissicherung zur Leistungskontrolle und Disziplinierung verkürzt.

Beim Austüfteln Ihres geplanten Stundenverlaufs werden Sie merken, dass jede Unterrichtsstunde ein oder zwei, seltener drei *Scharnierstellen* hat. Oft ist das die Stelle, an der ein Arbeitsauftrag gegeben wird. Oft findet zugleich ein Wechsel der Sozialformen statt. Wem es nicht gelingt, präzise Arbeitsaufträge zu formulieren, hat zumeist die Ziel- und Inhaltsstruktur der Stunde noch nicht zu Ende gedacht. Dann müssen Sie dort nachbessern! Ich rate Ihnen, den Arbeitsauftrag vor Beginn der Stunde genau auszuformulieren. Sie sollten keine Scheu haben, ihn auf einer Karteikarte zu notieren, ihn in der Stunde wörtlich vorzulesen oder an die Tafel zu schreiben.

7 Schluss

Anfänger verfügen noch nicht über die Reflexions- und Handlungsroutinen der Profis. Sie verstehen sich noch nicht so gut wie diese auf das „Komplexitätsmanagement", also das zielstrebige Steuern des Unterrichtsablaufs und das leise Regeln großer und kleiner Störungen am Rande. – Und dennoch passiert es immer wieder, dass schon die erste Unterrichtsstunde zu einem tollen Erfolg wird. Warum? – Weil die meisten Schülerinnen und Schüler Profis im Umgang mit Praktikanten sind und weil sie ein feines Gespür dafür haben, ob es die Übe-Lehrerin gut mit ihnen meint oder nicht. Wesentlich für den Erfolg ist also immer auch die *Haltung*, mit der Sie den Schülerinnen und Schülern gegenübertreten. Sie dürfen beim Unterrichten ruhig Unsicherheiten zeigen. (Versuche, Unsicherheiten durch forsches Auftreten zu überspielen, scheitern sowieso fast immer.) Entscheidend für den Erfolg ist die Frage, ob es Ihnen gelingt, mit den Schülerinnen und Schülern ein Arbeitsbündnis herzustellen.

13 Hanna Kiper:
Umgang mit Heterogenität

In der gegenwärtigen Diskussion um Heterogenität lassen sich verschiedene Traditionslinien unterscheiden. Die *jüngste* resultiert aus demokratischen gesellschaftspolitischen Bewegungen (wie der Frauenbewegung, der antirassistischen Bewegung und der Behindertenbewegung), die kritisch die Erziehungs- und Bildungseinrichtungen in den Blick nehmen, Formen der Ausgrenzung kritisieren und für eine gemeinsame Beschulung aller Kinder eintreten. Verschiedenheit erscheint als Chance für soziale Lernprozesse (vgl. PRENGEL 1993).
Die *schulpädagogische Diskussion* basiert darauf, dass Traditionen des Umgangs mit der Verschiedenheit von Kindern und Jugendlichen unter den Stichworten der „äußeren" und „inneren Differenzierung" in ihrer Funktionalität für die Gestaltung von Schule und Unterricht erörtert werden (vgl. FISCHER 1962, MEYER-WILLNER 1979, SCHITTKO 1984).
Die *dritte Tradition* ist Teil des Versuchs, auf wissenspsychologischer Grundlage über die Organisation von Lernprozessen unter Berücksichtigung von Verschiedenheit nachzudenken (vgl. SEEL 2000, 64). Ich möchte im Folgenden diese drei Traditionen näher skizzieren.

1 Pädagogik der Vielfalt

Die Pädagogik der Vielfalt akzentuiert – bezogen auf Fragen von Gleichheit und Verschiedenheit – die Kategorien Ethnizität, Geschlecht und Gesundheit/Behinderung. ANNEDORE PRENGEL hat 1993 die Erträge der Interkulturellen Pädagogik, der Feministischen Pädagogik und der Integrationspädagogik so gebündelt, dass sie einen – ihnen eingeschriebenen – Differenzbegriff markiert.
Dem demokratischen Verständnis von Differenz ist die Ablehnung von Hierarchie und Hegemonie, die Einforderung von Gleichheitsrechten, die Offenheit für Unvorhersehbares und Inkommensurables, die Wahrnehmung verschiedener Lebensweisen und die unterschiedliche Verarbeitung von Lebenserfahrungen gemäß. „Differenz ohne Gleichheit bedeutet gesellschaftlich Hierarchie, kulturell Entwertung, ökonomisch Ausbeutung, Gleichheit ohne Differenz bedeutet Assimilation, Anpassung, Gleichschaltung, Ausgrenzung des Anderen" (PRENGEL 1993, 182 f.).

Auf der Grundlage pädagogischer Auseinandersetzung darüber, welche Gleichheit und welche Differenz angestrebt werden soll, nennt PRENGEL Elemente einer Pädagogik der Vielfalt, die Anerkennung in drei Dimensionen konkretisiert: „die Dimension der Anerkennung der einzelnen Person in intersubjektiven Beziehungen, die Dimension der Anerkennung gleicher Rechte, hier auch gleicher institutioneller Zugänge und die Dimension der Anerkennung der Zugehörigkeit zu (sub-)kulturellen Gemeinschaften" (PRENGEL 1993, 184).

PRENGEL konkretisiert die Pädagogik der Vielfalt durch verschiedene Elemente, die auf Selbstanerkennung, Kennenlernen und Anerkennen der Anderen, Entdecken von Gemeinsamkeiten und Achtung zielen. Ein gemeinsamer Unterricht aller Kinder in heterogenen Lerngruppen, der nicht nur von den Lernvoraussetzungen der einzelnen Schülerinnen und Schüler ausgeht, sondern versucht, ihre Erfahrungen als Minderheitenkinder, als Mädchen und Jungen, als behinderte oder gesunde Kinder ernst zu nehmen und einzubeziehen, steht vor der Aufgabe, Wege aufzuzeigen, so dass Kinder und Jugendliche ihre je individuelle Perspektivität auf die Sache, die auch von „heterogener Kollektivität" (PRENGEL 1996, 195 f.) bestimmt sein kann, einbringen können.

Fragt die Lehrkraft nach möglichen individuellen und kollektiven Erfahrungen (z. B. in Abhängigkeit von Geschlecht oder Ethnizität), dann sind diese bei der Planung, Durchführung und Analyse des Unterrichts mitzubedenken (vgl. KIPER 1997a). Die Pädagogik der Vielfalt rückt Fragen der Verschiedenheit der Schülerinnen und Schüler unter Berücksichtigung möglicher kollektiver Erfahrungen in den Blick. Sie schließt damit an soziale Bewegungen an und versucht ihre Erträge für pädagogische Arbeit in der Schule fruchtbar zu machen.

2 Schulische Wege der Differenzierung

Die traditionelle schulpädagogische Diskussion hebt ab auf individuelle Unterschiede von Lernenden bezogen auf eine Reihe von Persönlichkeitsmerkmalen (z. B. genetisches Potenzial, Intelligenz, Arbeitstempo, Einstellungen, Motivationen, vorgängige Lernerfahrungen, Anstrengungsbereitschaft und Belastbarkeit, Gedächtnis- und Konzentrationsfähigkeit). Gerade im mehrgliedrigen Schulsystem in der Bundesrepublik Deutschland wird Verschiedenheit nicht als Chance für gemeinsames Lernen in heterogenen Gruppen erkannt, sondern die Formung relativ homogener Lerngruppen (bezogen auf ausgewählte Merkmale) angestrebt. Im institutionalisierten Unterricht versucht man, den individuellen Merkmalsunterschieden durch Maßnahmen äußerer und innerer Differenzierung zu begegnen.

2 Schulische Wege der Differenzierung

Institutionelle Entscheidungen unterteilen wir in Selektion, Platzierung und Klassifikation. „Bei der *Selektion* wird auf der Grundlage einer diagnostischen Information über die Annahme oder Ablehnung von Individuen für eine ‚Behandlung' (treatment) entschieden" (SCHWARZER 1974, 10). *Platzierungsentscheidungen* werden nach der Klasse 4 oder 6 vorgenommen, wenn Lernende auf verschiedene Schularten aufgeteilt werden. Die *Klassifikation* verwendet mehrdimensionale diagnostische Informationen, die Individuen „einer von mehreren Kriteriumsvariablen zuordnen. So könnte man z. B. aufgrund der Kenntnis des Lerntempos, der situativen Motivation und des Vorwissens (dreidimensionales Modell) die Schüler z. B. einer Laborgruppe, einer Filmgruppe oder einer Lehrprogrammgruppe zuordnen" (SCHWARZER 1974, 10).

Eine Form *äußerer Differenzierung* (globale Niveaudifferenzierung) besteht in der Einrichtung verschiedener Schulformen (Hauptschule, Realschule, Gymnasium) im Sekundarbereich I (streaming), denen idealtypisch unterschiedliche Bildungsgänge entsprechen. In den Einzelschulen werden vielfach Schülerinnen und Schüler – ihren Lernvoraussetzungen und Leistungen entsprechend – in *homogenen Gruppen* zusammengefasst. Dazu zählen Jahrgangsklassen, Schulklassen für so genannte Seiteneinsteiger, die im Rahmen von Einwanderungsprozessen nach Deutschland kamen und in besonderen Klassen zusammengefasst wurden oder Klassen für besonders begabte Jugendliche, die in kürzerer Zeit einen Schulabschluss (Abitur) anstreben.

Traditionell wird in der Einzelschule differenziert nach Alter (Jahrgangsklasse), nach Geschlecht (getrennter Unterricht für Mädchen und Jungen in Sport resp. Technik/Hauswirtschaft), nach Religion/Konfession (getrennter konfessionell verantworteter Religionsunterricht), nach Schulleistung (Fachleistungskurse (setting)) und nach Interessen/Neigungen (Wahlpflichtkurse und Arbeitsgemeinschaften). Kurz: Die Tendenz zur Bildung homogener Lerngruppen (unter ausgewählten Kriterien) zeigt sich in einer Vielfalt von Differenzierungen innerhalb der Einzelschule. Innerhalb einzelner Schulklassen wird mit Formen der Differenzierung und Individualisierung experimentiert. Darunter verstehen wir das Bestreben, „den Unterricht (die externen Bedingungen) an die internen Bedingungen eines Schülers oder einer Lerngruppe anzupassen. Dies kann durch die Variierung der Lehrziele, der Lehr-/Lernverfahren, der Lernmaterialien, der Lernhilfen, der Lernzeit erreicht und durch schulorganisatorische Maßnahmen unterstützt werden" (MEYER-WILLNER 1979, 24).

Bezogen auf den einzelnen Lerner bedeutet die Herstellung von Homogenität, dass es zu Krisen oder Brüchen in der Schullaufbahn durch *schulorganisatorische Maßnahmen* (Zurückstellung, Wiederholung von Schulklassen, Überweisung in andere Schulen) kommt, die jedoch meist keine Leistungsverbesserung auf Dauer ermöglichen. Wird – orientiert am individuellen Kind – nach einer Lösung gesucht, wird es nur zeitweilig aus seiner Lerngruppe entfernt und einzeln (oder gemeinsam mit anderen) unterstützt (z. B. durch Förderunterricht), sprechen wir von einer *individuumzentrierten Lösung. Pädagogische Lösungen* zielen darauf, ein auf die individuellen Voraussetzungen abgestimmtes Lernangebot bereitzustellen (vgl. KORNMANN 1995, 368 f.; 1998). Das bedeutet, dass das Unterrichtskonzept, die Lernanforderungen, die angelegten Beurteilungsmaßstäbe und das Unterrichtsklima unter dem Fokus untersucht werden, ob sie zu den individuellen Lernvoraussetzungen der verschiedenen Schülerinnen und Schüler passen (vgl. KORNMANN 1995, 369; 1998, 62).

Freie Arbeit ist eine Hochform differenzierender und individualisierender Arbeitsverfahren.

	Offenheit der Aufgaben (Lernanforderungen)	Offenheit des Lehrprozesses (Rolle des Lehrers)	Offenheit des Lernprozesses (Rolle des Kindes)
Starke Öffnung	Der Schüler plant Aktivitäten nach seinen eigenen Interessen.	Wenig Überwachung. Keine Hilfe. Wenig Beobachtung.	Freies Erkunden oder Entdecken.
Mittlere Öffnung	Lehrer und Schüler planen gemeinsam. Der Schüler wählt aus festgelegten Aufgaben aus.	Starke Überwachung. Der Lehrer beobachtet genau, gibt eventuell Anregungen oder stellt Fragen.	Erkunden mit Unterstützung, Führung.
Geringe Öffnung	Der Schüler arbeitet an festgelegten Aufgaben.	Direktes Unterrichten.	Einem festgelegten Ablauf folgen.

Tab. 1: Skalierung von Offenheit (Nach: KUNERT 1978, 20)

Wenn Unterricht in vielen Dimensionen geöffnet bzw. wenn Freie Arbeit konsequent praktiziert wird, kommt es zu einer Auflösung des Klassenunterrichts und seiner Ersetzung durch weitgehende Individualisierung. Angemessene Differenzierung erfordert daher „1. eine präzise operationale Definition von Lernzielen, 2. die Entwicklung von Lernsequenzen, 3. die Diagnose von Lernvoraussetzungen, 4. die Entwicklung von diagnostisch ergiebigen Prüfverfahren, 5. die Entwicklung von alternativen Lernsequenzen, die auf Grund einer diagnostischen Prüfung angeboten werden" (ROEDER 1974, zitiert nach MEYER-WILLNER 1997, 86).

3 Lehren und Lernen und der Umgang mit Heterogenität

Der dritte Traditionsstrang stellt die kognitiven Lernprozesse und deren Förderung in den Mittelpunkt. Auf dem Hintergrund einer Auseinandersetzung mit Wegen der Wissensvermittlung im Unterricht (vgl. LANDWEHR 1997) stellt sich auch die Frage nach der Berücksichtigung einer heterogenen Schülerschaft neu.

> „(1) Ziel des Unterrichtes ist es, Möglichkeiten zu schaffen, daß die Lernenden die reale Welt (objektives Wissen) verstehen. Deshalb sind kognitive Lernziele zu erreichen, bei denen aber nicht nur das Lernergebnis (Produkt), sondern auch der Lern- und Denkprozeß bedeutsam ist (Kognition und Metakognition). (2) Aufgabe der Unterrichtenden ist es, eine günstige Lernumgebung zu schaffen, in der Denkprozesse fortlaufend angeregt werden. Dies ist umso eher der Fall, je mehr die Lernenden die Gelegenheit zum aktiven Handeln und Denken erhalten, und je stärker durch strukturierende Hilfen der beschränkten Aufnahmekapazität von Wissen Rechnung getragen wird [...]. (3) Denkprozesse werden [...] durch die Vorgabe von komplexeren Lernarrangements [...], die bei den Lernenden eine Fragehaltung und einen Suchprozeß auslösen, der zu Können und Einsichten führt, die auf andere Situationen übertragbar sind (Transfer)" (in Gang gesetzt). „(4) Für das eigene Lernen wichtig sind Lernstrategien. Lernstrategien sind systematische Vorgehensweisen (Pläne) beim Lernen. [...] Aufgabe der Lehrkräfte ist es, mit den Schülerinnen und Schülern Lernstrategien zu entwickeln" (DUBS 1995, 26 f.).

ROLF DUBS plädiert für einen variationsreichen, effektiven Unterricht, „in welchem Unterrichtsverfahren, Lehrmethoden, Lernformen, Unterrichtsverhalten und Lehrerverhalten vielfältig und auf die Lernziele ausgerichtet sinnvoll kombiniert und variiert werden. [...] In der Tendenz schreitet der Unterricht in möglichst vielen Lernabschnitten oder Themenbereichen vom gut strukturierten, durch direktes Unterrichtsverhalten geprägtes Lehren, bei dem Denk- und Lernstrategien an den jeweiligen Unterrichtsinhalten [...] die entscheidende Rolle spielen, zum selbstgesteuerten Lernen mit der Eigenkonstruktion von Wissen und dessen vielseitiger Anwendung" (DUBS 1995, 53).

SIEGFRIED PRELL unterscheidet verschiedene Arten der Wissensorganisation, die zugleich Ebenen des Lernens in der Schule darstellen, nämlich *deklaratives Wissen als das Wissen, „was" man lernt* (Lernen und Kenntnis von Fakten und Prinzipien; Wiedererinnerung und Reproduktion), *prozedurales Wissen als das Wissen, „wie man lernt"* (Entwickeln von Fertigkeiten wie Lesen, Schreiben, Rechnen, Denken, Telephonieren), *konditionales Wissen als das Wissen, „wo" und „warum" das Gelernte Anwendung findet* und *reflexives Wissen als das Wissen, „warum" man lernt* (Ausbilden von Urteilsvermögen, wann Strategien sinnvoll verwendet werden in Anwendungs- und Transferaufgaben) (vgl. PRELL 2000). Angewendet auf den Lernprozess entwickelt ROLF DUBS folgende Überlegung:

> „Der Lernprozeß beginnt mit der Informationsaufnahme. Aufgrund von Aufgaben- und Problemstellungen nehmen die Lernenden viele Erscheinungen in der Umwelt wahr. Alle diese Eindrücke, die noch ungeordnet sind, werden im sensorischen Gedächtnis aufgenommen. In einem Schritt der Verwesentlichung müssen sie auf die Aufgaben- oder Problemstellung ausgerichtet werden und Sinn erhalten (Mustererkennung und Sinngebung). Ziel dieses Schrittes ist es, das Wesentliche zu erkennen, es als Wissen zu strukturieren und es zu verstehen (Wissenskonstruktion). Dies gelingt nur, wenn dieses Wissen, das im Kurzzeitgedächtnis Eingang gefunden hat, mit dem im Langzeitgedächtnis vorhandenen Wissen verknüpft wird, indem erweiterte und verfeinerte thematische Strukturen oder propositionale Netze konstruiert werden (Wissensintegration). Erst wenn die Wissensintegration stattgefunden hat, kann von dauerhaftem Lernen gesprochen werden, denn nur diese Verknüpfung des Neuen mit dem vorhandenen Wissen trägt dazu bei, daß es im Langzeitgedächtnis gespeichert wird. Schließlich sind durch das Bearbeiten von Aufgaben und das Lösen von Problemen im Zusammenhang mit dem deklarativen Wissen Verfahrensstrukturen (Denkpläne) zu konstruieren und weiterzuentwickeln. Dadurch wird einerseits das deklarative Wissen in Denkpläne eingebunden und andererseits entstehen auf diese Weise laufend neue Verfahrensstrukturen (Denkpläne), die teilweise automatisiert werden können, dass immer mehr Aufgaben und Probleme ohne große Anstrengungen gelöst werden können" (DUBS 1995, 170).

Nehmen wir eine solche Vorstellung vom Lernprozess an, dann ist über Strategien der Wissensvermittlung nachzudenken. Dazu gibt es eine Vielzahl von Überlegungen (vgl. EDELMANN 1996, SEEL 2000). Ich möchte hier das Modell der kognitiven Lehre (cognitive apprenticeship) vorstellen. Es sieht folgende Elemente vor (siehe Kasten auf der folgenden Seite).

Bezogen auf die *Inhalte* des Lernens werden verschiedene Wissenstypen unterschieden. „We use the term strategic knowledge to refer to the usually tacit knowledge that underlies an expert's ability to make use of concepts, facts, and procedures as necessary to solve problems and carry out tasks. This kind of expert problem-solving knowledge involves problem-solving strategies and heuristics, and the strategies that control the problem-solving process at its various levels of decomposition. Another type [...] includes the learning strategies that experts have about how to acquire new concepts, facts, and procedures in their own or another field" (COLLINS, BROWN, NEWMAN 1989, 477).

Zunächst sind die Schülerinnen und Schüler gefordert, sich Faktenwissen (aus den jeweiligen Lernbereichen oder Fächern) anzueignen. Dazu gehören auch spezifische Methoden und Verfahren, um die jeweiligen Inhalte zu erschließen *(Domänenspezifisches Wissen)*. Das bedeutet, dass eine Lehrkraft über solides

Characteristics of Ideal Learning Environments

Content	Sequence
Domain knowledge	Increasing complexity
Heuristic strategies	Increasing diversity
Control strategies	Global before local skills
Learning strategies	

Methods	Sociology
Modelling	Situated learning
Coaching	Culture of expert practice
Scaffolding and fading	Intrinsic motivation
Articulation	Exploiting cooperation
Reflection	Exploiting competition
Exploration	

(vgl. COLLINS/BROWN/NEWMAN 1989; FARNHAM-DIGGORY 1992)

fachbezogenes Wissen verfügen muss. Auf dieser Grundlage kann sie den Lernprozess der Schülerinnen und Schüler organisieren. Dabei ist der Bedeutungsgehalt des Problems und die Relevanz, sich mit diesem auseinander zu setzen, zu akzentuieren und an Vorkenntnissen der Schülerinnen und Schüler anzuknüpfen. Dann gilt es, nach Methoden und Verfahren zu suchen, die dabei helfen, einen Inhalt zu erschließen oder das vorgestellte resp. erkannte Problem zu lösen. „*Heuristic strategies* are generally effective techniques and approaches for accomplishing tasks that might be regarded as ‚tricks of the trade'; they don't always work, but when they do they are quite helpful" (COLLINS, BROWN, NEWMAN 1989, 478).

Kontrollstrategien zielen darauf, den Prozess der Aufgabenlösung zu überwachen. D. h. dass sowohl der Lernprozess als auch die Ergebnisse nicht einfach entgegengenommen und pädagogisch gewürdigt, sondern dass die Schülerinnen und Schüler angeleitet werden, ihren Prozess der Bearbeitung, ihre Lernwege und Ergebnisse durch Vergleich mit den Vorgehensweisen anderer oder den von der Lehrkraft genannten Kategorien, Modellen oder Maßstäben zu überprüfen. „The knowledge that experts have about managing problem solving can be formulated as control strategies. Control strategies require reflection on the problem-solving process to determine how to proceed. […] Control strategies have monitoring, diagnostic and remedial components; […]" (COLLINS, BROWN, NEWMAN 1989, 478 f.).

Wenn in diesem Prozess mit den Schülerinnen und Schülern darüber nachgedacht wird, was sie gerade tun, welche Probleme sich ergeben und mit welchen Problemlösestrategien sie diese angehen, welche Resultate sie finden und ob die Ergebnisse angemessen sind, wird metakognitiv gedacht. Die Schülerinnen und Schüler erwerben *Lernstrategien*, indem sie darüber nachdenken, was sie gerade tun, was sie davon verstehen und was sie auf vergleichbare Probleme anwenden können. Lernstrategien werden allgemein und domänenspezifisch orientiert vermittelt. Eine wichtige Bedeutung kommt den *Methoden* zu: „[...] a key goal in the design of teaching methods should be to help students acquire and integrate cognitive and metacognitive strategies for using, managing, and discovering knowledge" (COLLINS, BROWN, NEWMAN 1989, 480).

COLLINS, BROWN und NEWMAN fassen sechs Methoden in drei Gruppen zusammen: „the first three (modeling, coaching, and scaffolding) are the core of cognitive apprenticeship, designed to help students acquire an integrated set of cognitive and metacognitive skills through processes of observation and of guided and supported practice. The next two (articulation and reflection) are methods designed to help students both focus their observations of expert problem solving and gain conscious access to (and control of) their own problem-solving strategies. The final method (exploration) is aimed at encouraging learner autonomy, not only in carrying out expert problem-solving processes, but also in defining or formulating the problems to be solved" (COLLINS, BROWN, NEWMAN 1989, 481):

„*Modeling* involves an expert's carrying out a task so that students can observe and build a conceptual model of the processes that are required to accomplish the task" (COLLINS, BROWN, NEWMAN 1989, 481). Beim *Modellieren* zeigt die Lehrkraft durch Vormachen eine spezifische Handlungsausführung. Dabei wird nicht nur ein Muster (als Modell) präsentiert, sondern es werden auch wichtige Begriffe vermittelt. Beim Modellieren geht es nicht nur um den Erwerb von Kognitionen und Handlungsstrategien, sondern darum, Wege des Umgangs mit Gefühlen beim Lernen (z. B. Lernangst oder Angst vor Fehlern) zu erkennen.

„*Coaching* consists of observing students while they carry out a task and offering hints, scaffolding, feedback, modeling, reminders, and new tasks aimed at bringing their performance closer to expert performance" (COLLINS, BROWN, NEWMAN 1989, 481). *Coaching* bedeutet, dass die Lehrkraft die Lernenden beim Ausführen ihrer Handlungen beobachtet, evtl. auf Probleme aufmerksam macht und dazu auffordert, Ideen für Lösungen zu entwickeln resp. bei auftretenden Problemen direkte Hinweise gibt, wie sie gelöst werden könnten.

„*Scaffolding* refers to the supports the teacher provides to help the student carry out a task. These supports can either take the forms of suggestions of help [...], or they can take the form of physical supports [...]. A requisite of such scaffolding is accurate diagnosis of the student's current skill level or difficulty [...] in carrying out the target activity. *Fading* consists of the gradual removal of supports until students are on their own" (COLLINS, BROWN, NEWMAN 1989, 482).

Gerüst-Bauen (Scaffolding) und Ausblenden (Fading) bedeutet, dass die Lehrkraft Hilfen bereitstellt, die das Übernehmen des Ausführens von Aufgaben resp. ein Problemlösen durch die Schülerinnen und Schüler erleichtert. Je sicherer diese beim Problemlösen werden, desto mehr kann von den gegebenen Hilfestellungen zurückgenommen werden, desto stärker kann sich die Lehrkraft aus der Begleitung des Lernprozesses herausziehen.

„*Articulation* includes any method of getting students to articulate their knowledge, reasoning, or problem-solving processes in a domain. […] First, inquiry teaching […] is a strategy of questioning students to lead them to articulate and refine ‚prototheories' about the four kinds of knowledge enumerated. […] Second, teachers might encourage students to articulate their thoughts as they carry out their problem solving […]. Third, they might have students assume the critic or monitor role in cooperative activities, […] and thereby lead students to formulate and articulate their knowledge of problem-solving and control processes" (COLLINS, BROWN, NEWMAN 1989, 482). Artikulation bedeutet, die Lernerinnen und Lerner dazu aufzufordern, ihr Wissen, ihre Sicht des Problems, ihre Problemlösungsvorschläge, ihre Ideen und Schlussfolgerungen laut zu äußern.

„*Reflection* […] enables students to compare their own problem-solving processes with those of an expert, another student, and ultimately, an internal cognitive model of expertise. Reflection is enhanced by the use of various techniques for reproducing or ‚replaying' the performances of both expert and novice for comparison" (COLLINS, BROWN, NEWMAN 1989, 482 f.). Reflexion meint den gemeinsamen Rückblick und das gemeinsame Nachdenken über die ausgeführten Handlungen und über die angestellten Überlegungen. Sie zielt darauf, die Lernerhandlung evtl. neu zu akzentuieren, zu korrigieren und sie der Expertenhandlung anzunähern resp. auf einer metakognitiven Ebene Erkenntnisse umzustrukturieren und anschlussfähig zu machen.

„*Exploration* involves pushing students into a mode of problem solving on their own" (COLLINS, BROWN, NEWMAN 1989, 483). Bei der Exploration geht es darum, die erworbenen Wissensbestände, Problemlösestrategien und Lern- und Handlungsstrategien in anderen Kontexten und bezogen auf andere Problemlagen auszuprobieren, das Gelernte neu anzuwenden und auf andere Bereiche zu übertragen.

Sequenz: Um die Bedeutung der Auseinandersetzung mit einem Problem zu erkennen, ist es mit dem Vorwissen resp. den Vorkenntnissen der Lernerinnen und Lerner zu verknüpfen und in einen bedeutsamen Kontext einzubinden. Der Sinn der Auseinandersetzung mit einer Frage muss deutlich werden, bevor sie im Detail bearbeitet werden kann *(Erst global, dann lokal).* Die Bearbeitung eines Problems geschieht so, dass zuerst einfache und dann komplexere Probleme bearbeitet werden *(ansteigende Komplexität).* Wird zunächst auf ein Detailproblem fokussiert, kann im Verlauf des Lernprozesses auf weitere Perspektiven und Sichtweisen eingegangen werden *(ansteigende Diversität)*. Das bedeutet für die Gestaltung von Lernumgebungen, dass Vereinfachungen zu vermeiden und reale Komplexitäten und Irregularitäten aufzuzeigen sind. Neben Falldarstellungen sind Auseinandersetzungen mit Problemen und Konzepten zu unterschiedlichen Zeiten oder in verschiedenen Ländern denkbar.

„The chief effect of this sequencing principle is to allow students to build a conceptual map, so to speak, before attending to the details of the terrain. In general, having students build a conceptual model of the target skill or process […] accomplishes two things: First, even when the learner is able to carry out only a portion of a task, having a clear conceptual model of the overall activity both helps him make sense of the pieces that he is carrying out and provides a clear goal toward which to strive as he takes on and integrates more and more of the pieces. Second, the presence of a clear conceptual model of the target task acts as a guide for the learner's performance, thus improving his ability to monitor his own progress and to develop attendant self-correction skills" (COLLINS, BROWN, NEWMAN 1989, 485 f.).

COLLINS, BROWN und NEWMAN nennen fünf Aspekte, die die *Soziologie* des Lernens mit beeinflussen. „1. *Situated Learning.* A critical element in fostering learning is to have students carry out tasks and solve problems in an environment that reflects the multiple uses to which their knowledge will be put in the future. Situated learning serves several different purposes. First, students come to understand the purposes or uses of the knowledge they are learning. Second, they learn by actively using knowledge rather than passively receiving it. Third, they learn the different conditions under which their knowledge can be applied. […] 2. *Culture of expert practice* refers to the creation of a learning environment in which the participants actively communicate about and engage in the skills involved in expertise, where expertise is understood as the practice of solving problems and carrying out tasks in a domain. […] 3. *Intrinsic motivation.* Related to the issue of situated learning and the creation of cultures of expert practice is the need to promote intrinsic motivation for learning. […] 4. *Exploiting cooperation* refers to having students work together in a way that fosters cooperative problem solving. […] 5. *Exploiting competition* refers to the strategy of giving students the same task to carry out and then comparing what each produces" (COLLINS, BROWN, NEWMAN 1989, 487 ff.).

Unter *Kultur der Expertenpraxis* verstehen wir das Einsozialisieren des Novizen in eine Kultur der Experten und die Annäherung zwischen der Kultur der Lernenden und der Kultur der Experten. *Intrinsische Motivation* und *Kooperation versus Wettbewerb* akzentuiert Überlegungen aus dem situierten Lernen, wobei der eigenen Motivation der Lernenden und dem Interaktionsgefüge Aufmerksamkeit geschenkt wird.

Nur auf dem Hintergrund eines differenzierten Nachdenkens über fördernde Lehr- und Lernstrategien kann angemessen über die Gestaltung des Unterrichts für heterogene Lerngruppen nachgedacht werden.

3.1 Didaktik auf der Grundlage einer Psychologie des Lehrens und Lernens

Auf der Grundlage des Wissens um Schritte des Lernprozesses ist von der Lehrkraft zu erwarten, dass sie

- richtige Lernprozesse organisiert,
- dabei ein diagnostisches Instrumentarium entwickelt, anhand dessen sie feststellen kann, ob eine Lehr-Lern-Situation gelingt oder scheitert, z. B. indem sie Prüffragen entwickelt, anhand derer sie Gelingen oder Scheitern feststellen kann,
- einen Dialog mit den Schülerinnen und Schülern über Lernprozesse organisiert (unter Rückgriff auf Methoden des Räsonierens, des Lauten Denkens, des Austauschs über Denkoperationen),
- die richtige Methode verwendet, die als „Gerüst" fungiert, um die Wissenserwerbsprozesse der Schülerinnen und Schüler zu unterstützen.

Eine Didaktik auf wissenspsychologischer Grundlage hilft als Suchraster dabei, bestehende didaktische und methodische Elemente für die Gestaltung des Lernprozesses der Schülerinnen und Schüler auszuwählen. Wir können – bezogen auf Schulleistungen – die Eingangsvoraussetzungen eines Lerners (Eingangsverhalten), die affektiven Eingangsmerkmale (Interessen, Einstellungen, Selbstbild), durch welche die Bedingungen mitbestimmt sind, unter denen ein Lerner eine Aufgabe in Angriff nimmt und die Qualität des Unterrichts (Hinweise, Beteiligung, Bestärkung, Rückkoppelung, Berichtigungen), die mitbedingen, wie effektiv ein Lerner eine Aufgabe meistert, unterscheiden. Daher stellt sich der Lehrkraft die Aufgabe, den Lehr- und Lernstoff zu analysieren (Benennung verschiedener Leistungsbereiche), ihn in Form von Lernzielen zu formulieren und darüber nachzudenken, wie der Lernprozess organisiert werden kann (Zuordnung von Leistungsdimensionen auf der Schülerseite). Dabei sind bei der Gestaltung verschiedener Unterrichtsarrangements nicht nur die unterschiedlichen Eingangsvoraussetzungen der Schülerinnen und Schüler zu berücksichtigen, sondern auch zu beachten, dass sie Lernziele auf unterschiedlichen Wegen erreichen können. Daher ist es notwendig, mit Schülerinnen und Schülern über ihre Lernprozesse ins Gespräch zu kommen, diese zu diagnostizieren und angemessen Rückmeldungen zu geben resp. Hilfe auf ihren eigenen Wegen zu den gesetzten Zielen zu gewähren.

CRONBACH (1975) unterscheidet drei Formen der Anpassung des Unterrichts an die individuellen Unterschiede der Schülerinnen und Schüler, nämlich

- „Anpassung durch Zuschneiden der Lehrziele auf das Individuum, um möglichst alle Schüler zu erfolgreichem Lernen zu führen *(mastery learning)*,
- Anpassung durch *kompensatorischen Unterricht*, indem ungünstige Lernvoraussetzungen (z. B. unzureichende Lern- und Arbeitstechniken) durch besondere Lehrmaßnahmen ausgeglichen werden,
- Anpassung durch *adaptiven Unterricht* i.S. des ATI-Ansatzes (Aptitude-Treatment-Interaction), der darauf zielt, den Lernvoraussetzungen und Fähigkeiten der Schüler mit speziellen Lehrmethoden zu entsprechen. Diese Idee gründet auf der plausiblen Annahme, dass andere Lehrmethoden nötig sind, um begabte Schüler zu unterrichten, so wie es besonderer Methoden bedarf, um weniger begabte Schüler zu unterrichten" (SEEL 2000, 65)

3.2 Adaptiver Unterricht

Adaptiver Unterricht unterscheidet sich von konventionellem Unterricht dadurch, dass der Unterricht an die individuellen Gegebenheiten angepasst wird (adaptive treatment). Dazu werden individuelle Schülermerkmale zu Beginn oder während des gesamten Lernprozesses diagnostiziert, um darauf bezogene (adaptive) Methoden zu finden, die dem besonderen Lernhintergrund, den Talenten, Interessen, gezeigten Leistungen und Fähigkeiten der einzelnen Schülerin resp. des einzelnen Schülers besser gerecht werden. Das bedeutet, dass die Lehrkraft versucht, Organisationsformen, Methoden und Medien an die individuellen Unterschiede von Lernenden (Lernfähigkeit und Lernbereitschaft merkmalsverschiedener Individuen) über innere Differenzierung und Individualisierung des Unterrichts anzupassen. Das setzt voraus, dass der Unterricht durch einen ständigen Wechsel von Lernaktivität und Lerndiagnose bestimmt ist (vgl. SCHWARZER 1974, 44). Es kommt darauf an, den individuellen Lernprozess während des Unterrichts (z. B. bei der Aufgabenbearbeitung) zu überwachen, Hilfen und Korrekturen zu geben sowie Schülerinnen und Schüler dabei unterstützen zu lernen, wie man lernt und sich selbst steuert (vgl. PRELL 2000, 232). SIEGFRIED PRELL plädiert für die Integration von Diagnose und Instruktion und verweist auf Evaluationstechniken, die dem einzelnen Lehrer dabei helfen, ein nützliches Feedback darüber zu erlangen, was, wie und wie gut die Schülerinnen und Schüler lernen.

REIMER KORNMANN zeigt, dass Lehrerinnen und Lehrer dazu einen diagnostischen Blick entfalten müssen. Hilfreich dazu sind *Beobachtungen, Gespräche* und *Befragungen*, die *Analyse von Produkten* der einzelnen Schülerinnen und Schüler unter dem Gesichtspunkt, welchen Lernprozess sie spiegeln und was ihre Fehler über den Stand ihres Lernprozesses aussagen (Fehleranalyse), die *testähnliche Überprüfung von Einzelsituationen* und Anforderungsanalysen (vgl. KORNMANN 1998, 68 ff.; SUHRWEIER/HETZNER 1993). Mit „Classroom-Assessment-Techniques" sollen die Lernvoraussetzungen vor Beginn des Unterrichts, diagnostische Überwachung und Feedback während des Unterrichts und eine Überprüfung der Lernzielerreichung am Ende einer Unterrichtssequenz erhoben werden.

4 Umgang mit Heterogenität – die bleibende Herausforderung an die Professionalität der Lehrkräfte

Die drei Ansätze zeigen, dass Lehrkräfte bezogen auf die Aufgabe des Umgangs mit Heterogenität besonders gefordert sind. Die bisherigen Formen der äußeren Differenzierung in Schulen erwiesen sich eher als Instrumente der Selektion; sie verhelfen nicht per se bei der Entfaltung einer Pädagogik der Förderung und Stützung. Die Pädagogik der Vielfalt verdeutlicht die Notwendigkeit, das universalistisch angelegte Curriculum durch die Perspektive einzelner Gruppen oder Individuen zu ergänzen. Das Nachdenken über die Gestaltung der Lehr-Lern-Prozesse verdeutlicht das Ausmaß an Herausforderung, vor dem Lehrerinnen und Lehrer stehen und zeigt, dass neu über Instruktionsprozesse nachgedacht werden muss.

14 Hanna Kiper:
Über das Leiten einer Schulklasse

Zu den Aufgaben einer Lehrerin oder eines Lehrers gehört es, die für den Unterricht oder das Schulleben notwendige Ordnung aufrechtzuerhalten. In der schulpädagogischen Literatur wurde die Aufgabe lange Zeit unter dem Stichwort „Disziplin" (vgl. CLOER 1982) diskutiert. Mit diesem Wort gehen widersprüchliche Assoziationen einher, nämlich das Wissen um die Notwendigkeit der Herstellung und Sicherung einer Ordnung, die Orientierung und Unterstützung gewährt und – quer dazu – die Erinnerung an Formen des Zwangs, der Strafe und Unterwerfung in und durch die Schule (vgl. RUTSCHKY 1987, 1988). Heute wird eher vom „Leiten einer Schulklasse" (GLÖCKEL 2000) gesprochen und die Managementrolle der Lehrkraft herausgestellt.

Es geht beim Leiten einer Schulklasse auch um die Herstellung und Sicherung einer Schulordnung und damit um die Frage, ob es sich dabei um eine hierarchische, von oben angeordnete und durchgesetzte Ordnung, basierend auf Unterordnung und Machtausübung oder um eine „demokratische Ordnung" handelt, die rational begründet und modifizierbar ist. Damit wird aber auch die Frage aufgeworfen, welche Möglichkeiten Schülerinnen und Schüler haben, die Ordnung der Schulklasse mitzugestalten und sich in Konfliktbearbeitungen und -lösungen einzubringen (vgl. KIPER 1997b).

In diesem Kapitel zeige ich – unter Rückgriff auf die pädagogische Tradition –, dass im 19. Jahrhundert das Verständnis von Erziehung eng mit Wartung, Disziplin und Unterweisung verbunden war. Um Disziplin herzustellen, wurden Erziehungsmittel eingesetzt. Verweisen die Erziehungsmittel auf Handlungen, die innerhalb eines Rahmens (Familie oder Schulklasse) und gestützt auf die pädagogische Beziehung angewandt werden, so ist der Begriff der „Ordnungsmaßnahme" eine juristische Kategorie und verweist auf Formen der Sanktionierung von Kindern und Jugendlichen bei einer Nichtbeachtung der Ordnung im Rahmen der verfassten Schule. In einer pädagogischen Strömung, die Schulkritik als Herrschaftskritik formulierte, wurden die „Leitungsaufgaben einer Lehrkraft" eher ignoriert; damit einher ging eine zunehmende Problematisierung des Verhaltens von Schülerinnen und Schülern. „Disziplinkonflikte" wurden nicht mehr als „Unterrichtsstörungen" beschrieben, sondern als Störungen der Kinder konstruiert. Gerade daher beschäftige ich mich mit den Leitungsaufgaben der Lehrerin bzw. des Lehrers und mit Techniken der Klassenführung.

1 Über das Verhältnis von Regierung, Unterricht und Zucht

Im 19. Jahrhundert wird unter Erziehung mindestens eine dreifache Aufgabenstellung gefasst: Pflege, Zucht und Unterweisung. So schreibt IMMANUEL KANT (1724–1804) in seiner Abhandlung „Über Pädagogik" (1803): „Der Mensch ist das einzige Geschöpf, das erzogen werden muß. Unter Erziehung nämlich verstehen wir die Wartung (Verpflegung, Unterhaltung), Disziplin (Zucht) und Unterweisung nebst der Bildung" (KANT 1984, 27).
JOHANN FRIEDRICH HERBART (1776–1841) war mehrere Jahre als Hauslehrer tätig, bevor er von 1809–1833 zum zweiten Nachfolger KANTS auf dem Lehrstuhl für Philosophie an der Universität Königsberg wurde. In seiner Schrift „Allgemeine Pädagogik, aus dem Zwecke der Erziehung abgeleitet" (1806) unterscheidet er „Regierung", „Unterricht" und „Zucht".
Unter der „Regierung der Kinder" versteht er das Schaffen einer Ordnung mit dem Ziel, Schaden und Streit zu vermeiden. Regierung zielt nicht darauf, einen „Zweck im Gemüte des Kindes zu erreichen"; sie will nur Ordnung schaffen (1983, 46). Als Maßregeln der Kinderregierung versteht er „Drohung", „Aufsicht", „Autorität" und „Liebe". Dagegen zielt „Erziehung" u. a. auf sittliche Bildung, auf die Ausbildung der Vielseitigkeit des Interesses, auf Einsicht und angemessenes Wollen (HERBART 1983, 54 ff.). Für HERBART ergänzt der „Unterricht" „Erfahrung" und „Umgang". Für ihn sind Erziehung und Unterricht untrennbar verknüpft. „Und ich gestehe gleich hier, keinen Begriff zu haben von Erziehung ohne Unterricht; so wie ich [...] keinen Unterricht anerkenne, der nicht erzieht" (HERBART 1983, 35). Zum Unterricht rechnet er auch die „Zucht". Er bestimmt das Verhältnis von Unterricht und Zucht so:

> „Die Erziehung durch Unterricht betrachtet als Unterricht alles dasjenige, was irgend man dem Zögling zum Gegenstande der Betrachtung macht. Dahin gehört die Zucht selbst, der man ihn unterwirft; auch wirkt sie weit mehr durch das Muster einer Energie, die Ordnung hält, wie sie wirken kann durch das unmittelbare Hemmen einzelner Unarten, welchen man den viel zu hohen Namen: Besserung von Fehlern beizulegen pflegt. Die bloße Hemmung könnte die Neigung ganz unangetastet lassen, ja die Phantasie könnte den Gegenstand derselben fortdauernd ausschmücken [...]. Liest aber der Zögling im Gemüt des strafenden Erziehers den sittlichen Abscheu, [...], so ist er versetzt in dessen Ansicht, [...] und dieser Gedanke wird nun eine innere Macht gegen die Neigung, die nur hinreichend verstärkt werden muß, um zu siegen" (HERBART 1983, 37).

HERBART knüpft die „Zucht" an das pädagogische Verhältnis zwischen dem Erzieher und dem Zögling:

"Die Zucht ist eigentlich [...] eine kontinuierliche Begegnung, welche nur dann und wann des Nachdrucks wegen zu Lohn und Strafe und ähnlichen Mitteln ihre Zuflucht nimmt. – Der Regierte und seine Regierer, der Lehrling und der Lehrer, sind Personen, die miteinander leben und sich unvermeidlich angenehm oder unangenehm berühren. Tritt man doch immer, wie man einem bekannten Menschen naht, in eine bestimmte Atmosphäre von Empfindungen! Welche Atmosphäre? – das darf für die Erziehung nicht vom Zufall abhängen, erstlich, um die Wirksamkeit dieser Atmosphäre zu schwächen, wenn Gefahr ist, daß sie nachteilig werden könnte, zweitens, ihre wohltätigen Einflüsse anhaltend zu verstärken und bis auf den Grad zu treiben, welchen die Charakterbildung [...] zu ihrer Sicherung erfordert" (HERBART 1983, 166 f.).

Beim Gestalten der „Atmosphäre" geht es auch um die „Kultur des Umgangs", um die Verfeinerung der Sitten.

1.1 Pädagogischer Takt

Fragen gegenseitiger Wertschätzung von Erzieher und Zögling, von Lehrkraft und Schülerinnen und Schülern werden unter dem Stichwort des „pädagogischen Taktes" erörtert. Während unter taktvollem Verhalten im allgemein menschlichen Umgang Zurückhaltung und Feingefühl verstanden wird, wird unter pädagogischem Takt (Erziehungstakt, Unterrichtstakt) ein Verhältnis von Mensch zu Mensch gefasst. Dabei kommt es – wie im pädagogischen Bezug, der „das eigentümliche Verhältnis eines Erziehers zu einem Kinde" meint und durch „Hingabe an das Kind" resp. „durch das Vertrauen zum Erzieher" charakterisiert ist – auf die Erziehungsbedürftigkeit des Kindes bzw. Jugendlichen an. Beim pädagogischen Takt geht es um „Hilfe" und „Zurückhaltung", um den „notwendigen Respekt für das Eigenrecht und die Eigenart des anderen" (MUTH 1967, 24 f.). JAKOB MUTH (1927–1993) geht davon aus, dass sich pädagogischer Takt zeigt:

- ❶ in der „Verbindlichkeit der Sprache", die ein Beziehungsfeld, Übereinstimmung und Verstehen stiften kann einschließlich des Schweigens als Moment der Zurückhaltung;
- ❷ in der Natürlichkeit des Handelns; diese koinzidiert darin, daß in der Schule „die Aufgaben und Ansprüche selbst in den Vordergrund treten" (MUTH 1967, 40);
- ❸ in der Vermeidung der Verletzung des Kindes oder Jugendlichen. Diese beinhalte Rücksichtnahme, auch auf die Individualität des Kindes, das Nichtbeschämen aufgrund der häuslichen Verhältnisse, den Verzicht auf ein Bloßstellen oder Beschimpfen des Kindes;
- ❹ in der Wahrung der im pädagogischen Bezug notwendigen Distanz; damit sei kein egoistisches Abstandhalten gemeint, sondern das Durchhalten einer gewissen Distanz in Form von Zurückhaltung, die um der Erziehung willen geschehe.

1.2 Disziplin – Fremddisziplin – Selbstdisziplin

Unter dem Stichwort „Disziplin" wird die Tatsache diskutiert, dass Ordnungsstrukturen nicht vorausgesetzt werden können, sondern gelernt werden müssen. In der Regel wird zwischen *Fremddisziplin* und *Selbstdisziplin* unterschieden. Die *Selbstdisziplin* meint die innere Disziplin; sie verweist auf die Eigenleistung eines Subjekts und verdeutlicht dessen Wunsch nach Lehre, Unterweisung und Bildung. Die Selbstdisziplin gewinnt das Subjekt in der Abarbeitung an den Widerständen, den die Bildungsgegenstände setzen und durch Akzeptanz des Ordnungsrahmens bzw. durch personale Bindungen an eine Autorität, die für diesen Ordnungsrahmen einsteht.
Bei der *Fremddisziplin* geht es um den „Grad der Ordnung", den eine Gruppe erreicht. Darüber hinaus werden so „Maßnahmen oder Mittel, mit denen in einer Gruppe Ordnung geschaffen, gehalten oder wiederhergestellt wird" bezeichnet. Bei der Verwendung des Begriffes *Disziplinieren* wird auf das Bestrafen oder Sanktionieren abgehoben (vgl. CLOER 1982, 15 f.; 37).

2 Erziehungsmittel

Die Frage nach dem Disziplinieren ist eng mit der Frage nach den *Erziehungsmitteln* verbunden, die ein Erwachsener gegenüber Kindern und Jugendlichen verwendet. PAUL OSWALD definierte Erziehungsmittel als die „konkreten Ausdrucksformen, die Handlungen, Unternehmungen und Maßnahmen, in denen der verantwortungsbewusste Erziehungswille eines Erwachsenen in Erscheinung" trete (1973, 22). Er versteht diese als „Unterstützung des Selbstwerks der Bildung", als „Angebot an die Freiheit". PAUL OSWALD unterscheidet Erziehungsmittel in „Mittel der Pflege, Mittel der Lehre und Mittel der Führung" (1973, 30). Dabei geht er davon aus, dass diese jeweils in unterstützende und gegenwirkende Erziehungsmittel unterschieden werden können.
PAUL OSWALD begreift *Mittel der Pflege* als Grundfunktionen des erzieherischen Beistandes beim Selbstwerk der Bildung. Dabei betont er – in Anlehnung an JEAN JACQUES ROUSSEAU – die Haltung des wohlwollenden, vertrauenden Gewährenlassens, Ermutigung durch Hinwendung, Bestätigung und Bejahung, Herausforderung der inneren Kräfte des Kindes durch das Stellen von Aufgaben und durch die Stimulierung von Wettkampf. Unter Mitteln der Pflege gegenwirkender Art versteht er die Herstellung eines Schutzes des Kindes durch Aufsicht und Eingriff. Unter *Mitteln der Lehre* versteht er die Beförderung des Lernens durch sozialen Bezug, durch helfende Lehre und durch die Gestaltung einer Kulturumgebung. Mittel der Lehre gegenwirkender Art versuchen den jungen Men-

schen von ihm Ungemäßen zu bewahren. Unter *Mitteln der sittlichen Führung* versteht er das Hineinnehmen eines Kindes in den konkreten Lebensvollzug einer menschlichen Kulturgruppe, Erziehung (in Abgrenzung zur Dressur) als Dienstleistung zur Unterstützung seiner Selbstbildung, das Gewähren von Freiheit, das Beispielgeben und die Vermittlung von Normen. Appell, Befehl, Anordnung, Aufforderung, Weisung, Bitte und Rat versteht er als Formen verbaler Hilfe. Überwachung, Warnung und Drohung, Verbot, Strafe und Tadel rechnet er zu den Mitteln der Führung gegenwirkender Art.

3 Die verfasste Schule und ihre Ordnung

Die Schule als Verwaltungseinrichtung des Staates gibt sich eine Anstaltsordnung (die Schulordnung); für den Fall der Störung sind Sanktionen festlegt. Das bedeutet, dass ein Verständnis von Schule als rechtsfreiem Raum und damit die Fundierung eines „besonderen Gewaltverhältnisses" endgültig überwunden ist. Die Beziehungen in der Schule werden als Rechtsverhältnis begriffen. Das bedeutet, dass es nicht im Belieben der Schule steht, welche Erziehungs- und Ordnungsmaßnahmen ergriffen werden; Schulstrafen sind klare Grenzen gesetzt. So sind z. B. körperliche Strafen, Freiheitsstrafen (Arrest und Karzer) sowie Hilfsdienste für den privaten Bereich der Lehrkraft unzulässig. In den Schulgesetzen der verschiedenen Bundesländer werden Formen der Konfliktregelung angeboten. Dabei wird davon ausgegangen, dass jede Schülerin und jeder Schüler an der öffentlichen Schule Teilhaberechte hat, aber auch die Teilhaberechte der Mitschülerinnen und Mitschüler achten muss. In der Schule soll ein geordneter und ungestörter Unterrichts- und Erziehungsbetrieb gewährleistet und die Schuldisziplin durch geeignete Vorschriften sichergestellt werden (vgl. KAISER 1976, 47). Die Schulpflicht der Schüler bedeutet „nicht nur Anwesenheitspflicht", sondern „rechtliche Verpflichtung zur Mitarbeit im Unterricht und zur Unterrichtsvorbereitung, zum aktiven Einsatz seiner Fähigkeiten und seines Willens" (KAISER 1976, 49).

4 Erziehungsmittel und Ordnungsmaßnahmen in juristischer Perspektive

Über Erziehungsmittel und Ordnungsmaßnahmen wird in § 61 des Niedersächsischen Schulgesetzes bestimmt:

„(1) *Erziehungsmittel* sind pädagogische Einwirkungen. Sie sind zulässig, wenn Schülerinnen oder Schüler den Unterricht beeinträchtigen oder in anderer Weise ihre Pflichten verletzen. Sie können von einzelnen Lehrkräften oder von der Klassenkonferenz angewendet werden. (2) *Ordnungsmaßnahmen* sind zulässig, wenn Schülerinnen oder Schüler ihre Pflichten grob verletzen, insbesondere gegen rechtliche Bestimmungen verstoßen, den Unterricht nachhaltig stören, die von ihnen geforderten Leistungen verweigern oder dem Unterricht fernbleiben.
(3) Ordnungsmaßnahmen sind:
1. Überweisung in eine Parallelklasse,
2. Überweisung an eine andere Schule derselben Schulform,
3. Androhung des Ausschlusses vom Unterricht bis zu drei Monaten,
4. Ausschluss vom Unterricht bis zu drei Monaten,
5. Androhung der Verweisung von allen Schulen,
6. Verweisung von allen Schulen.
(4) Eine Maßnahme nach Absatz 3 Nr. 3 bis 6 setzt voraus, dass die Schülerin oder der Schüler durch den Schulbesuch die Sicherheit von Menschen ernstlich gefährdet oder den Unterricht nachhaltig und schwer beeinträchtigt hat. [...] Für die Dauer eines Ausschlusses vom Unterricht darf die Schülerin oder der Schüler das Schulgelände nicht betreten, während der Unterricht oder eine andere schulische Veranstaltung stattfindet" (NIEDERSÄCHSISCHES SCHULGESETZ 1998, 184).

In diesem Gesetz wird zwischen *Erziehungsmitteln* und *Ordnungsmaßnahmen* unterschieden. Während Erziehungsmittel ermöglichen, spontan auf Fehlverhalten zu reagieren, werden Ordnungsmaßnahmen bei schwerwiegenden Konfliktfällen eingesetzt. Bei den Erziehungsmitteln sind ehrverletzende Äußerungen des Lehrers, unsachliche Drohungen, Erregen von Furcht und Angst beim Schüler verboten (KAISER 1976, 52 f.). Ordnungsmaßnahmen sollen „dem Schüler für begangenes Unrecht – Störung des Schulbetriebs – eine Sühne auferlegen (Idee der Vergeltung), sie sollen zugleich auf den Schüler belehrend und bessernd einwirken (Idee der Resozialisierung), ihn vor weiteren Pflichtverletzungen abschrecken (Idee der Spezialprävention) und schließlich sollen sie auch die anderen Schüler vor der Begehung von Störmaßnahmen abschrecken (Idee der Generalprävention)" (KAISER 1976, 53). Die Erziehungsmittel und Ordnungsmaßnahmen dürfen nicht willkürlich eingesetzt werden; sie sind zu begründen. Erziehungsmittel können von der Lehrkraft oder der Klassenkonferenz eingesetzt werden; Ordnungsmaßnahmen werden von der Klassenkonferenz unter Vorsitz der Schulleitung verhängt. Die betroffenen Schülerinnen oder Schüler haben das Recht, sich zu äußern. Die Gesamtkonferenz kann sich die Entscheidung über bestimmte Maßnahmen oder deren Genehmigung vorbehalten.

5 Der neue Fokus „Schwierige Schüler"

Im Nachdenken über Disziplinschwierigkeiten im Unterricht spielt die Lehrkraft und ihre Fähigkeit, guten Unterricht zu organisieren, d. h. den Ordnungsrahmen aufzubauen und zu erhalten, eine wichtige Rolle. Verstöße gegen die Ordnung des Unterrichts werden von WOLFGANG MEMMERT so unterschieden:

- ❶ **„Lärmende, motorische Unruhe** (mit den Fingern schnipsen, den Platz wechseln, mit Nachbarn schwätzen, Gemurmel, eigene Sachen beschädigen, mit dem Stuhl schaukeln.)
- ❷ **Mißachtung der Lehrerautorität** (Lehrer nachäffen, veräppeln, anbrüllen, tätlich angreifen; Anweisungen des Lehrers ignorieren; meckern, maulen.)
- ❸ **Mangelndes Arbeitsverhalten** (Träumen, nicht mitarbeiten, unsauber, unordentlich arbeiten, bei Klassenarbeiten abschreiben, Bücher vergessen, Hausaufgaben nicht machen, nicht lernen, Hausaufgaben abschreiben, vorsagen, abschreiben lassen.)
- ❹ **Negative Einstellung zur Institution Schule** (Schwätzen; Räume, Einrichtungsgegenstände, Lehrmittel beschmieren, Eigentum von Mitschülern beschädigen.)
- ❺ **Angriffe gegen Mitschüler, Belästigung von Mitschülern** (Tasche verstecken, Mappe herumreichen, Mitschüler kitzeln, mit Schleuder oder Blasrohr schießen, Kreide werfen, raufen, schlagen, Mitschüler stoßen, Bein stellen.)
- ❻ **Freizeitbeschäftigungen im Unterricht** (Aktfotos, Sexheftchen, Comics, Groschenheftchen, Zeitschriften lesen, Karten spielen, Mühle, Dame spielen, Mitschüler unflätig anreden.)
- ❼ **Unfug, Quatsch machen** (Stinkbombe, Knallerebsen, Niespulver, Gummispinne, Dracula, Kreide naß machen, Zeigestock verlegen, fummeln, spucken, rülpsen, furzen.)
- ❽ **Betonte Lässigkeit** (Kaugummi kauen, essen, zu spät kommen, Papier, Patronen, Bleistiftspäne auf den Boden werfen, schwänzen, eigene Sachen beschädigen, kämmen, Make-up, Beine hochlegen, Kopf auf die Bank legen.)" (MEMMERT 1976, 23 f.)

Denkt man über Disziplinschwierigkeiten nach, so werden Defizite des Unterrichts und die jeweiligen Anteile einer Lehrkraft an diesen zum Thema gemacht. Dagegen führen Überlegungen über „Unterrichtsstörungen", „verhaltensgestörte Kinder", „schwierige Kinder" oder „Problemkinder" (vgl. den Überblick bei WINKEL 1994 über das „gewaltbereite", das „aggressive", das „irritierte", das „überangepasste", das „konzentrationsgestörte", das „ängstliche", das „drogengefährdete", das „multiphrene", das „depressive", das „autistische" Kind etc.) dazu, dass sich Lehrkräfte nur noch bedingt oder gar nicht mehr für eine Schülerin oder einen Schüler zuständig fühlen und den „Fall" an andere Expertinnen und Experten (wie Psychologen oder Ärzte) abgeben. Mit dieser Abgabe von Verantwortung geht oftmals im zweiten Schritt die Aussonderung des Kindes oder Jugendlichen einher. „Was man anders benennt, das sieht man anders; was man anders sieht, bewertet man anders; was man anders bewertet, das führt zu anderen Reaktionen" (CLOER 1982, 39). Werden nicht mehr Disziplinprobleme beschrieben, sondern wird von störenden Kindern und Jugendlichen gesprochen, so können problematische Schüler-Karrieren angelegt werden, die zur Zurückstellung vom Schulunterricht, zur Überweisung an die Sonderschule und zu Schulausschluss führen.

KLAUS ULICH unterschied verschiedene Erklärungsansätze von Unterrichtsstörungen, nämlich den *personalen* (Verhaltensstörung), den *interpersonalen* Ansatz (Verhaltensauffälligkeit) und die *institutionell-normative Perspektive* (abweichendes Verhalten).

- Das *Modell der Verhaltensstörung* (aus Medizin und (klinischer) Psychologie) sucht die Ursachen einer Störung beim Gestörten selbst, in seiner Persönlichkeitsstruktur. Ignoriert werden die interpersonale Dimension und der institutionelle Kontext. Auf dieser Sicht basieren Konzeptionen der klassischen Verhaltenstherapie oder Verhaltensmodifikation. Bei diesen wird – beim Schüler ansetzend – mit Hilfe festgelegter Verhaltensregeln, Belohnungs- und Bestrafungstechniken – unerwünschtes Verhalten reduziert und erwünschtes Verhalten hervorgebracht. Sofern die Ansätze der Verhaltensmodifikation wenig bewirken, kommt es zur Aussonderung der Störenden (z. B. durch Überweisung auf eine Sonderschule).
- Das *Konzept des abweichenden Verhaltens* verweist auf einen normativen Maßstab. Für den Lehrer gilt ein Schüler als abweichend, wenn er sich nicht in das schulische System einpasst, sich ihm widersetzt oder seinem Einfluss zu entziehen sucht und die Lern- und Leistungsnormen nicht akzeptiert. In diesem Ansatz wird eine Zuschreibung von Abweichung (Labeling oder Etikettierung) vorgenommen. Das Etikettieren von Schülerinnen und Schülern kann z. B. in folgenden Schritten geschehen:

> *Definition:* Der Lehrer definiert und interpretiert Situationen in der irreversiblen, einseitigen Sprache der ‚öffentlichen Sichtweise' als abweichendes Verhalten. (Der Schüler *verhält sich* widerspenstig, aufsässig, ungehorsam, verstockt etc.)
> *Generalisation:* Der Lehrer verallgemeinert wiederholte Fälle zu einer quasi festliegenden Eigenschaft. (Der Schüler *ist* frech, faul etc.)

Typifikation: Der Lehrer ordnet diese Schülereigenschaften einem starken Typisierungsschema unter. (Der Schüler *gehört* zu den brutalen, verstockten Schülern.)
Stereotypisierung: Die Eigenschaftsmerkmale werden mit anderen wertgebundenen psychischen und sozialen Charakteristiken zu Pauschalurteilen erweitert. (Wer lügt, der stiehlt, oder: wer rauft, ist ein schlechter Mensch.)
Stigmatisierung (Etikettierung): Die Stereotypen werden der Klasse bekannt und haften dem Betroffenen als Stigma oder Etikett an.
Identifikation: Der Schüler hat keine Kraft mehr, sich zu wehren bzw. anzupassen, und übernimmt resigniert das gefällte Werturteil.
Publikation: Die so eingeleitete negative Karriere führt auch zu außerschulischen Konsequenzen (Fürsorge, Jugendamt, Jugendgericht)" (MEMMERT 1976, 30 f.).

- Das *Konzept der Verhaltensauffälligkeit* kann nur in seiner *interaktionistischen Fassung* dazu einen Beitrag leisten, wenn die potenziellen Ursachen im wechselseitigen Wahrnehmen und Verhalten von Lehrern und Schülern ausfindig gemacht werden.

Manchmal werden Hinweise auf „gestörte Kinder" in rationalisierender Absicht von Lehrkräften dazu genutzt, sich selbst psychisch zu entlasten unter Hinweis auf – in den Elternhäusern verursachte – Probleme.

6 Klassen führen – Konflikte bewältigen

Beim Unterricht steht jede Lehrkraft vor der Herausforderung, die für den Unterricht notwendige äußere Ordnung herzustellen. Dabei hat sie es nicht mit einem einzelnen Kind resp. Jugendlichen zu tun, sondern mit einer Schulklasse, die sowohl eine „formale Organisation" wie eine „informelle Gruppe" ist. In jeder Schulklasse nehmen Schülerinnen und Schüler unterschiedliche Rollen ein; es bildet sich eine Rangordnung (nach Leistung und sozialer Anerkennung) heraus. Innerhalb der Schulklasse wird ein Verhaltens-Codex verbindlich. Der Lehrkraft kommt die Aufgabe zu, eine Schulklasse zu leiten, d. h. aufgaben- und personenbezogene, gruppenbildende Funktionen zu übernehmen. Die Wahrnehmung der „Führung" bezogen auf Aufgaben meint das Formulieren von Zielen, das Ergreifen von Initiativen, das Planen von Aktivitäten, das Treffen von Entscheidungen, das Bereitstellen von Informationen etc. Um personenbezogene, gruppenbildende Funktionen zu erfüllen, gilt es, Maßstäbe zu setzen, als Vorbild zur Nachahmung anzuregen, bei Konflikten in der Gruppe zu vermitteln etc. (vgl. GLÖCKEL 2000, 43). HANS GLÖCKEL nennt Aspekte einer „Hygiene der Schularbeit" und „der Lehrerarbeit" (2000, 69 ff.). Seines Erachtens soll die Lehrkraft – zur Vorbeugung von Konflikten – präsent sein, als Person, als Lehrer, als Führer der Klasse und als Erzieher (GLÖCKEL 2000, 79 ff.). Neben den „Techniken der Klassenführung" sollen vorhersehbare Problemsituationen im Voraus entschärft, Schüler beteiligt, eine positive Grundstimmung geschaffen und frühzeitig Grenzen gesetzt werden.

7 Techniken der Klassenführung

JACOB S. KOUNIN legt in seinen *Techniken der Klassenführung* (1976) das Konzept für ein Präventivprogramm vor, das nach den Bedingungen hoher Arbeitsbereitschaft und eines niedrigen Ausmaßes von Störungen, Ablenkung und Unruhe fragt. Kounin ermittelte im Rahmen seiner Forschungen für „Lehrerstil-Dimensionen" deren Korrelationen mit dem Fehlverhalten von Schülerinnen und Schülern.

❶ *Allgegenwärtigkeit* meint die Fähigkeit des Lehrers, bei seinen Schülerinnen und Schülern den Eindruck zu erwecken, jederzeit über ihr Tun im Bilde zu sein. Mit *Überlappung* ist die Fähigkeit bezeichnet, zwei einander überlagernden problemhaltigen Zwischenfällen gleichzeitig Aufmerksamkeit zu schenken.

❷ Steuerung von Unterrichtsabläufen durch *Reibungslosigkeit* und *Schwung*. Reibungslosigkeit meint die Fähigkeit der Lehrkraft, den Unterrichtsablauf besonders bei Änderungen und an Übergangsstellen kontinuierlich zu lenken. Als schwerwiegende Fehler nennt der Autor fehlende Zügigkeit, Ablenkbarkeit des Lehrers, Sprunghaftigkeit, das Pendeln zwischen verschiedenen Inhalten, thematische Inkonsequenzen, die Überproblematisierung von Benehmen, Verhaltenselementen und Einzeläußerungen (KOUNIN 1976, 101 ff.).

❸ *Gruppenmobilisierung* meint die Fähigkeit der Lehrkraft, in Übungen stets die ganze Gruppe zu aktivieren und nicht in der Beschäftigung mit einem einzelnen Gruppenmitglied aufzugehen. Unter *Rechenschaftsprinzip* wird das Heranziehen der Schülerinnen und Schüler zur Legitimierung ihrer Arbeitsleistungen gefasst.

❹ *Intellektuelle Herausforderung* bezieht sich auf Inhalt und Art des Unterrichts (Art und Umfang der zur Bewältigung einer Aufgabe erforderlichen intellektuellen Anstrengungen).

❺ Auf *Vermeidung von Überdruss* zielt ein Unterricht, der von Variationen der Tätigkeit bestimmt ist. Abwechslungsreichtum soll Inhalte und Methoden, Darbietungsweisen des Lehrers, Arbeitsmittel, Sozialformen, Grade der Eigenverantwortlichkeit des Schülers und äußere Verhaltensmodi bzw. räumliche Positionen der Schülerinnen und Schüler bestimmen.

KOUNINS Überlegungen zielen darauf, weniger über das Sanktionieren von Fehlverhalten nachzudenken, sondern Fragen der Klassenführung im Allgemeinen zu erörtern. Es geht ihm um die Entwicklung von Techniken „zur Schaffung einer effektiven schulischen Ökologie, eines effektiven Lernmilieus" (KOUNIN 1976, 148). Er stellt fest, dass die Lehrkraft die Fähigkeit zur Führung einer Gruppe zu entwickeln habe.

BARBARA JÜRGENS referiert in ihrem Band „Schwierige Schüler? Disziplinkonflikte in der Schule" (2000) eine Studie von HELMKE und RENKL (1993), die über vier Jahre hinweg den Einfluss von individuellen Voraussetzungen der Schüler, Klassenzusammensetzung und Lehrerverhalten auf das Aufmerksamkeitsverhalten der Schüler untersuchten. Die Wissenschaftlerin bündelt die Merkmale effektiven Unterrichtsverhaltens (2000, 44) und nennt das Lehrerverhalten als wichtigsten Einflussfaktor.

Klassenführung:
1. Vorliegen eines effektiven Regelsystems,
2. wirksame Unterrichtsorganisation (z. B. kurze reibungslose Übergänge, keine unnötigen Pausen),
3. Störungskontrolle (Störungen werden mit minimalem Aufwand und sofort unterbunden),
4. Zeitnutzung (intensive Nutzung für fachliche Zwecke, Auslagerung administrativer Aktivitäten).

Adaptivität:
1. Individualisierung (kurzzeitige innere Differenzierung, Variation der Art und Schwierigkeit von Fragen),
2. Förderungsorientierung (ausgeprägte Stützung v. a. leistungsschwächerer Schüler: Tipps, Hilfen, spezielle Aufgaben),
3. diskrete individuelle Kontakte in der Stillarbeit zur Vermeidung von Bloßstellung,
4. Schülerzentriertheit (großer Selbstständigkeitsspielraum).

Positives Sozialklima:
1. sozial orientiert (vs. leistungsbetont),
2. Thematisierung von Gefühlen der Schüler und des Lehrers,
3. Aufgreifen privater Schülerbelange durch den Lehrer,
4. Betonung nicht-fachlicher Ziele (soziale Orientierung, Fairness),
5. Lehrer als Ansprechpartner und Vertrauensperson (JÜRGENS 2000, 44).

HANS GLÖCKEL schlägt Techniken zum Umgang mit Alltagsschwierigkeiten vor. Lehrerinnen und Lehrer sollen sie aufmerksam wahrnehmen und mit dem geringsten Aufwand abstellen, nicht viel Worte machen, die Situation verändern und notwendige Sanktionen überlegt erteilen. Ähnlich wie RAINER WINKEL refe-

Pädagogische Maßnahme	Funktion
1. Bewusstes Ignorieren	Pathologisches Verhalten nicht verstärken
2. Zeichen geben	Bereits gelernte Verhaltensweisen reaktivieren
3. Verschieben der physischen Distanz und Kontakthalten	Beruhigen
4. Unauffällige affektive Zuwendung	Trösten
5. Entspannen der Situation durch Humor	Entkrampfen
6. Hilfestellung zur Überwindung des Hindernisses	Darüber hinweghelfen
7. Umstrukturieren der Situation	Verfremden
8. Umgruppierung der Schüler	Entreizen und Integration
9. Intellektuelle Gegenbeweise	Aufklären und Ich-Stärkung
10. Bewusstmachen und Beseitigung emotionaler Spannungen	Rationale Erhellung
11. Appelle an das Ich, Über-Ich oder Etablierung von Verhaltensnormen der Gruppe	Leiten durch Vermittlung von Wertvorstellungen und Ich-Stützung
12. Vorbeugendes Hinausschicken	Abreagieren lassen und so Schlimmeres verhüten
13. Physische Einschränkungen	Ruhigstellung
14. Beschränkung von Aktivität, Raum und Gegenständen	Ausschalten störender Außenreize; Desensibilisieren
15. Erweiterter Freiraum bei gleichzeitig schärferer Grenzziehung	Gewähren einer Sondererlaubnis; Verdeutlichen
16. Verbote	Deutlich Grenzen markieren
17. Versprechungen	Vergünstigungen ankündigen; Hoffnungen wecken; ermuntern
18. Belohnungen	Vergünstigungen bei eingetretenem Wunschverhalten gewähren
19. Drohungen	Warnen
20. Strafen	Resozialisieren

*Tab. 1: Pädagogische Maßnahmen bei Unterrichtsstörungen
(Nach: REDL/WINEMAN (1952) 1976; WINKEL 1996, 104)*

riert er – gestützt auf die Vorschläge der amerikanischen Psychoanalytiker FRITZ REDL und DAVID WINEMAN – pädagogische Maßnahmen bei Unterrichtsstörungen (WINKEL 1996, 96 ff.; GLÖCKEL 2000, 111 ff.) (siehe Tab. 1, S. 181).

Die Aufgaben, die sich heute Lehrerinnen und Lehrern stellen, bestehen gerade darin, sehr deutlich auf der Herstellung und Aufrechterhaltung eines Ordnungsrahmens zu bestehen und diesen gemeinsam mit den Schülerinnen und Schülern herzustellen. Ansatzpunkte dafür sind das Aushandeln von Regeln für eine Ordnung in der Schule und der Schulklasse sowie die Verständigung auf Verfahren der Konfliktprävention, der Konfliktbearbeitung und Konfliktlösung (z. B. im Klassenrat; vgl. KIPER 1997b). Lehrerinnen und Lehrer müssen sich mit den Schülerinnen und Schülern darüber verständigen, welche Sprache, welches Sozialverhalten, welche Kleidung, welche Körperhaltung, welche Normen und Werte und welche Gesinnung – kurz: welcher Sittenkodex überhaupt als angemessen wahrgenommen wird. Dabei müssen sie deutlich die Rechte der Schwächeren durch Regeln herausstellen und sichern.

Classroom-Management ist dabei ein wichtiger Faktor für die Qualität von Unterricht (vgl. DITTON 2000, 86). Gerade deshalb sollten Lehrkräfte das Leiten ihrer Schulklasse entschieden angehen.

15 Hilbert Meyer: Schulentwicklung

1 Vorweg

Die Beteiligung an der Schulentwicklung zählt mittlerweile zu den festen Erwartungen, die an Berufseinsteiger gerichtet werden. Deshalb macht es Sinn, sich schon als Studentin bzw. Student mit Modellen der Schulentwicklung zu beschäftigen und ihre Chancen und Risiken zu durchdenken.
Schulentwicklung ist – um mit THEODOR FONTANE zu sprechen – ein „weites Feld". Deshalb will ich vorweg klären, wovon dieses Kapitel handelt. Im zweiten Kapitel (Seite 34) hat HANNA KIPER im Anschluss an HELMUT FEND vorgeschlagen, bei der wissenschaftlichen Analyse von Schule und Schulentwicklung drei Ebenen zu unterscheiden. Ich übernehme das Ebenenmodell, drehe aber die Reihenfolge um:

- Auf der ersten Ebene der Schulentwicklung (= *Mikrosystem*) geht es um die an der Schulentwicklung beteiligten Personen. Deshalb spricht man hier auch von der *Subjektebene* der Schulentwicklung.
- Auf der zweiten Ebene (= *Mesoystem*) geht es um die Einzelschule als Handlungseinheit und damit um die Frage, wie die Arbeitsbedingungen der Lehrerinnen und Lehrer sowie die Lernbedingungen der Schülerinnen und Schüler organisiert werden und wie eng oder weit die Spielräume für die Gestaltung des Unterrichts geschnitten sind. Diese und die nächste Ebene werden auch als *Systemebene* bezeichnet.
- Auf der dritten Ebene (= *Makrosystem*) geht es um die Einbindung der vielen Einzelschulen in Bildungsregionen (= *Exosystem*) und in das Bildungssystem insgesamt. (Davon handelt das Kapitel 3 dieser *Einführung*.)

Ich werde mich in diesem Kapitel ausschließlich mit der ersten und der zweiten Ebene, also mit dem Verhältnis von Subjekt- und Systemebene befassen. Dieses Verhältnis ist besonders kompliziert, sein Studium deshalb aber auch besonders spannend. Es geht um die Frage, welche Ziele sich Lehrer, Schüler, Eltern und Schulaufsicht setzen, welche Verantwortung sie für die Schule als Ganzes haben, wie sie mit Konflikten umgehen, was unter einer „guten Schule" zu verstehen ist usw.

Schulen sind „soziale Systeme", die sich durch das Handeln ihrer Subjekte verändern können (vgl. SCHLEY 1998). Die Schule als Ganzes macht dabei einen *Lernprozess* durch. Sie lernt anders, anderes, weniger und mehr als jedes einzelne Mitglied der Schule. Deshalb spricht man in der Schulentwicklungsliteratur auch von der „Schule als lernender Organisation" oder kurz von der „Lernenden Schule" (vgl. SENGE 1996; SCHRATZ/STEINER-LÖFFLER 1998; FULLAN 1999). Während in den 80er und 90er Jahren des 20. Jahrhunderts System- und Organisationsfragen der Schulentwicklung im Vordergrund der Aufmerksamkeit standen (vgl. ROLFF 1993; DALIN/ROLFF 1995), wird seit Mitte der 90er Jahre immer mehr die Wichtigkeit der Subjektebene betont (vgl. EIKENBUSCH 1998; FULLAN 1999; KLIPPERT 2000). Die für die Schulentwicklung Verantwortlichen haben eingesehen, dass Schulentwicklung nicht von oben verordnet werden kann. Sie funktioniert nur dann, wenn die Menschen, die die Entwicklung tragen sollen, selbst von der Richtigkeit der Ziele und der Angemessenheit der Mittel überzeugt sind. Schulentwicklungskonzepte, die den „Faktor" Mensch vernachlässigen, sind deshalb zum Scheitern verurteilt. Nur dann, wenn Lehrerinnen und Lehrer, Schülerinnen und Schüler das sichere Gefühl haben, dass die Schulentwicklung zu konkreten Verbesserungen und Entlastungen im Unterrichtsalltag führt, sind sie für die zeitweilige Mehrarbeit zu motivieren.

These 1: Die Schulentwicklung ist kein Selbstzweck. Ihre einzige Legitimation besteht darin, das Lernen und Lehren für alle Beteiligten humaner und erfolgreicher zu machen.

2 Begriffsklärungen

Die Schulentwickler haben sich eine eigene Sprache zurechtgelegt, die man als Praktikantin/Praktikant oder Referendarin/Referendar zumindest ansatzweise kennen sollte, um die Schulentwicklungsdiskurse vor Ort mitverfolgen zu können. Ich definiere im Anschluss an die aktuelle Schulentwicklungsdebatte:

- *Schulentwicklung* bezeichnet den Prozess der Profilbildung einer Einzelschule durch staatliche Vorgaben und Selbstorganisation (vgl. ROLFF 1993; ALTRICHTER/SCHLEY/SCHRATZ 1998).
- Das *Schulprofil* ist das Ergebnis der durch Schulentwicklungsarbeit herbeigeführten Schwerpunktbildungen einer Einzelschule, durch die der staatliche Bildungsauftrag dieser Schule kreativ ausgelegt wird (vgl. PHILIPP/ROLFF 1998, 17 f.).

- Schulische *Entwicklungsaufgaben* sind subjektiv als sinnvoll wahrgenommene, anhand professioneller Standards der Schulentwicklung überprüfte Herausforderungen zur Profilbildung einer Schule (vgl. MEYER 1999, 52).
- Das *Schulleitbild* ist die Summe der von einer Schulgemeinschaft verinnerlichten normativen (inhaltlichen und/oder prozessorientierten) Vorstellungen für die Gestaltung von Schule und Unterricht (vgl. PHILIPP/ROLFF 1998, 14–16).
- Das *Schulprogramm* ist ein von einer Schule erarbeitetes und verabschiedetes Entwicklungskonzept, das die Leitlinien und die konkreten Arbeitsvorhaben der Schulentwicklung festlegt (vgl. PHILIPP/ROLFF 1998, 15 f.; MEYER 1999, 15–30).
- *Evaluation* ist die datengestützte Überprüfung der Qualität von Schule und der Effekte von Schulentwicklung. Dabei wird zwischen schulinterner und -externer sowie prozessbezogener und produktbezogener Evaluation unterschieden (vgl. BURKARD/EIKENBUSCH 2000).

Die Begriffsdefinitionen gehen von einer Prämisse aus, die nicht von allen Autoren mitbenannt wird: Das Schulehalten ist so kompliziert geworden, dass eine bürokratische Steuerung aller Einzelvorgänge von oben (also durch die Kultusministerien und Landtage) immer ineffektiver wird. Deshalb wird seit gut zehn Jahren immer lauter gefordert, Schulentwicklung als einen verschränkten Prozess von „top-down-" und „bottom-up-Steuerung" zu betrachten. Dies kann nur funktionieren, wenn die Schulen autonomer werden und wenn auch die Schulaufsicht ihre Rolle neu definiert. Deshalb spricht man auch von der „teilautonomen" Schule. Die staatliche Gesamtverantwortung bleibt dabei erhalten (s.o., S. 34), aber in vielen Einzelbereichen (z. B. bei der Einstellung des Personals, bei der Lehrplanentwicklung und bei der Finanzierung von Sachmittelausgaben) können die Schulen – anders als noch vor zehn Jahren – in eigener Regie handeln.

These 2: Schulentwicklung kann nur gelingen, wenn den Schulen in wesentlichen Teilbereichen eine Gestaltungs- und Kontrollautonomie zugestanden wird.

3 Merkmale institutionellen Lernens

Schulen sind – wenn's gut geht – lernende Organisationen. Das Lernen einer Organisation unterscheidet sich allerdings vom Lernen der Schülerinnen und Schüler:

❶ Institutionelles Lernen ist *selbstinitiiert, selbstkontrolliert und -verantwortet*.
❷ Der Motor für Schulentwicklung ist zumeist der *Leidensdruck* im Schulalltag – selten oder nie die Einsicht in die Brillianz vorliegender theoretischer Konzepte.
❸ Lernen findet nur dann statt, wenn die einzelnen Mitglieder *zu lernen bereit* sind. Solche Bereitschaft kann zwar von der Obrigkeit moralisch eingeklagt werden, aber man kann sie nicht erzwingen.
❹ Institutionelles Lernen erfolgt im beständigen *Wechsel von Handlung und Reflexion* – oft auch nach dem Schema „trial and error" (vgl. ALTRICHTER/ POSCH 1998, 318 ff.).
❺ Es ist *ergebnisoffen*. Wäre schon zu Beginn des Lernprozesses klar, was herauskommen muss, wäre das Lernen überflüssig.
❻ Es ist *sozial folgenreich* und auf Lehrerseite oft von intensiven *Emotionen* begleitet. Es verändert ja in aller Regel die Struktur des Arbeitsplatzes – z. B. dann, wenn neue Unterrichtsformen Lehrer-Teamarbeit nahe legen oder wenn komplexe Entwicklungsziele eine kollegiale Schulleitung notwendig machen.

Institutionelles Lernen ist – anders als manches Schüler-Lernen – kein Lernen auf Halde. Es soll ja unmittelbar relevant für die Erneuerung der Lernkultur, die Umgestaltung der Arbeitsplätze und die Weiterentwicklung der ganzen Schule werden. Es gleicht deshalb am ehesten dem in der Didaktik entwickelten Konzept des Handlungsorientierten Unterrichts:

These 3: Die Schule als Ganzes lernt, wenn überhaupt, handlungsorientiert und ergebnisoffen.

Ausführliche Analysen und Konzeptualisierungen solcher Lernprozesse finden sich bei PETER SENGE (1996) und MICHAEL FULLAN (1999; vgl. auch GAIRING 1996).

4 Vier Fragen zur Strukturierung von Schulentwicklungsprozessen

Wo und wie soll mit der Schulentwicklung begonnen werden? Die Frage ist theoretisch nicht zu klären, obwohl eine Reihe von Autoren und kommerziellen Anbietern von Schulentwicklungsprogrammen das Gegenteil behaupten (z. B. KLIPPERT 2000). Es ist vernünftiger, in jeder Schule neu zu entscheiden, wo ein geschickter Anfangspunkt gesetzt werden kann:

❶ Eine Schule könnte ihren Schulentwicklungsprozess damit starten, dass sie eine, zwei oder drei *Entwicklungsaufgaben* vereinbart (z. B. die Bewerbung um den Status einer Europa- oder Unesco-Schule, die Einführung von Jahrgangsteams oder von regelmäßigen Mitarbeitergesprächen, die Beteiligung an einem Modellversuch oder ...).
❷ Eine Schule könnte im ersten, aber ebenso gut im zweiten Schritt versuchen, ein gemeinsames *Leitbild* zu erarbeiten. Das ist insbesondere dann sinnvoll, wenn es bereits eine Reihe konkreter Entwicklungsvorhaben gibt, aber unklar ist, ob sie zusammen ein Ganzes ergeben oder sich gegenseitig behindern.
❸ Man kann als Erstes daran gehen, die für die Schulentwicklung erforderlichen *Hilfen* zu besorgen und Stützsysteme aufzubauen.
❹ Man kann einen Schulentwicklungsprozess auch dadurch einleiten, dass zunächst einmal eine genauere *Analyse der Stärken und Schwächen* des bestehenden Systems vorgenommen wird. Dazu gibt es eine Reihe von vorformulierten Fragebögen (z. B. das IFS-Schulbarometer).

Es gibt bei der Schulentwicklung keine „Stunde null". – Schulen sind immer schon in eine Fülle manifester und latenter Entwicklungsprozesse eingebunden. Diese Prozesse bewusst zu machen und gezielt zu beeinflussen, ist die eigentliche Aufgabe.

5 Ein Leitbild entwickeln

Schulen können versuchen, ihre Entwicklungsarbeit dadurch zu steuern, dass sie sich ein Schulleitbild erarbeiten. Schulleitbilder bringen die Entwicklungsphilosophie einer Schule auf den Punkt. Sie können ethische Grundsätze, Menschenbildannahmen, Rollenbeschreibungen, Ideen zur Unterrichtsorganisation und anderes mehr enthalten, aber sie sollen die Phantasie nicht einengen, sondern Mut machen und zum Weiterdenken einladen. Für diese Arbeit gibt es eine Reihe theoretischer Orientierungshilfen – so z. B. das von HERMANN GIESECKE entwickelte Konzept der Wissenschaftsschule oder die von HARTMUT VON HENTIG verfochtene, an der Laborschule in Bielefeld umgesetzte Idee der Schule als Lebens- und Erfahrungsraum (s.o., S. 31; vgl. auch MEYER 1997, Bd. 2, 91–97). Schulleitbilder unterstützen den Entwicklungsprozess, wenn sie eine überbrückbare Distanz zwischen Wunsch und Wirklichkeit beschreiben – sie lähmen ihn, wenn sie uneinlösbare Versprechen anhäufen. Schulleitbilder können auch Rost ansetzen! Sie zehren sich selbst auf, wenn die Widersprüche zwischen dem erklärten Ideal und den alltäglichen Erfahrungen der Kolleginnen, Schülerinnen und Eltern zu groß geworden sind.

6 Entwicklungsaufgaben vereinbaren

Noch wichtiger als die Ausformulierung eines Leitbildes ist m. E. die Vereinbarung sinnlich-anschaulicher (und dadurch motivierender) Entwicklungsaufgaben. Abbildung 1 zeigt eine systematisch nach fünf Feldern geordnete Vorschlagsliste für mögliche Entwicklungsaufgaben einer Lernenden Schule.

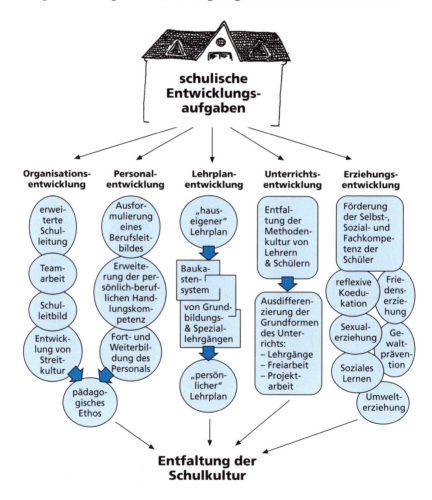

Abb. 1: Entwicklungsfelder

Die drei links platzierten Felder haben dabei eine dienende Funktion (weil Schulentwicklung kein Selbstzweck werden darf), die zwei rechts platzierten Aufgaben sind die eigentlich wichtigen. Ich erläutere in Stichworten:

- *Organisationsentwicklung:* Organisationsentwicklung ist das bewusst herbeigeführte Verflüssigen, Erneuern und Wiederfestmachen der Organisationsstruktur einer Schule. Sie dient der planvollen Gestaltung und Erneuerung der sozialen Architektur der Schule unter gemeinsamen pädagogischen Leitvorstellungen der Beteiligten. Es wird also mit Absicht eine gewisse Instabilität der Schule herbeigeführt, die die Chance zur Erneuerung, aber natürlich auch die Gefahr einer Beschädigung gewachsener Strukturen bietet. Deshalb ist das Verflüssigen (oder, wie KURT LEWIN sagt, das Auftauen) für manche Beteiligten mit Angst verbunden. Arbeitsbereiche der Organisationsentwicklung sind z. B.:
  - die Teamentwicklung,
  - die Einrichtung von Steuer- oder Organisationsentwicklungsgruppen (= OE-Gruppen),
  - die Demokratisierung der Schulleitungsstrukturen,
  - die Verbesserung der Informationsflüsse und die Wiederbelebung der Konferenzarbeit.
- *Personalentwicklung* ist die Vertiefung und Erweiterung persönlich-beruflicher Handlungskompetenz auf der Grundlage eines ausformulierten Berufsleitbilds. Sie bezieht sich auf die Standard- und die Entwicklungsaufgaben einer Schule. Sie dient dem planvollen Einsatz, der Gesunderhaltung und gegebenenfalls der Ergänzung des vorhandenen Personals. Für die Personalentwicklung müssen Hilfen und Instrumente entwickelt werden:
  - Instrumente der Personalauswahl (z. B. „schulscharfe Ausschreibungen"),
  - Instrumente der Beratung und Kontrolle (Einzel- und Teamberatung, Coaching, Mitarbeitergespräche, Supervision),
  - Instrumente der Qualifizierung und Weiterbildung (Arbeit in Qualitätszirkeln, schulinterne und -externe Fort- und Weiterbildung).
- *Lehrplanentwicklung:* Wenn die Schulen ihr je eigenes Schulprofil in Teilautonomie entwickeln sollen, dann ist es nur konsequent, auch die Lehrplanentwicklung zu bestimmten Teilen an die Basis zu verlagern. Dafür stehen die Begriffe *„hauseigener"* und *„persönlicher Lehrplan"*. Seit langem ist bekannt, dass im Klassenzimmer eine individuelle – oft genug auch eigentümliche – Umdeutung der Lehrplanvorgaben der Kultusadministration stattfindet (vgl. VOLLSTÄDT u. a. 2000). Mit dem Begriff „persönlicher Lehrplan" wird ausgedrückt, dass die persönliche Ausfüllung und Weiterentwicklung der Lehrpläne kein Unglück, sondern ein notwendiger Schritt bei der Umsetzung von Vorgaben in lebendigen Unterricht darstellt. Diese

„Kleinarbeitung" der Lehrpläne muss aber reflektiert und im Blick auf den hauseigenen Lehrplan legitimiert werden.
- *Unterrichtsentwicklung:* Weil das Unterrichten immer noch die Hauptaufgabe der Lehrerinnen und Lehrer ist, sollte die Unterrichtsentwicklung zum Kern der Schulentwicklung gemacht werden (vgl. HORSTER/ROLFF 2001; BASTIAN/COMBE 2002). Es gibt heute eine bunte Fülle unterschiedlicher Erscheinungsformen von Unterricht: herkömmlicher Klassenunterricht, Fachunterricht, Projektarbeit, Freiarbeit, Stationenlernen und Einzelunterricht; Exkursionen und Klassenfahrten, Wochenplanarbeit und vieles andere mehr. Eine Schule, die ihren Unterricht weiterentwickeln will, muss sich entscheiden, welche dieser unterschiedlichen Formen sie ausbauen und welche tunlichst vermeiden will. Im Kapitel 9 (siehe S. 120) finden Sie einen Überblick.
- *Erziehungsentwicklung:* Jede Lehrerin und jeder Lehrer nimmt im alltäglichen Lehrbetrieb fortwährend Erziehungsaufgaben wahr. Dies ist prinzipiell unvermeidbar, weil man nicht unterrichten kann, ohne zugleich zu erziehen (s. o., S. 171). Da die Erziehungsdefizite der Schülerinnen und Schüler zunehmen, wird es immer wichtiger, dass auch die Schule als Ganzes ein Erziehungskonzept erarbeitet und ein erzieherisches Unterstützungssystem entwickelt. Erziehungsentwicklung bezeichnet deshalb den systematischen Aufbau erziehungsunterstützender Maßnahmen und Einrichtungen als Teil eines Schulkonzepts: z. B. die Pflege der Schülermitverwaltung, die Arbeit mit Klassenräten, die Einführung von Konfliktlotsen, die Arbeit mit Lehrer-Schüler-Kontrakten usw. (vgl. FRIEDRICH JAHRESHEFT 2002; PRANGE 2000).

7 Schlüsselprobleme analysieren

Die obige Auflistung von fünf Entwicklungsfeldern ist noch recht formal. Sie dient dem Katalogisieren und der Überprüfung auf Vollständigkeit. Welche Entwicklungsaufgaben mit Vorrang anzupacken sind und welche noch ein wenig Zeit haben, kann nur auf der Grundlage einer differenzierten Problemanalyse entschieden werden. Dabei kann der folgende Katalog mit acht Schlüsselproblemen einen Orientierungsrahmen liefern.

Schlüsselprobleme der Schulentwicklung

① Die *Innere Differenzierung* des Unterrichts wird immer wichtiger, weil die Lernvoraussetzungen immer heterogener geworden sind. – Trotz inzwischen mehr als dreißigjähriger Bemühungen gibt es aber immer noch viel zu wenige überzeugende Konzepte für die Bewältigung dieser Arbeit (vgl. KLAFKI 1991, 173–208; PARADIES/LINSER 2001).

② Die Schulen erhalten immer mehr *Erziehungsaufgaben* zugewiesen, die früher von den Eltern oder von außerschulischen „Sozialisationsagenten" erfüllt wurden. „Erziehungsentwicklung" ist ein heute noch nicht übliches, aber m. E. in nächster Zeit immer wichtiger werdendes Element der Schulprofilbildung.

③ Schulen müssen einen *pädagogischen Leistungsbegriff* erarbeiten, der eine „Schule für alle" ohne Sitzenbleiben und Aussonderung möglich macht. Sonst dringt die Ellenbogengesellschaft immer mehr in den alltäglichen Schulbetrieb ein und bringt sie, wie die PISA-Studie gezeigt hat, um ihren Erfolg (BAUMERT u. a. 2001; vgl. auch KLAFKI 1991, 209–247).

④ Schulen müssen verstärkte Anstrengungen machen, um den „*Modernisierungsverlierern*", also Kindern und Jugendlichen ohne nennenswerte Berufschancen und Lebensperspektiven, den Sinn von Schule klarzumachen.

⑤ Das GENERATIONENVERHÄLTNIS wird zunehmend brüchig und dadurch zum Problem und Thema der Schulen.[1]

⑥ Die Schule muss mit einer NEUEN LERNKULTUR und mit einer Internationalisierung des Curriculums auf die veränderten Berufsanforderungen und die Globalisierung der Märkte reagieren.

⑦ Schulentwicklung kann nur gelingen, wenn sie mit den Schülern gemeinsam vorangetrieben wird. Deshalb ist die Entwicklung einer *Feedback-Kultur* zwischen Schülerinnen, Schülern, Lehrerinnen und Lehrern vordringlich.

⑧ Schließlich plädiere ich dafür, flächendeckend *Ganztagsschulen* einzuführen, um den gewachsenen Unterrichts- und Erziehungsaufgaben besser gerecht zu werden. Dies hat erhebliche Rückwirkungen auf das Selbstbewusstsein und Rollenverständnis der Lehrerinnen und Lehrer. Die Anwesenheit am Nachmittag und die tendenzielle Abkopplung der Arbeitszeit vom „Stundenhalten" führt zu mehr Gerechtigkeit im Kollegium. Jeder und jede kann und muss bei der Schulentwicklung mitmachen.

---

[1] In Israel habe ich in Kibbuzschulen einen beeindruckend intensiven Austausch zwischen den Generationen erlebt. Davon könnten wir lernen!

Zusammengefasst: Die Instruktionsaufgaben der Schule bleiben bestehen, aber die Erziehungsaufgaben werden wachsen. Deshalb reicht es nicht mehr aus, die Schule im Sinne HERMANN GIESECKES primär als Bildungsanstalt zu betrachten. Sie muss zu einer „Lebens- und Erfahrungsschule" im Sinne HARTMUT VON HENTIGS (1993) werden.[2]

8 Schluss

Der Hamburger Didaktiker GUNTER OTTO hat einmal gesagt: „Nicht jedes Mal, wenn ein Lehrer etwas das erste Mal in seinem Leben tut, handelt es sich um eine Innovation." – Recht hat er! Deshalb muss bei der Schulentwicklungsarbeit erstens überprüft werden, ob das, was da neu eingeführt werden soll, nicht andernorts schon lange praktiziert wird. (Dann könnte man aus den Erfahrungen der anderen lernen und sich vielleicht sogar auf objektivierte Evaluationsergebnisse stützen.) Zum zweiten muss geprüft werden, ob die Innovation wirklich der Qualitätsverbesserung oder zumindest -sicherung der Schule dient. Um diese komplizierte Frage entscheiden zu können, muss genau definiert werden, was die Beteiligten unter einer guten Schule verstehen, wie sie diese Vision in ein Schulleitbild und dieses in Qualitätsstandards der täglichen Arbeit umsetzen wollen.

Kritische Distanz zur eigenen Arbeit ist also nötig. Sie ist ein Merkmal professionellen Lehrerhandelns. Deshalb können Studierende, Referendarinnen und Referendare sowie Berufseinsteiger eine wichtige Rolle in der Schulentwicklung spielen. Sie können neue Ideen einbringen. Und sie können kritische Fragen stellen, weil sie noch nicht betriebsblind geworden sind. So können sie den „alten Hasen" im Kollegium das Wechseln der Perspektive erleichtern. Und genau darauf kommt es an: die eigene Arbeit nüchtern und kritisch zu betrachten, ohne darüber die Motivation für neue Anstrengungen zu verlieren.

---

[2] Wie eine solche Schule aussehen könnte, habe ich in dem Buch „Schulpädagogik" (MEYER 1997, Bd. 2, 97 ff.) unter der Überschrift „T.E.A.M.-SCHULE" beschrieben.

Literatur

ADL-AMINI, BIJAN: Medien und Methoden des Unterrichts. Donauwörth: Auer 1994.
ALTRICHTER, HERBERT/POSCH, PETER: Lehrer erforschen ihren Unterricht. Bad Heilbrunn: Klinkhardt ³1998.
ALTRICHTER, HERBERT/SCHLEY, WILFRIED/SCHRATZ, MICHAEL (Hrsg.): Handbuch zur Schulentwicklung. Innsbruck, Wien: StudienVerlag 1998.
ARBEITSGRUPPE BILDUNGSBERICHT AM MAX-PLANCK-INSTITUT FÜR BILDUNGSFORSCHUNG: Das Bildungswesen in der Bundesrepublik Deutschland. Strukturen und Entwicklungen im Überblick. Vollständ. überarb. u. erw. Neuausg. Reinbek bei Hamburg: Rowohlt 1997.
AURIN, KURT: Die Gesamtschule. In: ROTH, LEO (Hrsg.): Pädagogik. Handbuch für Studium und Praxis. München: Ehrenwirth 1991, 395–406.
BASTIAN, JOHANNES/COMBE, ARNO: Unterrichtsentwicklung. Entwicklungsaufgaben und Gelingensbedingungen. In: Pädagogik, 3/März 2002, 6–9.
BAUMERT, JÜRGEN/KLIEME, ECKHARD u. a. (Hrsg.): Deutsches PISA-Konsortium: PISA 2000. Basiskompetenzen von Schülerinnen und Schülern im internationalen Vergleich. Opladen: Leske + Budrich 2001.
BAUMERT, JÜRGEN/ROEDER, PETER MARTIN: Stille Revolution. Zur empirischen Lage der Erziehungswissenschaft. In: KRÜGER, HEINZ-HERMANN/RAUSCHENBACH, THOMAS (Hrsg.): Erziehungswissenschaft. Die Disziplin am Beginn einer neuen Epoche. Weinheim, München: Juventa 1994, 29–48.
BENIKOWSKI, BERND: Unterrichtsstörungen und Kommunikative Didaktik. Baltmannsweiler: Schneider Verlag Hohengehren 1995.
BENNER, DIETRICH (gemeinsam mit JÖRG RAMSEGER): Zwischen Ziffernzensur und pädagogischem Entwicklungsbericht. Zeugnisse ohne Noten in der Grundschule. In: BENNER, DIETRICH: Studien zur Didaktik und Schultheorie. Pädagogik als Wissenschaft, Handlungstheorie und Reformpraxis, Band 3. Weinheim, München: Juventa 1995, 205–236.
BERG, HANS CHRISTOPH/SCHULZE, THEODOR (Hrsg.): Lehrkunstwerkstatt I. Didaktik in Unterrichtsexempeln. Neuwied, Kriftel, Berlin: Luchterhand 1997.
BIERMANN, RUDOLF: Interaktion und Unterricht. Didaktische Ansätze, Beiträge, Perspektiven. Darmstadt: Wissenschaftliche Buchgesellschaft 1978.
BILDUNGSKOMMISSION NRW: Zukunft der Bildung. Schule der Zukunft. Denkschrift der Kommission „Zukunft der Bildung – Schule der Zukunft" beim Ministerpräsidenten des Landes Nordrhein-Westfalen. Neuwied, Kriftel, Berlin: Luchterhand 1995.
BILLER, KARLHEINZ: Unterrichtsstörungen. Stuttgart: Klett 1979.
BLANKERTZ, HERWIG: Theorien und Modelle der Didaktik. München: Juventa ⁷1975.
BLANKERTZ, HERWIG: Die Geschichte der Pädagogik. Wetzlar: Büchse der Pandora 1982.
BLEIDICK, ULRICH: Sonderschule. In: SKIBA, ERNST-GÜNTHER/WULF, CHRISTOPH/WÜNSCHE, KONRAD (Hrsg.): Enzyklopädie Erziehungswissenschaft, Bd. 8. Stuttgart, Dresden: Klett 1995, 270–287.
BOLSCHO, DIETER: Schülerbeurteilung und Schülerversagen. In: TOPSCH, WILHELM (Hrsg.): Unterricht in der Grundschule. Standardwerk des Lehrers. Reihe: Grundschule. Bochum: Kamp 1982, 167–196.
BUNDESMINISTERIUM FÜR BILDUNG UND FORSCHUNG: Grund- und Strukturdaten 1999/2000. Bonn: BmBF 2000.

BUND-LÄNDER-KOMMISSION FÜR BILDUNGSPLANUNG: Bildungsgesamtplan, Bd. I. Stuttgart: Klett 1973.
BURKARD, CHRISTOPH/EIKENBUSCH, GERHARD: Praxishandbuch Evaluation in der Schule. Berlin: Cornelsen Scriptor 2000.
CLOER, ERNST: Disziplinieren und Erziehen. Das Disziplinproblem in pädagogisch-anthropologischer Sicht. Bad Heilbrunn: Klinkhardt 1982 (1982 a).
CLOER, ERNST (Hrsg.): Disziplinkonflikte in Erziehung und Schule. Bad Heilbrunn: Klinkhardt 1982 (1982 b).
COLLINS, ALLAN/BROWN, JOHN SEELY/NEWMAN, SUSAN E.: Cognitive Apprenticeship: Teaching the Crafts of Reading, Writing and Mathematics. In: RESNICK, LAUREN B. (Ed.): Knowing, Learning and Instruction. Hillsdale, New Jersey: Lawrence Erlbaum Associates 1989, 453–494.
COMENIUS, JOHANN AMOS: Große Unterrichtslehre. Herausgegeben von C. Th. Lion. Langensalza: Beyer u. Söhne ^{3}1891.
COMENIUS, JOHANN AMOS: Orbis sensualium pictus. Nürnberg 1658. Nachdruck Dortmund: Harenberg Kommunikation ^{3}1985.
CUBE, FELIX VON: Kybernetische Grundlagen des Lernens und Lehrens. Stuttgart: Klett ^{2}1968.
CUBE, FELIX VON: Der kybernetische Ansatz in der Didaktik. In: KOCHAN, DETLEF C. (Hrsg.): Allgemeine Didaktik, Fachdidaktik, Fachwissenschaft. Ausgewählte Beiträge aus den Jahren 1953 bis 1969. Darmstadt: Wissenschaftliche Buchgesellschaft 1970, 143–170.
CUBE, FELIX VON: Der informationstheoretische Ansatz in der Didaktik. In: RUPRECHT, HORST/ BECKMANN, HANS-KARL/CUBE, FELIX VON/SCHULZ, WOLFGANG: Modelle grundlegender didaktischer Theorien. Hannover: Schroedel ^{3}1976, 128–170.
CUBE, FELIX VON: Die kybernetisch-informationstheoretische Didaktik. In: GUDJONS, HERBERT/TESKE, RITA/WINKEL, RAINER (Hrsg.): Didaktische Theorien. Hamburg: Bergmann + Helbig ^{4}1987, S. 47–60.
DALE, EDGAR: Audiovisual Methods in Teaching. New York u. a.: Dryden Press u. a. ^{3}1969.
DALIN, PER/ROLFF, HANS-GÜNTER/BUCHEN, HERBERT: Institutioneller Schulentwicklungsprozeß. Bönen: Verlag für Schule und Weiterbildung ^{2}1995.
DEUTSCHER BILDUNGSRAT/BILDUNGSKOMMISSION: Strukturplan für das Bildungswesen. Bonn: Bundesdruckerei 1970.
DEUTSCHER BILDUNGSRAT: Gutachten und Studien der Bildungskommission, Bd. 12: Lernziele der Gesamtschule. Stuttgart: Klett ^{3}1971.
DEUTSCHER BILDUNGSRAT: Empfehlungen der Bildungskommission: Strukturplan für das Bildungswesen. Stuttgart: Klett ^{4}1972.
DIETERICH, VEIT-JAKOBUS: Johann Amos Comenius in Selbstzeugnissen und Bilddokumenten. Reinbek bei Hamburg: Rowohlt 1991.
DITTON, HARTMUT: Qualitätskontrolle und Qualitätssicherung in Schule und Unterricht. Ein Überblick zum Stand der empirischen Forschung. In: ZfPäd 41. Beiheft. Weinheim, Basel: Beltz 2000, 73–92.
DOLCH, JOSEF: Grundbegriffe der pädagogischen Fachsprache. München: Ehrenwirth ^{6}1965.
DUBS, ROLF: Lehrerverhalten. Zürich: Verlag des Schweizerischen Kaufmännischen Verbandes 1995.
EDELMANN, WALTER: Lernpsychologie. Weinheim: Beltz ^{5}1996.
EIKENBUSCH, GERD: Praxishandbuch Schulentwicklung. Berlin: Cornelsen Scriptor 1998.
FARNHAM-DIGGORY, SYLVIA: Cognitive Processes in Education. New York: Harper Collins 1992.

FAUST-SIEHL, GABRIELE/GARLICHS, ARIANE /RAMSEGER, JÖRG/SCHWARZ, HERMANN/WARM, UTE: Die Zukunft beginnt in der Grundschule. Empfehlungen zur Neugestaltung der Primarstufe. Reinbek bei Hamburg: Rowohlt 1996.
FEIBEL, THOMAS: Die Internet-Generation. Wie wir von unseren Computern gefressen werden. München, Berlin: Langen Müller/Herbig Verlagsbuchhandlung 2001.
FEIERABEND, SABINE/KLINGLER, WALTER: Jugend, Information, (Multi-)Media 2000. In: Media Perspektiven 11/2000, 517-527.
FEND, HELMUT: Theorie der Schule. München, Wien, Baltimore: Urban & Schwarzenberg 1980.
FEND, HELMUT: Qualität im Bildungswesen. Weinheim, München: Juventa 1998.
FEND, HELMUT: Qualität und Qualitätssicherung im Bildungswesen: Wohlfahrtsstaatliche Modelle und Marktmodelle. In: ZfPäd 41. Beiheft. Weinheim, Basel: Beltz 2000, 55-72.
FICHTEN, WOLFGANG/GEBKEN, ULF/OBOLENSKI, ALEXANDRA: Entwicklung und Perspektiven der Oldenburger Teamforschung. In: DIRKS, UNA/HANNSMANN, WILFRIED (Hrsg.): Forschendes Lernen in der Lehrerbildung. Auf dem Weg zu einer professionellen Unterrichts- und Schulentwicklung. Bad Heilbrunn: Klinkhardt 2002, 115-128.
FISCHER, MARGRET: Die innere Differenzierung des Unterrichts in der Volksschule. Weinheim, Basel: Beltz 1962.
FÖLLING-ALBERS, MARIA (Hrsg.): Veränderte Kindheit – Veränderte Grundschule. Frankfurt/M.: Arbeitskreis Grundschule 1989.
FRIEDRICH JAHRESHEFT XX: Disziplin. Sinn schaffen – Rahmen geben – Konflikte bearbeiten. Seelze: Friedrich Verlag 2002.
FULLAN, MICHAEL: Die Schule als lernendes Unternehmen. Stuttgart: Klett-Cotta 1999.
GAIRING, FRITZ: Organisationsentwicklung als Lernprozeß von Menschen und Systemen. Weinheim: Deutscher Studienverlag 1996
GALAS, DIETER/HABERMALZ, WILHELM/SCHMIDT, FRANK: Niedersächsisches Schulgesetz. Neuwied, Kriftel, Berlin: Luchterhand [3]1998.
GAUDE, PETER: Beobachten, Beurteilen und Beraten von Schülern. Schulpsychologische Hilfen für Lehrer. Frankfurt/M.: Diesterweg 1989.
GERNER, BERTHOLD (Hrsg.): Das Exemplarische Prinzip. Beiträge zur Didaktik der Gegenwart. Darmstadt: Wissenschaftliche Buchgesellschaft 1963.
GIESECKE, HERMANN: Das Ende der Erziehung. Neue Chancen für Familie und Schule. Stuttgart: Klett-Cotta (1985) 1996.
GIESECKE, HERMANN: Pädagogische Illusionen. Stuttgart: Klett-Cotta 1998.
GILLANI, BIJAN B.: Using the Web to Create Student-Centered Curriculum. In: COLE, ROBERT A. (Ed.): Issues in Web-Based Pedagogy. A Critical Primer. Westport, Connecticut, London 2000, 161–182.
GLÖCKEL, HANS: Vom Unterricht. Bad Heilbrunn: Klinkhardt [3]1996.
GLÖCKEL, HANS: Klassen führen – Konflikte bewältigen. Bad Heilbrunn: Klinkhardt 2000.
GREVING, JOHANNES/PARADIES, LIANE: Unterrichts-Einstiege. Berlin: Cornelsen Scriptor 1996.
GUDJONS, HERBERT: Pädagogisches Grundwissen. Überblick – Kompendium – Studienbuch. Bad Heilbrunn: Klinkhardt [4]1995.
HABERMAS, JÜRGEN: Erkenntnis und Interesse. Frankfurt/M.: Suhrkamp [11]1994.
HAGE, KLAUS/BISCHOFF, HEINZ/DICHANZ, HORST/EUBEL, KLAUS-D./OEHLSCHLÄGER, HEINZ-JÖRG/SCHWITTMANN, DIETER: Das Methoden-Repertoire von Lehrern. Eine Untersuchung zum Schulalltag der Sekundarstufe I. Opladen: Leske + Budrich 1985.

HEID, HELMUT: Berufsbedeutsamkeit gymnasialer Bildung. In: LIEBAU, ECKART/MACK, WOLFGANG/SCHEILKE, CHRISTOPH TH. (Hrsg.): Das Gymnasium. Alltag, Reform, Geschichte, Theorie. Weinheim, München: Juventa 1997, S. 317–331.
HEIMANN, PAUL: Didaktik 1965. In: HEIMANN, PAUL/OTTO, GUNTER/SCHULZ, WOLFGANG (Hrsg.): Unterricht. Analyse und Planung. Hannover: Schroedel 1965, 7–12.
HEIMANN, PAUL: Didaktik als Theorie und Lehre. In:. Kochan, Detlef C. (Hrsg.): Allgemeine Didaktik. Fachdidaktik. Fachwissenschaft. Ausgewählte Beiträge aus den Jahren 1953–1969. Darmstadt: Wissenschaftliche Buchgesellschaft 1970, 110–142.
HEIMANN, PAUL/GUNTER OTTO/WOLFGANG SCHULZ: Unterricht. Analyse und Planung. Hannover: Schroedel ⁶1972.
HEIMANN, PAUL: Didaktik als Unterrichtswissenschaft. Herausgegeben von KERSTEN REICH und HELGA THOMAS. Stuttgart: Klett 1976.
HENTIG, HARTMUT VON: Die Menschen stärken, die Sachen klären. Ein Plädoyer für die Wiederherstellung der Aufklärung. Stuttgart: Reclam 1985.
HENTIG, HARTMUT VON: Die Schule neu denken. München, Wien: Hanser 1993.
HERBART, JOHANN FRIEDRICH: Allgemeine Pädagogik, aus dem Zweck der Erziehung abgeleitet (1806). Herausgegeben von HERMANN HOLSTEIN. Bochum: Kamp ⁶1983.
HERICKS, UWE/KEUFFER, JOSEF/KRÄFT, HANS CHRISTOF/KUNZE, INGRID (Hrsg.): Bildungsgangdidaktik – Perspektiven für Fachunterricht und Lehrerbildung. Opladen: Leske + Budrich 2001.
HERRLITZ, HANS GEORG: Lob der Institution Schule. In: GROPENGIEßER, I. u. a. (Hrsg.): Schule. Zwischen Routine und Reform. Friedrich Jahresheft XII. Seelze: Friedrich Verlag 1994, 28–30.
HERRLITZ, HANS-GEORG: Bildung und Berechtigung. Zur Sozialgeschichte des Gymnasiums. In: LIEBAU, ECKART/MACK, WOLFGANG/SCHEILKE, CHRISTOPH TH. (Hrsg.): Das Gymnasium. Alltag, Reform, Geschichte, Theorie. Weinheim, München: Juventa 1997, 175–187.
HILLENBRAND, CLEMENS: Didaktik bei Unterrichts- und Verhaltensstörungen. München, Basel: Reinhardt 1999.
HILLER, GOTTHILF GERHARD: Konstruktive Didaktik. Düsseldorf: Schwann 1973.
HINZ, RENATE: Identitäts-Bildung zwischen Utopie und Wirklichkeit? Versuch einer erfahrungswissenschaftlich orientierten Antwort für die Lehrtätigkeit an Grundschulen. Frankfurt/M.: Peter Lang 2000.
HORSTER, LEONHARD: Auftakt und Prozessbegleitung in der Entwicklung einer Schule. In: ALTRICHTER, HERBERT/SCHLEY, WILFRIED/SCHRATZ, MICHAEL (Hrsg.): Handbuch zur Schulentwicklung. Innsbruck, Wien: StudienVerlag 1998, 54–85.
HORSTER, LEONHARD/ROLFF, HANS-GÜNTER: Unterrichtsentwicklung. Grundlagen, Praxis, Steuerungsprozesse. Weinheim, Basel: Beltz 2001.
HUBER, LUDWIG: Fähigkeit zum Studieren – Bildung durch Wissenschaft. Zum Problem der Passung zwischen Gymnasialer Oberstufe und Hochschule. In: LIEBAU, ECKART/MACK, WOLFGANG/SCHEILKE, CHRISTOPH TH. (Hrsg.): Das Gymnasium. Alltag, Reform, Geschichte, Theorie. Weinheim, München: Juventa 1997, 333–351.
HUISKEN, FREERK: Zur Kritik bürgerlicher Didaktik und Bildungsökonomie. München: List 1972.
HÜTHER, JÜRGEN/SCHORB, BERND/BREHM-KLOTZ, CHRISTIANE (Hrsg.): Grundbegriffe Medienpädagogik. München: KoPäd Verlag 1997.
INGENKAMP, KARLHEINZ: Diagnostik in der Schule. Beiträge zu Schlüsselfragen der Schülerbeurteilung. Weinheim, Basel: Beltz 1989.

INGENKAMP, KARLHEINZ (Hrsg.): Die Fragwürdigkeit der Zensurengebung. Texte und Untersuchungsberichte zusammengest. und kommentiert von KARLHEINZ INGENKAMP. Weinheim u. a.: Beltz, ^{9}1995.
IPFLING, HEINZ-JÜRGEN/ LORENZ, ULRIKE (Hrsg.): Die Hauptschule. Materialien – Entwicklungen – Konzepte. Ein Arbeits- und Studienbuch. Bad Heilbrunn: Klinkhardt 1991.
ISSING, LUDWIG J./KLIMSA, PAUL: Multimedia – Eine Chance für Information und Lernen. In: ISSING, LUDWIG J./KLIMSA, PAUL (Hrsg.): Information und Lernen mit Multimedia. Weinheim: Beltz, Psychologie Verlags Union ^{2}1997.
JANK, WERNER/ MEYER, HILBERT: Didaktische Modelle. Berlin: Cornelsen Scriptor ^{3}1994.
JANK, WERNER/MEYER, HILBERT: Didaktische Modelle. 5. vollst. überarbeitete Aufl. Berlin: Cornelsen Scriptor 2002.
JUNGMANN, WALTER: Kulturbegegnung als Herausforderung der Pädagogik. Münster, New York: Waxmann 1995.
JÜRGENS, BARBARA: Schwierige Schüler? Disziplinkonflikte in der Schule. Baltmannsweiler: Schneider Verlag Hohengehren 2000.
JÜRGENS, EIKO/SACHER, WERNER: Leistungserziehung und Leistungsbeurteilung. Schulpädagogische Grundlegung und Anregung für die Praxis. Neuwied, Kriftel: Luchterhand 2000.
JÜRGENS, EIKO: Lern- und Leistungsberichte. Zur Praxis der Verbalbeurteilung am Beispiel der Grundschule. In: Die Deutsche Schule. Zeitschrift für Erziehungswissenschaft, Bildungspolitik und pädagogische Praxis. 93 (2001), 469–485.
KAISER, KARL: Erziehungsmaßnahmen und Ordnungsmaßnahmen. Rechtliche Sanktionen der Schuldisziplin. In: IPFLING, HEINZ-JÜRGEN (Hrsg.): Disziplin ohne Zwang. Begründung und Verwirklichung. München: Ehrenwirth 1976, 47–68.
KANT, IMMANUEL: Über Pädagogik (1803). Bochum: Kamp ^{5}1984.
KEIM, WOLFGANG: Schulische Differenzierung. Königstein/Ts.: Athenäum ^{2}1979.
KEMPFERT, GUY/ROLFF, HANS-GÜNTER: Pädagogische Qualitätsentwicklung. Weinheim, Basel: Beltz 1999.
KERSCHENSTEINER, GEORG: Theorie der Bildung. Leipzig, Berlin: Teubner 1926.
KEY, ELLEN: Das Jahrhundert des Kindes. Weinheim, Basel: Beltz 1992. (Erste schwedische Ausgabe 1900.)
KIPER, HANNA: Perspektivität im Sachunterricht – Zur Berücksichtigung kollektiver Erfahrungen von Ethnizität und Geschlecht. In: MEIER, RICHARD/UNGLAUBE, HENNING/ FAUST-SIEHL, GABRIELE (Hrsg.): Sachunterricht in der Grundschule. Frankfurt/M: Arbeitskreis Grundschule 1997 (1997 a), 138–148.
KIPER, HANNA: Selbst- und Mitbestimmung in der Schule. Das Beispiel Klassenrat. Baltmannsweiler: Schneider Verlag Hohengehren 1997 (1997 b).
KIPER, HANNA: Einführung in die Schulpädagogik. Weinheim, Basel: Beltz 2001 (2001a).
KIPER, HANNA (Hrsg.): Sekundarbereich I – jugendorientiert. Baltmannsweiler: Schneider Verlag Hohengehren 2001 (2001b).
KLAFKI, WOLFGANG: Das pädagogische Problem des Elementaren und die Theorie der kategorialen Bildung. Weinheim: Beltz 1957.
KLAFKI, WOLFGANG: Studien zur Bildungstheorie und Didaktik. Weinheim: Beltz 1963.
KLAFKI, WOLFGANG: Didaktische Analyse als Kern der Unterrichtsvorbereitung. In: ROTH, HEINRICH/BLUMENTHAL, ALFRED (Hrsg.): Auswahl 1. Grundlegende Aufsätze aus der Zeitschrift „Die Deutsche Schule". Hannover: Schroedel ^{11}1974, 5–34.
KLAFKI, WOLFGANG: Studien zur Bildungstheorie und Didaktik. Durch ein krit. Vorw. erg. Aufl. Weinheim, Basel: Beltz 1975.

KLAFKI, WOLFGANG: Neue Studien zur Bildungstheorie und Didaktik. Beiträge zur kritisch-konstruktiven Didaktik. Weinheim, Basel: Beltz 1985.

KLAFKI, WOLFGANG: Von Dilthey bis Weniger – schultheoretische Ansätze in der geisteswissenschaftlichen Pädagogik. In: TILLMANN, KLAUS-JÜRGEN (Hrsg.): Schultheorien. Hamburg: Bergmann + Helbig 1987, S. 20–45.

KLAFKI, WOLFGANG: Die bildungstheoretische Didaktik im Rahmen kritisch-konstruktiver Erziehungswissenschaft. Oder: Zur Neufassung der Didaktischen Analyse. In: GUDJONS, HERBERT/TESKE, RITA/WINKEL, RAINER (Hrsg.): Didaktische Theorien. Hamburg: Bergmann + Helbig ^{4}1987, 11–26.

KLAFKI, WOLFGANG: Neue Studien zur Bildungstheorie und Didaktik. Zeitgemäße Allgemeinbildung und kritisch-konstruktive Didaktik. 2. überarb. und erw. Aufl. Weinheim, Basel: Beltz 1991.

KLAFKI, WOLFGANG: „Schlüsselprobleme" als thematische Dimension einer zukunftsbezogenen „Allgemeinbildung" – Zwölf Thesen. In: MÜNZINGER, WOLFGANG/KLAFKI, WOLFGANG (Hrsg.): Schlüsselprobleme im Unterricht. 3. Beiheft von „Die Deutsche Schule" 1995, 9–14.

KLEBER, EDUARD, W.: Funktionen von Leistungsmessung und Leistungsbeurteilung für die Gesellschaft und für das Individuum. In: STEPHAN, EGON/SCHMIDT, WOLFGANG (Hrsg.): Messen und Beurteilen von Schülerleistungen. München, Wien, Baltimore: Urban & Schwarzenberg 1978, 37–55.

KLINGBERG, LOTHAR: Einführung in die Allgemeine Didaktik. Berlin: Volk und Wissen ^{7}1989.

KLINGLER, WALTER/GROEBEL, JO: Kinder und Medien 1990. Eine Studie der ARD/ZDF-Medienkommission unter Mitarbeit von Imme Horn und Karen Schönberg. Baden-Baden: Nomos Verlagsgesellschaft 1994.

KLIPPERT, HEINZ: Pädagogische Schulentwicklung. Planungs- und Arbeitshilfen zur Förderung einer neuen Lernkultur. Weinheim, Basel: Beltz 2000.

KLIPPERT, HEINZ: Eigenverantwortliches Arbeiten und Lernen, Bausteine für den Fachunterricht. Weinheim, Basel: Beltz 2001.

KNÖRZER, WOLFGANG/GRASS, KARL: Einführung Grundschule. Geschichte – Auftrag – Innovation. Weinheim, Basel: Beltz 1998.

KÖCK, PETER: Praxis der Beobachtung. Eine Handreichung für den Erziehungs- und Unterrichtsalltag. Donauwörth: Auer ^{3}1993.

KORNMANN, REIMER: Was nur Lehrerinnen und Lehrer über Lernprobleme ihrer Schülerinnen und Schüler wissen können: Inventare zur Evaluierung eigenen Unterrichts. In: EBERWEIN, HANS/MAND, JOHANNES (Hrsg.): Forschen für die Schulpraxis. Weinheim: Deutscher Studienverlag 1995, 364–376.

KORNMANN, REIMER: Lernbehindernder Unterricht? – Vorschläge zur förderorientierten Analyse der Lerntätigkeit einzelner Schülerinnen und Schüler in der konkreten Unterrichtspraxis. In: MUTZECK, WOLFGANG (Hrsg.): Förderdiagnostik bei Lern- und Verhaltensstörungen. Weinheim: Deutscher Studienverlag 1998, 59–92.

KÖSEL, EDMUND: Die Modellierung von Lernwelten. Ein Handbuch zur Subjektiven Didaktik. Elztal-Dallau: Laub 1993.

KOUNIN, JACOB S.: Techniken der Klassenführung. Bern, Stuttgart: Huber 1976.

KRETSCHMER, HORST/STARY, JOACHIM: Schulpraktikum. Eine Orientierungshilfe zum Lernen und Lehren. Berlin: Cornelsen Scriptor 1998.

KRON, FRIEDRICH W.: Grundwissen Didaktik. München, Basel: Reinhardt ^{2}1994.

KUNERT, KRISTIAN: Theorie und Praxis des Offenen Unterrichts. München: Kösel 1978.

LANDWEHR, NORBERT: Neue Wege der Wissensvermittlung. Aarau/Switzerland: Verlag für Berufsbildung, Sauerländer ³1997.
LEDL, VICTOR: Kinder beobachten und fördern. Wien: Schulbuchverlag Jugend und Volk 1994.
LENZEN, DIETER (Hg.): Erziehungswissenschaft. Ein Grundkurs. Reinbek: Rowohlt 1994.
LISSMANN, URBAN: Die Schule braucht eine neue Pädagogische Diagnostik. Formen, Bedingungen und Möglichkeiten der Portfoliobeurteilung. In: Die Deutsche Schule. Zeitschrift für Erziehungswissenschaft, Bildungspolitik und pädagogische Praxis. 93 (2001), 486–497.
LOHE, PETER: Die Verwirklichung der Oberstufen-Reform in den Ländern der Bundesrepublik Deutschland. In: ZfPäd 26 (1980) 2, 93–210.
LOMPSCHER, JOACHIM/NICKEL, HORST/RIES, GERHILD/SCHULZ, GUDRUN: Leben, Lernen und Lehren in der Grundschule. Neuwied, Kriftel, Berlin: Luchterhand 1997.
LUNDGREEN, PETER: Sozialgeschichte der deutschen Schule im Überblick. Teil I: 1770–1918. Göttingen: Vandenhoeck & Ruprecht 1980.
LUNDGREEN, PETER: Sozialgeschichte der deutschen Schule im Überblick. Teil II: 1918–1980. Göttingen: Vandenhoeck & Ruprecht 1981.
MAIER, WOLFGANG: Grundkurs Medienpädagogik, Mediendidaktik. Ein Studien- und Arbeitsbuch. Beltz: Weinheim, Basel 1998.
MARX, WERNER/GRAMM, GERHARD (o. J.): Veröffentlichen im WWW. Literaturflut – Informationslawine – Wissensexplosion. Wächst der Wissenschaft das Wissen über den Kopf? Max-Planck-Institut für Festkörperforschung Stuttgart. Internetseite: http://www.mpi-stuttgart.mpg.de/ivs/literaturflut.html (Aufruf: 27.05.02)
MAY, PETER: Lernförderlicher Unterricht. Teil 1. Untersuchungen zur Wirksamkeit von Unterricht und Förderunterricht für den schriftsprachlichen Lernerfolg. Frankfurt/M. u. a.: Peter Lang 2001.
MEDIENPÄDAGOGISCHER FORSCHUNGSVERBUND SÜDWEST (Hrsg.): JIM 2000. Jugend, Information, (Multi-)Media. Internetseite: http://www.mpfs.de/studien/jim/jim2000.html
MEDIENPÄDAGOGISCHER FORSCHUNGSVERBUND SÜDWEST (Hrsg.): JIM 2001. Jugend, Information, (Multi-)Media. Internetseite: http://www.mpfs.de/studien/jim/jim2001.html
MEMMERT, WOLFGANG: Schulische Disziplinprobleme in sozialpsychologisch-analytischer Sicht. In: IPFLING, HEINZ-JÜRGEN (Hrsg.): Disziplin ohne Zwang. Begründung und Verwirklichung. München: Ehrenwirth 1976, 23–33.
MESCHENMOSER, HELMUT: Lernen mit Medien. Zur Theorie, Didaktik und Gestaltung von interaktiven Medien im fächerübergreifenden Unterricht. Baltmannsweiler: Schneider Verlag Hohengehren 1999.
MEYER, HILBERT: Unterrichts-Methoden. 2 Bde., Frankfurt/M.: Cornelsen Scriptor 1987.
MEYER, HILBERT: Schulpädagogik, 2 Bde. Berlin: Cornelsen Scriptor 1997.
MEYER, HILBERT: Leitfaden zur Schul(programm)entwicklung. Oldenburger Vor-Drucke Nr. 390/1999 (zu beziehen über: Didaktisches Zentrum der Carl von Ossietzky Universität, Postfach 2503, D-26111 Oldenburg).
MEYER, HILBERT: Türklinkendidaktik. Aufsätze zur Didaktik, Methodik und Schulentwicklung. Berlin: Cornelsen Scriptor 2001.
MEYER, MEINERT A./ANDREA REINARTZ (Hrsg.): Bildungsgangdidaktik. Denkanstöße für pädagogische Forschung und schulische Praxis. Opladen: Leske + Budrich 1998.

MEYER-WILLNER, GERHARD: Differenzieren und Individualisieren. Begründung und Darstellung des Differenzierungsproblems. Bad Heilbrunn: Klinkhardt 1979.

MIETZEL, GERD: Pädagogische Psychologie des Lernens und Lehrens. Göttingen u. a.: Hogrefe ^{6}2001.

MÖLLER, CHRISTINE: Technik der Lernplanung. Methoden und Probleme der Lernzielerstellung. Weinheim, Basel: Beltz ^{4}1973.

MÖLLER, CHRISTINE: Die curriculare Didaktik. Oder: Der lernzielorientierte Ansatz. In: GUDJONS, HERBERT/RITA TESKE/RAINER WINKEL (Hrsg.): Didaktische Theorien. Hamburg: Bergmann + Helbig ^{4}1987, S. 63–77.

MUTH, JAKOB: Pädagogischer Takt. 2. durchgesehene Aufl. Heidelberg: Quelle & Meyer 1967.

MUTH, JAKOB: Integration von Behinderten. Über die Gemeinsamkeit im Bildungswesen. Essen: Neue-Deutsche-Schule-Verlagsgesellschaft 1986.

NAUCK, JOACHIM: Unterrichtsbeobachtung und -analyse. In: HOOF, DIETER (Hrsg.): Didaktisches Denken und Handeln. Eine Einführung in die Theorie des Unterrichts. Braunschweig: Abt. für Schulpädagogik der Technischen Universität Braunschweig ^{3}1992, 46–69.

NEUHAUS, ELISABETH: Reform der Grundschule. Darstellung und Analyse auf dem Hintergrund erziehungswissenschaftlicher Erkenntnisse. Bad Heilbrunn: Klinkhardt ^{6}1994.

NEUMANN, HORST/ZIEGENSPECK, JÖRG: Fördern und Verteilen oder: Was leistet die Orientierungsstufe? Bad Heilbrunn: Klinkhardt 1979.

NICKEL, HORST: Grundsatzdiskussion II: Die Einschulung als pädagogisch-psychologische Herausforderung. „Schulreife" aus ökologisch-systemischer Sicht – Kritisches Ereignis oder erfolgreicher Übergang. In: HAARMANN, DIETER (Hrsg.): Handbuch Grundschule, Bd. I: Allgemeine Didaktik: Voraussetzungen und Formen grundlegender Bildung. Weinheim, Basel: Beltz 1992, 88–100.

NOHL, HERMAN: Die pädagogische Bewegung in Deutschland und ihre Theorie. Frankfurt/M.: Schulte-Bulmke 1957.

OCHI, SILVIA: Formulierungshilfen für Schulberichte und Zeugnisse mit Karikaturen von MICHAEL HÜTER. Mühlenacker: Medienwerkstatt Mühlenacker. Neuauflage 1998.

OSWALD, PAUL: Erziehungsmittel – Werkzeuge der Manipulation oder Hilfen zur Emanzipation? Ratingen, Kastellaun, Düsseldorf: A. Henn 1973.

OTTO, GUNTER: Medien der Erziehung und des Unterrichts. In: OTTO, GUNTER/SCHULZ, WOLFGANG (Hrsg.): Enzyklopädie Erziehungswissenschaft, Band 4. Stuttgart, Dresden: Klett 1995, 74–107.

PARADIES, LIANE/LINSER, HANS JÜRGEN: Differenzieren im Unterricht. Berlin: Cornelsen Scriptor 2001.

PETERßEN, WILHELM H.: Handbuch der Unterrichtsplanung. Grundfragen, Modelle, Stufen, Dimensionen. München: Oldenbourg ^{8}1998.

PETERßEN, WILHELM H.: Lehrbuch Allgemeine Didaktik. München: Ehrenwirth 1983.

PHILIPP, ELMAR/ROLFF, HANS-GÜNTER: Schulprogramme und Leitbilder entwickeln. Weinheim, Basel: Beltz 1998.

PLÖGER, WILFRIED: Allgemeine Didaktik und Fachdidaktik. München: Fink 1999.

POPP, WALTER: Die Funktion von Modellen in der didaktischen Theorie. In: DOHMEN, GÜNTHER/MAURER, FRIEDEMANN/POPP, WALTER (Hrsg.): Unterrichtsforschung und didaktische Theorie. München: Piper 1970, 49–60.

PORTMANN, ROSEMARIE: Einschulung ist Ländersache. In: PORTMANN, ROSEMARIE/WIEDERHOLD, KARL A./MITZLAFF, HARTMUT (Hrsg.): Übergänge nach der Grundschule. Frankfurt/M.: Arbeitskreis Grundschule 1989, 42–47.
POSCH, PETER/ALTRICHTER, HERBERT: Möglichkeiten und Grenzen der Qualitätsevaluation und Qualitätsentwicklung im Schulwesen. Innsbruck, Wien: StudienVerlag 1997.
PÖTTINGER, IDA: Lernziel Medienkompetenz. Theoretische Grundlagen und praktische Evaluation anhand eines Hörspielprojekts. München: KoPäd Verlag 1997.
PRENGEL, ANNEDORE: Pädagogik der Vielfalt. Opladen: Leske + Budrich 1993.
PRENGEL, ANNEDORE: Homogenität versus Heterogenität in der Schule – Integrative und interkulturelle Pädagogik am Beispiel des Anfangsunterrichts. In: MELZER, WOLFGANG/ SANDFUCHS, UWE (Hrsg.): Schulreform in der Mitte der 90er Jahre. Opladen: Leske + Budrich 1996, 187–196.
RAUSCHENBACH, THOMAS/CHRIST, BETTINA: Abbau, Wandel oder Expansion? Zur disziplinären Entwicklung der Erziehungswissenschaft im Spiegel ihrer Stellenbesetzungen. In: KRÜGER, HEINZ HERMANN/RAUSCHENBACH, THOMAS (Hrsg.): Erziehungswissenschaft. Die Disziplin am Beginn einer neuen Epoche. Weinheim, München: Juventa 1994, 69–92.
REDL, FRITZ/WINEMAN, DAVID: Steuerung des aggressiven Verhaltens beim Kind. München, Zürich: Piper 1990 (1. amerikanische Auflage 1952).
REICH, KERSTEN: Theorien der Allgemeinen Didaktik. Zu den Grundlinien didaktischer Wissenschaftsentwicklung in der Bundesrepublik Deutschland und in der Deutschen Demokratischen Republik. Stuttgart: Klett 1977.
REINMANN-ROTHMEIER, GABI/MANDL, HEINZ: Wissen und Handeln. Eine theoretische Standortbestimmung. Forschungsbericht Nr. 70. Ludwig-Maximilian-Universität München. Institut für Pädagogische Psychologie und Empirische Pädagogik 1996.
REKUS, JÜRGEN/HINTZ, DIETER/LADENTHIN, VOLKER: Die Hauptschule. Alltag, Reform, Geschichte, Theorie. Weinheim, München: Juventa 1998.
RICHTER, INGO: Die sieben Todsünden der Bildungspolitik. München u. a.: Hanser 1999.
RIECKE-BAULECKE, THOMAS: Effizienz von Lehrerarbeit und Schulqualität. Bad Heilbrunn: Klinkhardt 2001.
ROBINSOHN, SAUL B.: Bildungsreform als Revision des Curriculum. Neuwied und Berlin: Luchterhand 1967.
ROEDER, PETER MARTIN: Gedanken zur Schultheorie. In: WINKEL, RAINER: Deutsche Pädagogen der Gegenwart. Düsseldorf: Schwann 1986, S. 275–299.
RÖHRS, HERMANN (Hrsg.): Die Disziplin in ihrem Verhältnis zu Lohn und Strafe. Frankfurt/M.: Akademische Verlagsgesellschaft 1968.
ROLFF, HANS-GÜNTER/ZIMMERMANN, PETER: Veränderte Kindheit – veränderte pädagogische Herausforderung. In: FÖLLING-ALBERS, MARIA (Hrsg.): Veränderte Kindheit – Veränderte Grundschule. Frankfurt/M.: Arbeitskreis Grundschule 1989, 28–39.
ROLFF, HANS-GÜNTER: Wandel durch Selbstorganisation: Theoretische Grundlagen und praktische Hinweise für eine bessere Schule. Weinheim: Juventa 1993.
ROTH, HEINRICH: Pädagogische Psychologie des Lehrens und Lernens. Hannover: Schroedel ^{15}1976.
RUPRECHT, HORST: Modelle grundlegender didaktischer Theorien. In: RUPRECHT, HORST/ BECKMANN, HANS-KARL/CUBE, FELIX VON/SCHULZ, WOLFGANG: Modelle grundlegender didaktischer Theorien. Hannover: Schroedel ^{3}1976, 9–23.

RUTSCHKY, KATHARINA: Deutsche Schul-Chronik. Lernen und Erziehen in vier Jahrhunderten. Köln: Kiepenheuer & Witsch 1987.
RUTSCHKY, KATHARINA: Schwarze Pädagogik. Quellen zur Naturgeschichte der bürgerlichen Erziehung (1977). Frankfurt/M., Berlin: Ullstein 1988.
SACHER, WERNER: Prüfen – Beurteilen – Benoten. Theoretische Grundlagen und praktische Hilfestellungen für den Primar- und Sekundarbereich. Bad Heilbrunn: Klinkhardt 1994.
SCHÄFER, KARL-HEINZ/SCHALLER, KLAUS: Kritische Erziehungswissenschaft und kommunikative Didaktik. Heidelberg: Quelle & Meyer 1971.
SCHEIBE, WOLFGANG (Hrsg.): Zur Geschichte der Volksschule, Bd. II. 2. Bad Heilbrunn: Klinkhardt ²1974.
SCHEUERL, HANS (Hrsg.): Klassiker der Pädagogik, Bd. 1. München: Beck 1979.
SCHITTKO, KLAUS: Differenzierung in Schule und Unterricht. München: Ehrenwirth 1984.
SCHLEY, WILFRIED: Change Management: Schule als lernende Organisation. In: ALTRICHTER, HERBERT/SCHLEY, WILFRIED/SCHRATZ, MICHAEL (Hrsg.): Handbuch zur Schulentwicklung. Innsbruck, Wien: StudienVerlag 1998, 13–53.
SCHMIDT, ARNO: Das Gymnasium im Aufwind. Entwicklung, Struktur, Probleme seiner Oberstufe. Aachen: Hahner Verlagsgesellschaft ²1994.
SCHOBER, HERBERT/RENTSCHLER, INGO: Das Bild als Schein der Wirklichkeit. Optische Täuschungen in Wissenschaft und Kunst. München: Hein Moos 1972.
SCHÖN, DONALD A.: The reflective Practitioner. How Professionals think in Action. London: Temple Smith 1983.
SCHÖNEMEIER, KARL: Das Modell der flexiblen Differenzierung im Unterricht der Orientierungsstufe. In: Arbeitsgruppe Orientierungsstufe an der Pädagogischen Hochschule Niedersachsen – Abteilung Lüneburg (Hrsg.): Differenzierung in der Orientierungsstufe. Hannover: Schroedel 1978, 166–193.
SCHÖNKNECHT, GUDRUN: Innovative Lehrerinnen und Lehrer. Berufliche Entwicklung und Berufsalltag. Weinheim: Deutscher Studienverlag 1997.
SCHORCH, GÜNTHER: Grundschulpädagogik – eine Einführung. Selbstverständnis und Kernaufgaben. Bad Heilbrunn: Klinkhardt 1998.
SCHRATZ, MICHAEL/STEINER-LÖFFLER, ULRIKE: Die Lernende Schule. Weinheim, Basel: Beltz 1998.
SCHRÖTER, GOTTFRIED: Zensurengebung. Allgemeine und fachspezifische Probleme. Kastellaun: Henn 1977.
SCHULTZE, WALTER/FÜHR, CHRISTOPH: Das Schulwesen in der Bundesrepublik Deutschland. Weinheim, Berlin: Beltz 1966.
SCHULZ, WOLFGANG: Unterricht – Analyse und Planung. In: HEIMANN, PAUL/OTTO, GUNTER/SCHULZ, WOLFGANG (Hrsg.): Unterricht. Analyse und Planung. Hannover: Schroedel 1965, 13–47.
SCHULZ, WOLFGANG: Aufgaben der Didaktik. Eine Darstellung aus lehrtheoretischer Sicht. In: KOCHAN, DETLEF C. (Hrsg.): Allgemeine Didaktik. Fachdidaktik. Fachwissenschaft. Ausgewählte Beiträge aus den Jahren 1953–1969. Darmstadt: Wissenschaftliche Buchgesellschaft 1970, 403–440.
SCHULZ, WOLFGANG: Ein Hamburger Modell der Unterrichtsplanung. Seine Funktionen in der Alltagspraxis. In: ADL-AMINI, BIJAN/KÜNZLI, RUDOLF (Hrsg.): Didaktische Modelle und Unterrichtsplanung. München: Juventa 1980, 49–87.
SCHULZ, WOLFGANG: Unterrichtsplanung. Mit Materialien aus Unterrichtsfächern. München, Wien, Baltimore: Urban und Schwarzenberg ³1981.

SCHULZ, WOLFGANG: Die lehrtheoretische Didaktik. In: GUDJONS, HERBERT/TESKE, RITA/ WINKEL, RAINER (Hrsg.): Didaktische Theorien. Hamburg: Bergmann + Helbig ⁵1989, 29–45.
SCHULZ, WOLFGANG: Unterrichtsmethoden: Phasen und Formen. In: SCHULZ, WOLFGANG: Anstiftung zum didaktischen Denken. Unterricht-Didaktik-Bildung. Hrsg. von GUNTER OTTO und GERDA LUSCHER-SCHULZ. Weinheim, Basel: Beltz 1996, 151–167.
SCHULZE, THEODOR: Methoden und Medien der Erziehung. München: Juventa 1978.
SCHWANITZ, DIETRICH: Bildung. Alles, was man wissen muss. Frankfurt/M.: Eichborn 1999.
SCHWARTZ, ERWIN: Auftrag und Ziele der Grundschule. In: TOPSCH, WILHELM (Hrsg.): Unterricht in der Grundschule. Standardwerk des Lehrers. Reihe: Grundschule. Bochum: Kamp 1982, 3–31.
SCHWARZER, CHRISTINE/SCHWARZER, RALF: Praxis der Schülerbeurteilung. Ein Arbeitsbuch. München: Kösel ²1979.
SCHWARZER, RALF (Hrsg.): Lernerfolg und Schülergruppierung. Düsseldorf: Schwann 1974.
SEEL, NORBERT M.: Psychologie des Lernens. München, Basel: Reinhardt 2000.
SENGE, PETER M.: Die Fünfte Disziplin. Kunst und Praxis der lernenden Organisation. Stuttgart: Klett-Cotta 1996.
SIKES, PATRICIA J./MEASOR, LYNDA/WOODS, PETER: Berufslaufbahn und Identität im Lehrerberuf. In: TERHART, EWALD (Hrsg.): Unterrichten als Beruf. Neuere amerikanische und englische Arbeiten zur Berufskultur und Berufsbiographie von Lehrern und Lehrerinnen. Köln, Wien: Böhlau 1991, 231–248.
SPRANGER, EDUARD: Der Eigengeist der Volksschule. Heidelberg: Quelle u. Meyer ⁶1966.
SUHRWEIER, HORST/HETZNER, RENATE: Förderdiagnostik für Kinder mit Behinderungen. Neuwied, Kriftel, Berlin: Luchterhand 1993.
TENORTH, HEINZ-ELMAR: Profession und Disziplin. Zur Formierung der Erziehungswissenschaft. In: KRÜGER, HEINZ-HERMANN/RAUSCHENBACH, THOMAS (Hrsg.): Erziehungswissenschaft. Die Disziplin am Beginn einer neuen Epoche. Weinheim, München: Juventa 1994, 17–28.
TERHART, EWALD: Perspektiven der Lehrerbildung in Deutschland. Abschlussbericht der von der Kultusministerkonferenz eingesetzten Kommission. Weinheim, Basel: Beltz 2000.
TILLMANN, KLAUS-JÜRGEN: 25 Jahre Gesamtschule – ein Rückblick (1995). In: GUDJONS, HERBERT/KÖPKE, ANDREAS (Hrsg.): 25 Jahre Gesamtschule in der Bundesrepublik Deutschland. Eine bildungspolitische und pädagogische Bilanz. Bad Heilbrunn: Klinkhardt 1996, 63–78.
TILLMANN, KLAUS-JÜRGEN: Ist die Schule ewig? Ein schultheoretischer Essay. In: Pädagogik 49 (1997) 6, 6–10.
TOPSCH, WILHELM: Grundschulversagen und Lernbehinderung. Essen: Neue Deutsche Schule 1975.
TOPSCH, WILHELM: Mit dem Computer lernen? Über Vor- und Nachteile des Computereinsatzes im Unterricht aus schulpädagogischer Sicht. Oldenburg: Zentrum für pädagogische Berufspraxis 1991 (= Oldenburger Vordrucke 140/91).
TOPSCH, WILHELM: Grundwissen: Schulpraktikum und Unterricht. Neuwied, Kriftel: Luchterhand 2002.
TSCHAMLER, HERBERT: Wissenschaftstheorie. Eine Einführung für Pädagogen. Bad Heilbrunn: Klinkhardt ²1983.
TULODZIECKI, GERHARD: Medienerziehung in Schule und Unterricht. Bad Heilbrunn: Klinkhardt 1992.

ULICH, KLAUS: Normierung, Typisierung und Abweichung – oder: Warum die Schule abweichendes Verhalten erzeugt. In: ders. (Hrsg.): Wenn Schüler stören. München, Wien, Baltimore: Urban & Schwarzenberg 1980, S. 69–95.
VOLLSTÄDT, WITLOFF/TILLMANN, KLAUS-JÜRGEN/RAUIN, UDO/HÖHMANN, KATRIN/TEBRÜGGE, ANDREA: Lehrpläne im Schulalltag. Eine empirische Studie zur Akzeptanz und Wirkung von Lehrplänen in der Sekundarstufe I. Opladen: Leske + Budrich 1999.
VORSMANN, NORBERT: Wege zur Unterrichtsbeobachtung und Unterrichtsforschung. Ratingen, Kastellaun, Düsseldorf: Henn 1972.
WATZLAWICK, PAUL/BEAVIN, JANET B./JACKSON, DON D.: Menschliche Kommunikation. Bern, Stuttgart, Toronto: Hans Huber [8]1990.
WEIDENMANN, BERND: Lernen mit Bildmedien. Psychologische und didaktische Grundlagen. Weinheim, Basel: Beltz [2]1994.
WEIDENMANN, BERND: Multicodierung und Multimodalität im Lernprozeß. In: ISSING, LUDWIG J./KLIMSA, PAUL (Hrsg.): Information und Lernen mit Multimedia. Weinheim: Beltz, Psychologie Verlags Union [2]1997.
WEIGERT, HILDEGUNDE/WEIGERT, EDGAR: Schülerbeobachtung. Ein pädagogischer Auftrag. Weinheim, Basel: Beltz [2]1996.
WEIß, RUDOLF: Zensur und Zeugnis. (Beiträge zu einer Kritik der Zuverlässigkeit und Zweckmäßigkeit der Ziffernbenotung.) Linz: Haslinger, 1965.
WEIZENBAUM, JOSEF: Kinder, Schule und Computer. Soest: Soester Verlags-Kontor, 1989.
WILLMANN, OTTO: Didaktik als Bildungslehre. Nach ihren Beziehungen zur Sozialforschung und zur Geschichte der Bildung (1882/1888). Wien: Herder 1957.
WINKEL, RAINER: Die kritisch-kommunikative Didaktik. In: GUDJONS, HERBERT/TESKE, RITA/WINKEL, RAINER (Hrsg.): Didaktische Theorien. Hamburg: Bergmann + Helbig [4]1987, 79–93.
WINKEL, RAINER: Antinomische Pädagogik und Kommunikative Didaktik. Studien zu den Widersprüchen und Spannungen in Erziehung und Schule. Düsseldorf: Schwann [2]1988.
WINKEL, RAINER (Hrsg.): Schwierige Kinder – problematische Schüler. Fallberichte aus dem Erziehungs- und Schulalltag. Baltmannsweiler: Schneider Verlag Hohengehren 1994.
WINKEL, RAINER: Der gestörte Unterricht. Bochum: Kamp [6]1996.
WOCKEN, HANS: Integrationsklassen in Hamburg. In: WOCKEN, HANS/ANTOR, GEORG (Hrsg.): Integrationsklassen in Hamburg. Erfahrungen – Untersuchungen – Anregungen. Solms-Oberbiel: Jarick 1987, 65–89.
WOLLENWEBER, HORST: Die Realschule in Geschichte und Gegenwart. Köln, Weimar, Wien: Schöningh 1997.
ZIEGENSPECK, JÖRG: Zensur und Zeugnis in der Schule. Darstellung der allgemeinen Problematik und der gegenwärtigen Tendenzen. Hannover u. a.: Schroedel, [2]1976.
ZIEGENSPECK, JÖRG W.: Handbuch Zensur und Zeugnis in der Schule. Historischer Rückblick, allgemeine Problematik, empirische Befunde und bildungspolitische Implikationen. Ein Studien- und Arbeitsbuch. Bad Heilbrunn: Klinkhardt, 1999.
ZIEGENSPECK, JÖRG W.: Handbuch Orientierungsstufe. Sachstandsbericht und Zwischenbilanz. Bad Heilbrunn: Klinkhardt 2000.
ZIELINSKI, WERNER: Die Beurteilung von Schülerleistungen. In: WEINERT, F. E. u. a. (Hrsg.): Funk-Kolleg Pädagogische Psychologie. Band 2. Frankfurt/M.: Fischer 1974, 877–900.
ZIELINSKI, WERNER: Verfahren zur Beurteilung des Unterrichts. In: WEINERT, F. E. u. a. (Hrsg.): Funk-Kolleg Pädagogische Psychologie. Band 2. Frankfurt/M.: Fischer 1974, 901–923.

Register

Abitur 16
Abkommen, Hamburger 39, 43, 45, 47
Aktionsformen 80
Allgemeinbildung 52, 66 f., 74
Analyse, Didaktische 67–69
Artikulation 79, 165
ATI 168
Aufgabenstellung 150
Aufklärung 65
Auswertung 150, 154
Autonomie 86
Axiome, metakommunikative 87 f.

Basisqualifikation 40
Bedingungsanalyse 151
Benikowski, Bernd 94–96
Beobachten 98–108, 151 f.
Beobachtungsfelder 102–104
Beratung 103 f.
Bereichsdidaktik 63
Berichtszeugnis 142–146
Beurteilen 19
Beurteilung 104–107
Beurteilungsniveau 105–107
Bewertung 107 f.
Beziehung 88, 92
Bezugssysteme
  (der Leistungsbewertung) 142
Biermann, Rudolf 90
Bildung
– grundlegende 40
– Kategoriale 71 f.
Bildungsbegriff 66 f.
Bildungsgangdidaktik 61
Bildungskanon 31
Bildungsrat 38, 49
Bildungsregion 34 f.
Bildungssystem 37 f.
Bildungstheorie 69–72
Brown, John S. 162–167

coaching 164
cognitive apprenticeship 162–167

Collins, Allan 162–167
Comenius, Johann Amos (1592–1670) 52
Computer 122, 127–132
conceptual map 166
Cube, Felix von 60

Deskription, deskriptiv 99 f., 104–107
Diagnose, diagnostizieren 19, 103, 160, 167 f.
Didaktik 52–96, 167
– allgemeine 22, 54
– „Berliner Modell" 76
– Bildungstheoretische 59, 64–75,
– Curriculare 59
– Definition 54 f., 91
– „Hamburger Modell" 84
– Kritisch-kommunikative 59, 87–92
– Kritisch-konstruktive 60, 72–75
– Kybernetische 60
– Lehrtheoretische 84–86,
– Lerntheoretische 60, 76–84
Differenzierung 42, 50, 157–160, 168, 191
Disziplin 170, 173
Dreigliedrigkeit 36, 49
Dubs, Rolf 161 f.

Einstieg 118, 155
Einzelarbeit 80
Elementarbereich 38, 62
Emanzipation 57, 89
Entschulung 32
Entstaatlichung 33
Entwicklungsaufgabe 185, 188–190
Entwicklungsbericht 145
Erarbeitung 118, 155
Ergebnissicherung 118, 155
Erziehen, Erziehung 18, 53, 171 f., 191
Erziehungsmittel 173, 175 f.
Evaluation, evaluieren 19 f., 185
exemplarisch 68 f.

Fachdidaktik 63
Faktorenanalyse 81 f.
Feedback 92, 191
Fehlerquellen 139
Fend, Helmut 29 f., 34
fördern, Förderung 42, 103
Freiarbeit, Freie Arbeit 118–121, 160
Fremddisziplin 173
Führung 173 f., 178

Gang, methodischer 118
Ganztagsschule 191
Gesamtschule 49 f.
Giesecke, Hermann 18, 31, 187
Grundformen des Unterrichts 113, 118–121
Grundrhythmus, methodischer 118, 155
Grundschule 39 f.
Gruppenarbeit 80
Gütekriterien (der Leistungsmessung) 137, 141

Habermas, Jürgen (geb. 1929) 57
Handlungssituation 114
Handlungsstruktur 153
Hauptschule 43 f.
Heimann, Paul (1901–1967) 54, 65 f., 76
Hentig, Hartmut von (geb. 1925) 30 f., 187
Herbart, Johann Friedrich (1776–1841) 53, 79, 171 f.
Heterogenität 157–169
Homogenität 159
Hypertext 131

IGS 50
Individualisierung 159, 168
Information 97
Inhalt 77, 111, 131, 150
Inszenierungstechnik 113–115
Integration 51
Intention, Intentionalität 79, 85
Interaktion 87, 90
Interaktivität 130
Interdependenz 79, 82, 84

Jürgens, Barbara 180

Kant, Immanuel (1724–1804) 171
Key, Ellen (1849–1926) 26 f.
KGS 50
Klafki, Wolfgang (geb. 1927) 54, 60, 65
Klassenführung 179 f.
KMK 36, 48, 50
Kodierung 128
„kognitive Lehre" 162–167
Kommunikation, kommunikativ 87 f., 91 f., 131
Kompetenz
– des Lehrers/der Lehrerin 12
– mediendidaktische 126
Kontrollstrategie 163
Kooperation 106 f.
Kounin, Jacob S. 179
Kulturhoheit 36

Laienwissen 22
lehren & lernen 54 f., 110
Lehrerarbeit 16
Lehrerausbildung 15 f.
Lehrerbildungsphasen 15 f.
Lehrerrolle 119
Lehr-Lernformen 116 f.
Lehrplan 72
Lehrplanentwicklung 188 f.
Leistungsbegriff 134 f., 191
Leistungsbeurteilunng, Leistungsbewertung 135–143
– nach Individualnorm 143
– nach Sachnorm 141 f.
– nach Sozialnorm 140 f.
Leistungskriterien 137
Leistungsmessung 135 f.
Leitbild 187
leiten 170
Lernen
– institutionelles 185 f.
– mit Medien 128–130
– selbstbestimmtes 128
– situiertes 166
– soziales 129 f.
– Soziologie des 166
Lernfortschritt 142
Lerngruppe 158 f.
Lernprozess 167, 184
Lernsoftware 127–132

Lernstrategie 164
Lernumgebung 163, 166
Lernziel 59, 141, 160

Makromethodik 112, 118–121
Medien 81, 122–133
Medienbegriff 123–127
Mediendidaktik 125
Medienerziehung 126
Medienkompetenz 126
Medienpädagogik 125
Mesomethodik 112, 115–118
Methode 77, 109–121, 164
Methodik 79
Mikromethodik 112–115
Modell, didaktisches 58 f.
Muth, Jakob (1927–1993) 172

Newman, Susan E. 162–167
Nohl, Herman (1879–1960) 18
Norm 66, 135, 140–142
Notengebung 136

Oberschule 47
Oberstufe 48
Objektivität (von Zensuren) 137 f.
Ordnung 171, 173 f., 178
Ordnungsmaßnahmen 175 f.
Organisationsentwicklung 189
Orientierungsstufe 40–43
Otto, Gunter (1927–1999) 76, 192

Pädagogik, Geisteswissenschaftliche 64
Partizipation 86, 92
Partnerarbeit 80
Personalentwicklung 189
Planung 82 f.
Plenumsarbeit 80
Portfoliobewertung 146
Prengel, Annedore 157 f.
Primarbereich, -stufe 38, 62
Problemunterricht 73 f.
Professionswissen 23
Projektarbeit 119–121
Prozessstruktur 153

Qualitätsentwicklung 20

Realschule 44–46
Reformpädagogik 26–28
Regierung 171
Reliabilität (von Zensuren) 137 f.
Roth, Heinrich (1906–1983) 54, 79

scaffolding 164
Schäfer, Karl-Hermann 89
Schaller, Klaus 89
Schlüsselprobleme 73, 121, 190 f.
Schulabschlüsse 46 f., 134
Schulartendidaktik 62
Schule 24–26
– Mehrebenenmodell der 33–35, 183
Schulentwicklung 32 f., 183–192
Schülerverhalten 93, 105 f.
Schulfunktionen 29
Schulklasse 170–182
Schulkritik 26–28, 170
Schulleitbild 30 f., 185, 187
Schulpädagogik 22
Schulpflicht 20, 24, 26, 39, 174
Schulprofil 184
Schulprogramm 185
Schulsystem 34 f., 36–51
Schultheorie 24–35
Schulz, Wolfgang (1929–1993) 56, 76, 84–86
Sekundarbereich, Sekundarstufen 38, 62
Selbstdisziplin 173
Sequenz 165 f.
Software, Softwaremedien 122, 127–133
Sonderschule 51
Sozialform 80, 115 f.
Sozialisation 18, 24
Sozialklima 180
Sozialstruktur 153
Spezialdidaktik 62
Störung 174, 176
Strafe 174 f.
Strukturanalyse 77
Strukturierung, didaktische 152 f.
Strukturplan 38
Stufendidaktik 62
Stundenverlauf 154–156

Register

Takt, pädagogischer 172
Terhart, Ewald 17
Thema, Thematik 79, 85, 150
Themenstellung 150
TZI 85

Überprüfbarkeit, intersubjektive 100
Ulich, Klaus 177
Unterricht, unterrichten 18 f., 77, 148, 171
– adaptiver 168 f., 180
– erziehender 53, 171
Unterrichtsanalyse 148
Unterrichtsauswertung 148
Unterrichtsbruch 94 f.
Unterrichtsentwicklung 190
Unterrichtsinhalt 77, 110
Unterrichtsmethode 109–121
Unterrichtsplanung 82, 86, 147–156
Unterrichtsschritt 117 f., 154
Unterrichtsstörung 90, 93–96, 174, 176 f., 181
Unterrichtstheorie 76
Unterrichtsvorbereitung 67–69

Validität (von Zensuren) 137 f.
Verbalbewertung 142–145
Verhalten, abweichendes 177
Verhaltensstörung 177
Vielfalt 157 f.
Volksschule 25 f., 39, 43

Wahrnehmen 97 f.
Wechselwirkung 111 f.
Weiß, Rudolf 138
Winkel, Rainer 91–93, 181
Wissen, Wissensvermittlung 123, 161
Wissensorganisation 161
Wissenschaftsinteresse 57
Wissenschaftstheorie 56

Zensur, Zensurengebung 136–139
Zeugnis, Zeugnistypen 145
Ziele 111, 152 f.
Ziel-Inhalt-Methode-Relation 111
Zucht 171 f.